11 gols de placa

11 gols de placa

Uma seleção de grandes reportagens sobre o nosso futebol

TEXTOS DE APRESENTAÇÃO:

André Rizek
Diogo Olivier Mello
Fernando Rodrigues
João Máximo
Juca Kfouri
Leonardo Mendes Júnior
Marceu Vieira
Marco Senna
Marcos Penido
Mário Magalhães
Michel Laurence
Sérgio Rangel

Fernando Molica [org.]

ABRAJI

EDITORA RECORD
RIO DE JANEIRO • SÃO PAULO
2010

CIP-BRASIL. CATALOGAÇÃO-NA-FONTE
SINDICATO NACIONAL DOS EDITORES DE LIVROS, RJ

O68   11 gols de placa: uma seleção de grandes reportagens sobre o nosso
futebol / organização Fernando Molica. – Rio de Janeiro: Record, 2010.

ISBN 978-85-01-08762-1

1. Futebol. I. Molica, Fernando. II. Título: Onze gols de placa.

CDD: 796.334
09-4241   CDU: 796.332

Copyright © Associação Brasileira de Jornalismo Investigativo, 2010

Coordenadora de produção: Bianca Encarnação

Diretoria da Abraji (2008-2009): Angelina Nunes (presidente), Fernando Rodrigues,
Adriana Carranca, Ana Estela de Sousa Pinto, Cláudio Júlio Tognolli, Fernando
Molica, Giovani Antonio Grizotti, Ivana Moreira, Liège Albuquerque, Marcelo
Beraba, Plínio Antônio Bortolotti

Créditos das matérias: Agência JB, Agência Estado, Agência O Globo, Editora O Dia,
Folha Press, RBS/Zero Hora, Editora Abril e Leonardo Mendes Júnior e Marcio
Reinecken (material cedido pela editora Gazeta do Povo S.A.)

Texto revisado segundo o novo Acordo Ortográfico da Língua Portuguesa

Direitos exclusivos desta edição reservados pela
EDITORA RECORD LTDA.
Rua Argentina 171, Rio de Janeiro, RJ – 20921-380 – Tel.: 2585-2000

Impresso no Brasil

ISBN 978-85-01-08762-1

Seja um leitor preferencial Record
Cadastre-se e receba informações sobre nossos
lançamentos e nossas promoções.

EDITORA AFILIADA

Atendimento e venda direta ao leitor
mdireto@record.com.br ou (21) 2585-2002

Sumário

Introdução   7
O jogo duro do nosso futebol, por Fernando Molica

Futebol brasileiro, da fome à fama   13
Da fome à fama, por João Máximo

O jogador é um escravo   29
Assim disse Pelé, por Michel Laurence

Corrupção no futebol   63
Por uma boa matéria, por Marcos Penido

Contrabando da Copa   109
O voo da muamba, por Fernando Rodrigues

As contas da CBF   151
Contas da CBF, por Sérgio Rangel
Traição à fonte jamais, por Juca Kfouri

Gatos em campo   171
Assim sumiram três anos
Quantos anos você tem?, por Marceu Vieira
República Federativa dos Gatos do Brasil
Balaio de gatos, por André Rizek

6 Sumário

Desemprego Futebol Clube 203
Em campo com a miséria, por Diogo Olivier Mello

Empresa ligada a Pelé fica com US$ 700 mil do Unicef 235
Caso Pelé-Unicef: o rascunho premiado, por Sérgio Rangel e Mário Magalhães

Profissão na marca do pênalti 275
As desigualdades do futebol, por Marco Senna

Ronaldinhos do futuro 305
De onde vieram e onde estão?, por Leonardo Mendes Júnior

Jogo sujo: a máfia do apito 347
Caçada ao juiz ladrão, por André Rizek

O jogo duro do nosso futebol

Fernando Molica

Como diria o grande João Saldanha: meus amigos, *11 gols de placa* é uma espécie de cartão amarelo para dirigentes e para todos aqueles que se aproveitam do futebol brasileiro. Este livro, terceiro volume da coleção Jornalismo Investigativo — iniciativa da Editora Record e da Associação Brasileira de Jornalismo Investigativo —, traz reportagens que ajudam a explicar muitas das mazelas do nosso futebol. A leitura das matérias aqui transcritas é uma jornada cheia de emoções e joga luz sobre problemas que se acumulam há muitas décadas. Uma escalação que mistura corrupção, pobreza, desemprego, falsificação de documentos, abuso de poder e exploração de menores. As sombras projetadas em nossos gramados são muito semelhantes às que assombram outros porões da sociedade brasileira.

Chega a ser redundante dizer que o futebol revela o que temos de melhor e de pior. Este livro é quase um relato, em 11 capítulos, da peleja do talento contra as pragas que assolam estádios e vestiários. O conjunto da obra dos dirigentes esportivos ajuda a explicar a fragilidade da grande maioria dos clubes e a quase indigência de nossos times. O melhor do futebol pentacampeão do mundo tem que ser visto pela TV, nas partidas de campeonatos europeus onde brilham nossos craques.

8   O jogo duro do nosso futebol

Por aqui, seguimos a apenas aparente contradição de convivermos com clubes pobres e dirigentes ricos.

As reportagens escaladas buscam dar um panorama do que ocorre nos bastidores do futebol. Como ocorre em convocações da seleção brasileira, não foi simples distribuir as 11 camisas, haveria infinitas possibilidades para a formação deste timaço, uma equipe que se dá ao luxo de entrar em campo apenas com atacantes, jogadores que não erram o gol. Nestas páginas, futebol não é caixinha de surpresas — é uma sucessão de bolas na rede. Como nos outros dois volumes da coleção — *10 reportagens que abalaram a ditadura* e *50 anos de crimes* —, os textos vêm acompanhados de relatos que detalham os bastidores da apuração.

11 gols de placa é aberto com duas reportagens da década de 60, textos que funcionam como alicerces para os capítulos seguintes. Nelas estão presentes muitos elementos que ajudam a explicar os rumos que seriam tomados pelo nosso futebol. Em "Futebol brasileiro: o longo caminho da fome à fama", publicada pelo *Jornal do Brasil* em 1967, João Máximo trata de tuberculose, esquistossomose, subnutrição — marcadores implacáveis de tantos e tantos jogadores que tiveram suas carreiras abreviadas pela pobreza. Problemas que, se resolvidos entre os jogadores que formam a elite do futebol, continuam presentes no cotidiano de tantos candidatos à glória.

Em 1969, os repórteres Luciano Ornellas, Michel Laurence e José Maria de Aquino, de *O Estado de S. Paulo*, transformaram em pauta e em reportagem uma frase de Pelé. Para ele, o jogador de futebol não passava de um escravo. Os jornalistas revelaram que o craque fora feliz na síntese: atletas eram vítimas de médicos, de dirigentes e da própria legislação, como mostram três das matérias da série aqui reproduzidas.

Mais de duas décadas depois, em 1993, *O Globo* revelaria a existência de mais uma regra no futebol, a de número 18, um artigo que só valia em campeonatos disputados no estado do Rio de Janeiro. No resto do mundo, a prática do esporte continuava a ser regida por apenas

17 regras. O décimo oitavo mandamento dizia que os dirigentes da federação de futebol tinham o direito de definir os resultados das partidas. Os árbitros só poderiam "fazer resultados" se autorizados pelos cartolas. Uma norma simples, que acabou explodida pelo trabalho premiado de Marcos Penido, César Seabra, Eduardo Tchao, Paulo Júlio Clement, Antônio Roberto Arruda e Gustavo Poli.

Um ano depois, uma reportagem de Fernando Rodrigues, da *Folha de S. Paulo*, mostrou que, para dirigentes e jogadores da seleção, a vitória na Copa dos Estados Unidos garantiria taça, medalhas, prêmios... e isenção fiscal na Alfândega. Pior: autoridades brasileiras achavam o mesmo. Munido de dois dos mais contundentes apetrechos de apuração — um bloquinho e uma caneta — Rodrigues contou que a seleção de Carlos Alberto Parreira também era campeã em compras, voltava de Los Angeles com 15 toneladas de bagagem. A reportagem causou a queda do secretário da Receita Federal — que discordou da concessão do benefício — e reafirmou que nem todos eram iguais perante a lei.

Em janeiro de 1999, novas estocadas nos cartolas. Duas reportagens publicadas na *Folha de S. Paulo* apresentaram ao leitor entranhas da Confederação Brasileira de Futebol. Sérgio Rangel revelou que a CBF, que, três anos antes, assinara um contato milionário com a Nike, tivera um prejuízo de R$ 15 milhões em 1998. Juca Kfouri obteve o tal contrato: em troca de muitos milhões, a multinacional comprara parte do controle da seleção brasileira. A Nike tinha o direito até de escolher os adversários da equipe.

"Wanderley, quantos anos você tem?" Com esta simples pergunta, o repórter Marceu Vieira conseguiu constranger o ex-jogador e então técnico da seleção brasileira, Wanderley Luxemburgo. Escalado para fazer um inofensivo perfil do treinador, Marceu descobriu que seu personagem era plural. Havia mais de um 'Luxa' — um com W e Y, outro com V e I. A carreira do discreto lateral esquerdo havia sido turbinada por uma fraude: W(v)anderley(i) era um gato. Ou seja, diminuíra sua

10   O jogo duro do nosso futebol

idade para levar vantagem nas categorias inferiores e alavancar sua ascensão no futebol. Publicada em 2000 na revista *Época*, a reportagem ajudou a complicar ainda mais a vida do técnico, envolvido com acusações de sonegação fiscal e de assédio sexual. Por falar em gatos: em dezembro de 2008, André Rizek estouraria uma fábrica de felinos. A matéria da *Placar* mostrava como o cartório da cidadezinha de São João do Araguaia — um dos palcos da guerrilha ensaiada pelo PCdoB nos anos 70 — se transformara em um centro de rejuvenescimento de atletas. Com a matéria, o balaio iria pelos ares.

Repórter da *Zero Hora*, Diogo Olivier Mello constata na apresentação de sua reportagem: "Toda a atividade no Brasil sofre a ação, direta ou indireta, de mazelas históricas como fome, pobreza e desemprego." Esta certeza seria comprovada em uma série que revelaria o drama dos jogadores sem time, atletas do Desemprego Futebol Clube, que seriam apresentados aos leitores em outubro de 2001. Mais de 30 anos depois da série que associava jogadores e escravidão, os textos de Diogo mostravam a sofisticação das engrenagens que estraçalhavam candidatos à fama. O Brasil mostrava sua multifacetada cara também no futebol.

Em 1969, ao marcar seu milésimo gol, Pelé fez um apelo pelas criancinhas. Em 2001, os repórteres Mário Magalhães e Sérgio Rangel provavam: o Rei do Futebol não se esquecera delas. Na *Folha de S. Paulo*, ambos desvendaram a trama que envolvia a realização de um show em benefício da seção argentina do Unicef, o Fundo das Nações Unidas para a Infância. O evento acabou não sendo realizado, o que não impediu a empresa de Pelé de receber US$ 700 mil por sua organização. Neste livro, Magalhães e Rangel revelam um segredo: o texto publicado era apenas um rascunho enviado para a redação.

Mulheres, carrões, salários milionários: o trio de benesses é presença constante nos sonhos de jovens que querem seguir carreira no futebol. Em 2004, Marco Senna contou, nas páginas de *O Dia*, que a realidade era bem diferente para a grande maioria dos jogadores brasileiros:

84,4% ganhavam até dois salários mínimos. A reportagem também enumerava casos de atletas bem-sucedidos que acabavam na miséria.

A série "Ronaldinhos do futuro", de Leonardo Mendes Júnior e Márcio Reinecken, trata de outro aspecto perverso do futebol em um país tão injusto quanto o nosso: crianças ainda muito pequenas trocam a infância pela perspectiva de se tornarem milionárias da bola. A reportagem da *Gazeta do Povo* detalha como alguns pais, deslumbrados pela perspectiva do futuro milionário, jogam vidas e empregos para o alto e passam a empresariar o futuro que se desenha pelos pés de seus filhos. O Brasil, país que tem sua história marcada pela importação de escravos, se orgulha, no início do século XXI, de ter se transformado em exportador de crianças.

Em 2005, um nome próprio ganhou status de palavrão nas arquibancadas: o coro de "Edilson! Edilson! Edilson!" deixava claro que a torcida classificava o juiz de ladrão. Afinal, os jornalistas André Rizek e Thaís Oyama haviam detalhado como o árbitro Edilson Pereira de Carvalho manipulara resultados de jogos do Campeonato Brasileiro. A manifestação das torcidas era, portanto, bem razoável. A partir de uma denúncia anônima que chegara à redação da revista *Veja*, os repórteres confirmaram uma história capaz de existir apenas nos pesadelos dos torcedores paranoicos. Dois árbitros brasileiros definiam resultados dos jogos que apitavam para ganhar dinheiro em apostas. Como consequência da reportagem e de um inquérito policial, 11 jogos do Campeonato Brasileiro de 2005, todos apitados por Edilson, foram anulados, os times tiveram que voltar a campo para uma nova disputa. Os detalhes da apuração da matéria — que incluem a participação de um hoje célebre delegado da Polícia Federal — acrescentam uma dose extra de tempero à história.

Enfim, caro leitor: as reportagens já estão em campo, o jogo vai começar. Não faltarão chances para vaias — para cartolas, empresários e juízes — e aplausos. Estes, principalmente, para os atletas que brilham nas redações.

Futebol brasileiro, da fome à fama

JOÃO MÁXIMO, carioca nascido em 1935, é jornalista profissional desde 1960. Colaborador fixo de *O Globo*, dividindose entre as áreas de música e esporte. Foi consultor sênior do recém-inaugurado Museu do Futebol, em São Paulo. Cobriu quatro Copas do Mundo e foi o primeiro a ganhar o Prêmio Esso, o principal, com uma reportagem esportiva: "Futebol brasileiro: o longo caminho da fome à fama". Ganhou também o Esso de equipe em 1963, e como pesquisador, roteirista e apresentador, o prêmio da Associação Paulista de Críticos de Arte para melhor programa do rádio paulista em 1994 com "Vinicius, música, poesia e paixão", série em 32 capítulos de uma hora cada. Tem 14 livros publicados. Sobre música, publicou seis títulos, entre eles, *Noel Rosa — uma biografia*, com a colaboração de Carlos Didier; entre os cinco sobre futebol destaca-se *Gigantes do futebol brasileiro*, com Marcos de Castro, edição revista e ampliada prevista para 2010.

Da fome à fama

João Máximo

A reportagem — mais um breve ensaio jornalístico do que uma reportagem — envelheceu. Já tinha envelhecido três anos depois de publicada e premiada. Na verdade, o que ela mostrava (a dificuldade de se formar atletas num país de jovens famintos e doentes) ainda valia, mas os motivos que inspiraram a pauta, não. Tudo começou com uma conversa minha com Antônio Beluco Marra, meu editor no Departamento de Pesquisa do JB. A Copa do Mundo de 1966, minha primeira, tinha sido a da vitória do "futebol força" dos europeus, entendendo-se como tal, ao contrário do que se pensou num primeiro momento, o futebol de jogadores saudáveis, atleticamente bem-dotados, treinados pelos mais modernos métodos de preparação física, em oposição ao que os brasileiros mostraram em Liverpool, mais da metade deles entregue a cuidados médicos. Resultado: a seleção que tentava o tri não passou das oitavas de final. Foi de Beluco a ideia de transformar em matéria o que eu lhe contava. Ele sugeriu uma espécie de diagnóstico do que se passava nos principais clubes do Brasil em relação aos garotos que chegavam para treinar nos times de base. Comecei por enviar questionários aos departamentos médicos dos grandes clubes do Rio, São Paulo, Porto Alegre, Belo Horizonte e Recife, garantindo-lhes o sigilo nos casos em que nomes fossem citados. Todos responderam. Entre os garotos — e mesmo entre os profissionais em nível de seleção —, havia de tudo:

16   Futebol brasileiro, da fome à fama

infecções, infestações, subnutrição, doenças venéreas, problemas dentários, tudo. Um jogador, campeão em seu estado, tinha sido vítima da esquistossomose. Quatro outros, da tuberculose. E por aí seguiam as respostas aos questionários. Embora sugerisse que era mesmo difícil, quase impossível, transformar um doente em atleta, a reportagem ou ensaio não deixava de ter um tom até certo ponto positivo: o de que o futebol brasileiro era tão especial, tão apurado tecnicamente, tão renovável a cada ano, que conseguia superar seu maior problema, a fome, para alcançar o que realmente merecia, a fama. Resumindo, três anos depois, conquistando o tri no México, dando banho de bola e de saúde nos europeus, a seleção punha em xeque — ou envelhecia — a nossa pauta. Como tudo na vida, o Prêmio Esso me traria bons e maus ventos. Entre os bons, ganhá-lo (é a única vantagem dos prêmios, já que nenhum deles, Esso, Pulitzer ou Nobel, é atestado de qualidade). Entre os maus, o relatório de um dos membros da comissão julgadora afirmando que uma matéria sobre futebol só ganhara o prêmio principal porque, sendo tempos de censura, temas "mais sérios" não tinham podido concorrer. Logo eu, que sequer inscrevi a minha (obra do Beluco). Logo eu, tantas vezes acusado de tratar o futebol como um assunto mais sério do que muitos pensam.

Futebol brasileiro:
O longo caminho da fome à fama

João Máximo

Jornal do Brasil, 30/8/67

Um jovem jogador, conhecido por Ivã Pelé, morre com os pulmões minados, sem realizar o seu sonho de craque, mas Hideraldo Luís Bellini ergue uma taça de ouro, criando para o mundo a imagem olímpica do atleta brasileiro. Entre um e outro está o caminho, longo, que separa a fome da fama, mas a eterna fantasia do futebol faz cair no esquecimento o fim trágico do primeiro e perpetua numa estátua de bronze a pose heroica do segundo. A questão é saber qual dos dois reflete uma realidade.

Os que vivem a intimidade do futebol brasileiro, sabendo a distância que vai do primeiro chute num terreno baldio ao fim de uma carreira de vitórias, concordam em que Ivã Pelé e Bellini são dois símbolos falsos: ao atleta brasileiro, nem está reservado o destino sem glória de um, nem a grandeza quase épica de outro. São eles dois extremos — e a realidade única está justamente no meio do caminho.

O mesmo berço, destinos opostos

A história de Bellini — assim como a dos demais campeões do mundo — já foi contada muitas vezes: todos eles percorreram com êxito o longo

18 Futebol brasileiro, da fome à fama

caminho. A de Ivã Pelé, porém, se foi contada um dia, logo perdeu o interesse e ganhou o esquecimento. No entanto, foi há pouco mais de dois anos que ele apareceu em São Januário, sonhando com a fama.

Era amigo do italiano Gino, o jornaleiro que conhecia todos os jogadores do Vasco, com os quais costumava bater demorados papos sobre futebol. E tanto Gino falou das qualidades de Ivã Pelé — "um menino pobre, que precisa vencer num grande clube" —, que os jogadores decidiram ajudá-lo: se o rapaz conseguisse fazer um teste, eles cuidariam do resto.

Ivã foi lançado nos últimos minutos de um treino de conjunto, depois de conseguir, por intermédio dos próprios jogadores, uma recomendação ao técnico Duque. Logo de saída, recebeu a bola nas proximidades da área, correu para o gol, não encontrou resistência por parte dos seus marcadores, continuou correndo, bateu toda a defesa e acabou entrando com bola e tudo. Das sociais, uma claque improvisada aplaudiu-o com entusiasmo, os jogadores fingiram-se impressionados, houve logo quem o chamasse de Ivã Pelé. Ganhou elogios e um contrato.

Mas Ivã Pelé tinha, de fato, algum talento, embora suas verdadeiras possibilidades no futebol nunca tenham sido avaliadas. Os poucos meses que sobreviveu ao sonho de um gol forjado, passou-os no departamento médico. Mal alimentado, perdendo peso dia a dia, sem poder fazer fora do clube uma dieta (já então um tratamento), viu evoluir a doença que o vitimara em plena adolescência. Outras vieram, depois, uma delas fatal, e Ivã Pelé não chegou a vestir a camisa do Vasco.

O caso reviveu, por pouco tempo, o problema que o futebol brasileiro parece ter enfrentado sempre, na história da formação dos seus maiores jogadores. Jovens como Ivã Pelé, ainda que vítimas da fome ou produtos de uma infância de miséria, não podiam ter fechadas para si as portas dos grandes clubes. Afinal, onde nascem os grandes craques? É crença firmada entre nós — não sem certo fundamento — que os ídolos do futebol começam a brotar nos terrenos baldios, nas imediações de um morro, nos campinhos sem grama do subúrbio, na terra batida da estrada, na cidade grande ou no interior, desde que a bola, brinquedo único de uma infância pobre, seja chutada por pés magros e descalços.

Há quem defenda a tese de que o menino de melhor meio, o rico principalmente, raramente desperta para o fascínio da bola. O próprio Bellini, imagem olímpica que perdura, foi garoto humilde em Itapira, onde o pano de fundo das peladas de rua era uma paisagem provinciana. E há os que defendem a mesma tese de um modo mais radical: o técnico Antoninho, por exemplo, usa sua experiência no preparo de equipes juvenis para afirmar que, de certa forma, até os estudos prejudicam a ascensão do jogador que se inicia. Não vendo no futebol um fim — ou não vendo no futebol o seu futuro meio de vida —, jamais será um craque.

Para Antoninho, e para a maioria dos técnicos de futebol, o caminho até a fama é mais curto do que a realidade mostra. O êxito de um jogador está condicionado, apenas, ao talento e à sua necessidade de afirmar-se profissionalmente no futebol. São, é claro, duas exigências fundamentais. Só que a carreira de um jogador não começa no dia em que ele chega ao clube, chuteiras embrulhadas, olhar desconfiado, esperanças ocultas, exatamente como Ivã Pelé. Ela começa muito antes, nos primeiros tempos de infância ou até mesmo no berço, numa época, portanto, em que a bola ainda não é o brinquedo, mas apenas uma promessa.

Um mal oculto que se revela

Evaristo de Macedo, hoje no América, costuma lembrar seus tempos de técnico do Madureira. Na concentração, na hora das refeições, a luta por um prato cheio era mais dramática do que aquela que os jogadores deveriam travar, no dia seguinte, pela bola e pela vitória. Evaristo é um dos raros exemplos de menino de recursos que conseguiu vencer no

20 Futebol brasileiro, da fome à fama

futebol. Nunca passou dificuldades, pôde estudar, usou sempre a inteligência para enriquecer jogando e envelhecer rico. No Flamengo e no Barcelona, ganhou o bastante para prescindir, hoje, do futebol. Por isso, ainda jovem, trocou as chuteiras pela carreira de técnico.

— Quando eu dirigia o time do Madureira, não havia momento mais difícil para mim do que a hora das refeições. A comida, em clube pequeno, é pouca, enquanto a necessidade dos jogadores é um caso sério.

No América, Evaristo talvez não enfrente o mesmo problema, o que de resto acontece em qualquer grande clube. Mesmo assim, quantos jogadores, inclusive dos grandes clubes, podem considerar-se atletas?

Os jornais deram destaque, na mesma semana, à projeção que os jovens Adílson e Lacir começaram a ganhar, este ano, durante o Torneio Roberto Gomes Pedrosa. Deram destaque, também, aos problemas que ambos enfrentaram, naquela ocasião, deixando preocupados os técnicos, os médicos e os dirigentes do Vasco e do Atlético Mineiro.

Adílson, certa manhã, não suportou os exercícios individuais de rotina e caiu desmaiado durante o treinamento. Retirado de campo, enquanto o Dr. José Marcozzi e o técnico Zizinho tentavam descobrir a razão do desmaio, ficou-se sabendo que o jogador estava subnutrido.

— Pelo que sei — informou o preparador físico Beltrão — ele não tem muito apetite. Seu prato diário é arroz com ovo.

Imediatamente Adílson iniciou um regime de superalimentação, mas até hoje ainda não pôde cumprir a promessa do seu futebol. O caso de Lacir ocorreu em Belo Horizonte, onde ele começou a jogar bola no recreio da escola pública, até ganhar uma oportunidade no juvenil do Atlético Mineiro. Foi logo promovido à equipe principal, mas o médico do clube, Dr. Grossi, teve também de organizar um regime especial para ele, a fim de que pudesse, ao menos, correr metade de uma partida.

— Está subnutrido, e isso se torna mais grave quando o seu próprio físico não ajuda. É um rapaz franzino, de tipo nada atlético e não pode suportar os 90 minutos de um jogo — disse o médico.

Todos os clubes brasileiros enfrentam problemas semelhantes. A uma pergunta sobre o que ocorre no Nordeste, em termos de saúde e alimentação, o médico do Náutico Capibaribe, Dr. Bráulio Pimentel, diz:

— Julgo que as deficiências de todo atleta nordestino se devam a desequilíbrios e falhas de alimentação. Fome crônica, enfim.

Todos os anos, centenas ou talvez milhares de jovens, entre 14 e 20 anos, procuram os grandes clubes em busca de uma chance. Entre eles, a fome (insuficiência na quantidade de calorias, dieta inadequada, ou mesmo as chamadas fomes crônica, oculta e até epidêmica) atinge cerca de 85%, segundo os depoimentos que nos fazem os médicos do Fluminense, Flamengo, Cruzeiro, Palmeiras, Corinthians, Grêmio, Internacional e Náutico — todos consultados a este respeito.

Uma guerra que se ganha na mesa

Os europeus — sempre e cada vez mais — preocupam-se muito com a alimentação dos seus atletas. Estudos periódicos são feitos sobre o assunto e já se pode saber, hoje em dia, qual a dieta apropriada para um atleta, em função de sua idade, peso, altura e esporte que pratica. O homem comum europeu necessita de uma média diária de três mil calorias em sua alimentação, calculando-se um pouco mais para o brasileiro. Os estudos de Sansun e Bowden concluem que, num atleta profissional, a média deve chegar a quatro mil calorias diárias. Hocke vai mais além, ao afirmar que um atleta requer o mesmo que um trabalhador braçal.

Jezler, numa pesquisa junto a 253 atletas suíços, estabeleceu um quadro de proteínas, compreendendo todas as modalidades de esporte. Um lutador de boxe, o que necessita de maior quantidade, chega a 290 gramas diários; o jogador de futebol, exigindo menos do que o lutador de boxe, o ginasta, o remador, o ciclista, o jogador de hóquei, o nadador, o esquiador e o tenista, necessita de 206 gramas diários.

22   Futebol brasileiro, da fome à fama

Embora não tenha sido feito um estudo idêntico para o atleta brasileiro (Wilhelm Knoll considera esse estudo indispensável na prática da medicina esportiva), pode-se afirmar que, pelas condições de vida, clima e sobretudo pelo déficit que já leva consigo para o clube, ele deveria chegar a quatro mil calorias e passar de 206 gramas de proteína.

No entanto, os últimos estudos feitos pelo Escritório de Pesquisa Econômica Aplicada, ressaltando que "não existem estatísticas que permitam descrever em escala nacional a magnitude dos problemas relativos à nutrição do povo brasileiro", estima que a média do consumo do homem comum é da ordem de 2.800 calorias (duas mil nas regiões Norte, Nordeste e Centro-Oeste), havendo acentuada carência de protídios, lipídios, sais minerais, cálcio, ferro, iodo, vitamina A e complexo B.

Já foi provado que é de uma escala abaixo da média que sai a grande maioria do jogador brasileiro. Com todas essas insuficiências, ele procura o clube, sempre com as chuteiras embrulhadas, o mesmo olhar desconfiado, as mesmas esperanças, exatamente como Ivã Pelé. O Dr. Jairo Bernardo dos Santos, médico do Internacional, revela-nos que até mesmo em Porto Alegre, onde o problema de alimentação é reconhecidamente menor, o quadro muda muito pouco em relação aos juvenis.

— O que há é um processo de seleção natural. As portas do clube se abrem para todos, mas o desnutrido, encontrando dificuldade para praticar qualquer esporte, fatalmente é forçado a desistir.

Nessa desistência está uma das realidades do futebol brasileiro. O processo de *seleção natural* — que na verdade é o mais antinatural possível — não existe em nenhum país desenvolvido. Com isso, o futebol brasileiro, que de ano para ano acusa uma espantosa renovação de valores, perde em decorrência da fome uma infinidade de talentos. Nos grandes clubes, cujos recursos são cada vez mais ampliados, a perda talvez não atinja números elevados. Mas nos chamados *pequenos*, o Madureira ou Juventus, o Democrata de Sete Lagoas ou Flamengo de Caxias do Sul, como na grande maioria dos clubes do Nordeste, talvez sim.

— O Náutico Capibaribe — diz ainda o Dr. Bráulio Pimentel — já vem oferecendo condições satisfatórias nesse sentido, de modo que alimento esperanças de um dia conseguir, pelo menos, resultados parciais.

No Rio, em questões de dieta, também os grandes clubes encontram dificuldade. O Dr. Pinkwas Fiszman, médico do Flamengo, consegue manter seus jogadores em permanente regime de alimentação hipercalórica e alcalina, embora a dieta, em alguns casos, tenha de ser mais específica. No Fluminense, informa o Dr. José Rizzo que o regime alimentar ideal é coisa impraticável: é de NCr$ 110.300,00 o orçamento do Departamento Médico para este ano, e a dieta exigiria um gasto fora dos planos do clube. Em quase todos, porém, a simples indicação de um nutricionista para a equipe médica soa como um luxo dispensável.

Ecos de um amadorismo extinto

Os efeitos imediatos da fome, tanto no jogador de futebol como no homem comum, são facilmente avaliáveis: perda de peso, cansaço, desânimo, diminuição da capacidade de rendimento e resistência. Mas os piores efeitos são os posteriores, refletidos num grupo de doenças que se originam em organismos subnutridos ou mal alimentados. As chamadas doenças de carência são muito comuns no futebol, a ponto de se estimar em 50% os jogadores que sofrem ou já sofreram de avitaminoses. Daí a justificada preocupação do Dr. Hílton Gosling, quando a Seleção Brasileira chegou a Lambari, estranhando a temperatura. A febre alta de Dudu, em decorrência de uma gripe forte, levou o médico a prescrever doses elevadas de Vitamina C para todos os jogadores convocados.

Da gripe crônica à tuberculose, a distância é de um passo. O futebol brasileiro, em sua fase romântica, da década de 30, quando os jogadores

24   Futebol brasileiro, da fome à fama

tinham um pé no amadorismo extinto e outro no profissionalismo que apenas engatinhava, registrou vários casos de carreiras interrompidas pela fragilidade de um ou dois pulmões. Alguns nunca mais foram esquecidos, como o de Fausto do Santos, que jogou sua última partida com 39 graus de febre e uma hemoptise. Embora outros exemplos trágicos tenham surgido depois — Isaías, Sorriso e Batatais — supõe-se que o mal esteja sepultado com o próprio futebol do passado.

O caso de Genivaldo, que chegou a jogar doente, mas livrou-se em tempo de consequências piores, é ainda recente. A morte de João, um juvenil do Flamengo, é mais recente ainda. O Departamento Médico do Fluminense registra dois outros casos, o do Corinthians, um. Embora a assistência que os clubes prestam, atualmente, com um controle periódico radiográfico, tenha diminuído a incidência da tuberculose no futebol, ela ainda é expressiva, reflexo da própria situação do Brasil, onde a doença mata 100 mil pessoas por ano.

Nos pequenos clubes, talvez, o controle não é tão rigoroso. Quando foram convocados os jogadores para a Seleção que disputaria o Campeonato Sul-Americano de Acesso, em 1964, entre os escolhidos havia um com infecção pulmonar de segundo grau. Embora a CBD* o tenha dispensado com recomendação ao médico do clube, não se pode saber até que ponto a cura se fez: o jogador ainda é titular do mesmo clube.

Alguns casos — por uma questão de ética profissional que os médicos procuram manter ou para que o próprio jogador "não fique marcado" — ficam em segredo ou entregues a comentários e suposições. É o que acontece com um ex-jogador do América, que voltou de uma excursão à Venezuela com uma moléstia presumivelmente contraída lá. "Algo assim como o impaludismo" — dizem os companheiros. Tempos depois, sem que o diagnóstico médico fosse divulgado, o

---

*Confederação Brasileira de Desportos, antecessora da atual CBF.

jogador estava procurando clube, mas cada radiografia pulmonar tirava-lhe uma nova chance.

Ao lado da tuberculose, há a anemia, cuja origem tanto pode estar na própria fome como nas doenças infecciosas que resultam da fome.

Malazarte, Macunaíma e Jeca Tatu

Se a Psicologia já definiu o jogador brasileiro como "resto de Pedro Malazarte e um pouco de Macunaíma", a Parasitologia Médica pode ver nele um primo-irmão de Jeca Tatu. Não há doença que mais atinja o jogador de futebol do que a parasitose em seus mais variados tipos. O médico do Internacional calcula em 70% a incidência no seu clube; o do Náutico, em 80%. Entre o Norte e o Sul, centros como Rio, São Paulo e Minas não oferecem um quadro melhor: a coprologia funcional, nos dias atuais, é uma exigência que se faz tão logo o jogador chega ao clube, tendo a mesma prioridade dos exames de sangue e radiográficos.

Na última seleção brasileira — que reunia a elite do nosso futebol —, o índice foi de 15%, Pelé entre os infestados. Segundo o Dr. José Rizzo, do futebol pode-se escrever todo um tratado de Parasitologia: *Strongyloides* e *Ascaris*, *Trichiurius* e ameba, *Gyardia* e até os temidos ancilostomídios, as espécies se multiplicam. Em alguns casos, a infestação ocorre isoladamente; em outros — os mais graves —, ela é associada, exigindo exames sucessivos, até um terceiro resultado negativo. O Dr. Pinkwas Fiszman publicou numa revista francesa a sua estatística da incidência de parasitas nos jogadores do Flamengo, desde os juvenis até os profissionais, e o resultado espantou os europeus.

Na verdade, pode parecer absurdo um atleta ter o organismo infestado. No caso da ancilostomose, quase sempre associada a outras verminoses, as consequências podem ir da simples presença do portador, sem efeito aparente, até uma evolução para a morte.

Falar de verminose, nos departamentos médicos dos clubes, já é um fato corriqueiro. Mas há um parasita cujo nome, pronunciado, ainda provoca reações: o *Schistosoma mansoni*. Desconhecido na Europa (o último caso registrado ocorreu há quarenta anos, em Portugal), a esquistossomose existe em estado endêmico no Brasil. A espécie *mansoni* só existe entre nós na região do Rio Grande do Norte à Bahia, já tendo invadido o Maranhão, o Estado do Rio, Guanabara* e São Paulo. De cura difícil — como difícil é o combate à endemia —, também já atingiu o futebol. Entre os titulares da seleção brasileira que disputou a última Copa Rio Branco, havia pelo menos um infestado; entre os atuais jogadores do Fluminense, há outro. Em Belo Horizonte, sobretudo nos juvenis que chegam, a incidência não é rara.

Desnecessário dizer que a verminose acompanha de perto o quadro da subnutrição, como outras infestações e infecções encontram no organismo mal alimentado uma espécie de convite. No futebol brasileiro, todas as doenças ligadas ao subdesenvolvimento, de um modo geral, já foram anotadas na experiência diária dos clubes. O Dr. Haroldo Araújo de Campos, médico do Corinthians, já enfrentou uma cardite chagásica, uma esquistossomose com comprometimento hepático e outros tipos de doenças infecciosas e parasitárias. Em cada caso, um talento perdido.

A sífilis — não diretamente ligada à fome, mas comum em regiões subdesenvolvidas — é também comum. Entre os convocados para a seleção que seria bicampeã mundial no Chile, o VDRL apontou um caso. Para os médicos, esse é um problema menor, embora inevitável.

---

*Até 1975, a cidade ao Rio de Janeiro se constituía também no estado da Guanabara.

Sonho de todos e fim de poucos

Vinte anos, estilo clássico, temperamento frio, futebol técnico e bem-dotado. Começa a avançar no longo caminho, já agora entre os profissionais do Fluminense. Sua ficha médica, porém, indica amígdalas hipertrofiadas, mucosa bucal descorada (anemia), focos dentários, *Staphilococus* decorrente de doença venérea mal curada, leucocitose, infestação por *Ascaris, Strongyloides, Trichiurus, Necator* e o *Schistosoma mansoni*. Para chegar ao fim do caminho, terá de vencer tudo isso.

Dezoito anos, juvenil com promessa de ascensão, futebol de alta qualidade, igualmente bem-dotado. O pai foi assassinado, há dois anos, e é ele quem responde pela educação e alimentação (cozinha inclusive) dos seis irmãos, enquanto a mãe cuida da avó enferma. Não pode seguir a dieta adequada para superar uma fome oculta, e talvez interrompa a caminhada que iniciou com os mesmos sonhos de Ivã Pelé.

Vinte anos, ponta de lança de temperamento vibrante, então rompedor de áreas. Todo o seu ímpeto morreu no dia em que descobriram nele uma úlcera duodenal. Não podendo fazer dieta, largou o futebol.

A lista de novos talentos já condenados, que talvez não cheguem a deixar atrás de si um exemplo como o de Ivã Pelé, nem jamais conseguirão reproduzir a pose de um Bellini, para todos os dias no meio do caminho. Os departamentos médicos dos clubes representam pequenos ambulatórios no vasto hospital de que falava Carlos Chagas. Heroicamente, o Dr. Bráulio Pimentel trabalha no distante Recife; com a consciência voltada para uma realidade às vezes camuflada, o Dr. Joaquim Daniel de Melo reúne à sua volta uma equipe de especialistas no jovem Cruzeiro; também para o problema da fome estão voltadas as atenções do Dr. Nélson Rosetti, médico do Palmeiras. O trabalho existe, no Norte ou no Sul, no Rio e em São Paulo, às vezes nas proporções que atingiram o completo organograma do Dr. Pinkwas Fiszman, que compreende todas as especialidades médicas. No entanto, tudo isso não passa de um impulso ao jogador em seu caminho.

Mas, assim como na derrota cada brasileiro se manifesta em tom de culpa expiada, na vitória todas as virtudes se enaltecem. Nosso futebol, hoje como sempre, ofereceu ao mundo muitas imagens, a de um Bellini herói e a de um Pelé caído num campo de Liverpool, a do atleta-símbolo de um povo sadio e a de um menino humilde que não pôde vestir a camisa do Vasco. Toda a realidade está no meio do caminho — um caminho que o craque brasileiro percorre quase só, com o seu talento.

O jogador é um escravo

MICHEL LAURENCE nasceu em 1938, em Marselha, na França. Brasileiro por opção, iniciou sua carreira no jornal *Última Hora*. Passou pelo jornal *O Estado de S. Paulo* e pelas revistas *Quatro Rodas* e *Placar*, da qual é fundador. Foi também colaborador das revistas *Manchete*, *Realidade* e do jornal *O Pasquim*. Atuou como chefe de esportes de praticamente todas as emissoras de TV aberta (Rede Globo, TV Manchete, Rede Record, Rede Bandeirantes, SBT e TV Cultura) e também da ESPN-Brasil. Atualmente é editor de esportes do jornal da TV Cultura e tem um blog no portal iG. Seu currículo inclui dois prêmios Abril de Jornalismo, dois Prêmios Pena de Ouro (da Associação dos Cronistas Esportivos de São Paulo) e um prêmio Esso, em 1969, pela reportagem "O jogador é um escravo", escrita em parceria com o jornalista José Maria de Aquino e publicada em *O Estado de S. Paulo*.

Assim disse Pelé

Michel Laurence

Se não me falha a memória (já se passaram 40 anos), tudo aconteceu em função da frase do Pelé. Naquela época, era difícil jogador emitir uma opinião, ou criticar o que fosse. A frase foi dita por Pelé durante uma entrevista que fiz com ele na Vila Belmiro. Virou assunto da reunião de pauta na Edição de Esportes de O Estado de S. Paulo. Começamos investigando os contratos dos profissionais com os clubes. O clube tinha três ou quatro obrigações com os jogadores, enquanto os jogadores tinham 12 ou 13 obrigações com o clube. Daí para a frente resolvemos investigar o que acontecia com um jogador que por azar da carreira sofresse uma contusão séria que o impedisse de continuar jogando. Achamos uma "promessa" do Palmeiras, China, que quebrou a perna e foi abandonado pelo clube. Depois, soubemos que um ex-goleiro dos juvenis do Botafogo — cujo nome me foge — estava sofrendo de "doenças tropicais" depois de ter jogado em Manaus, e tinha sido abandonado em um hospital público do Rio de Janeiro, onde o encontramos. E a coisa foi por aí, crescendo com denúncias e mais denúncias. O meu colega José Maria de Aquino, jornalista e advogado formado, cuidou da parte jurídica, enquanto eu corria atrás das entrevistas. O que posso acrescentar é que, em momento nenhum, visamos a qualquer prêmio. Quando anunciaram que éramos candidatos a ganhar o Prêmio Esso, foi uma surpresa. De ruim, ficou na minha cabeça o fato de ter que anular o nome de outros colegas que participaram da série, editando, corrigindo, ilustrando. O regulamento do Prêmio Esso exigia que no máximo dois tivessem participado da reportagem. Um deles nunca mais falou comigo.

O jogador é um escravo

Luciano Ornellas, Michel Laurence e
José Maria de Aquino

O Estado de S. Paulo, 31/3/1969

A torcida está fugindo dos estádios — os dirigentes estão preocupados. A qualidade do futebol está caindo. Há muitos campos ruins. Juízes são criticados. Há política nos clubes — os dirigentes estão mesmo preocupados. Há jogadores entrando em campo machucados, anestesiados, sem condições físicas e psicológicas. Quem está preocupado?

Ele pode morrer para o futebol

É crime colocar um jogador machucado para jogar? É justo tirar a dor de um homem, dar-lhe uma anestesia para que ele possa correr como se não tivesse nada? De que vale esse sacrifício, se ele pode perder toda uma carreira com isso?

São muitos os casos de jogadores que ficaram inutilizados para o futebol por culpa de médicos ou massagistas e de injeções com anestesia antes do jogo. Os jogadores, de um modo geral, aceitam anestesia por achar que "o doutor sabe o que faz".

34 O jogador é um escravo

É crime colocar um jogador machucado para jogar?

Dallzel Freire Gaspar, médico do São Paulo, acha que sim. Por menor que seja uma contusão, ela precisa desaparecer completamente para que o jogador possa voltar ao campo. Muitas vezes também um jogador esconde sua dor, diz que não sente nada e entra para jogar. Quando a partida termina, a dor é muito maior, e ele tem que ficar parado muito tempo.

É decisão de campeonato: o jogador, maior ídolo da equipe, tem uma pequena entorse no tornozelo e talvez não possa jogar. Então, é feita uma infiltração, a dor desaparece, e esse jogador corre normalmente. Mas durante o jogo a contusão pode se agravar, e ele poderá até ficar inutilizado para o futebol. Às vezes ficar apenas alguns meses parado, a perna engessada e a certeza de que nunca mais aceitará outra anestesia antes de um jogo.

— Eu vi um jogador da seleção da Rússia tomando uma infiltração dentro do campo, pertinho de mim.

Quem fala é Buião, ponta-direita reserva do Corinthians. Entre os jogadores brasileiros, o nome "infiltração" é muito comum: para eles, é apenas uma injeção local para adiantar o tratamento de alguma contusão. Por isso, quando tomam uma injeção pouco antes de uma partida, ouvem sempre:

— É para efeito curativo.

Para efeito de cura, o nome da injeção que os médicos usam é cortisona. Acontece que a dor provocada por essa injeção é muito forte, e os médicos misturam um analgésico, que pode ser xilocaína ou novocaína. O jogador se acostuma com esse tratamento — apesar da dor muito forte, porque o remédio é injetado diretamente no local — e não percebe quando o médico lhe dá uma injeção apenas de anestesia. A dor desaparece, mas a contusão continua.

As contusões comuns nos jogadores brasileiros são estas: distensão na coxa ou na virilha, torção no joelho ou tornozelo ou simplesmente uma luxação (quando há uma pancada num músculo e ele fica ofendido, coisa fácil de curar, às vezes só com calor). Quando há ruptura de algum ligamento, no joelho ou no tornozelo, a anestesia também tira completamente a dor. Acontece que a ruptura vai aumentando enquanto o jogador corre e outras partes são afetadas, complicando muito a sua contusão.

Para se anestesiar todo um músculo, são necessárias várias injeções. É preciso anestesiar cada pequena parte do músculo, e, em alguns casos, quando a ruptura é maior, às vezes são necessárias até 20 injeções. Alguns médicos dizem que, ainda assim, fica um pouco de dor.

A entorse é o relaxamento de um ou mais ligamentos, do joelho ou do tornozelo. O jogador, quando corre com esta lesão, pode relaxar ainda mais os ligamentos, o que aumenta em muito o tempo de tratamento. Geralmente este tratamento demora um mês. E ainda corre o risco de romper algum ligamento. Nesse caso o tratamento demora mais de um mês, e em alguns casos é necessário engessar o joelho ou o tornozelo. Alguns médicos fazem o tratamento só com calor (forno ou infravermelho), até que o músculo cicatrize, como a pele.

Distensão não é mais grave que uma ruptura de ligamentos, mas seu tratamento é mais demorado. Uma parte do músculo se descola, sendo necessário mais de um mês, com o tratamento de calor e muito repouso, para recuperação. Se alguém jogar com distensão, corre o perigo de ficar de três a quatro meses em tratamento.

Em todos esses casos, os médicos usam uma infiltração como parte do tratamento, injetando a cortisona apenas ou misturada com xilocaína ou novocaína.

Segundo o médico Rubens Rodrigues (jogador de basquete do Corinthians durante 14 anos, hoje no Pronto-Socorro Angélica), a cortisona é um hormônio anti-inflamatório, o que ajuda na recuperação de um músculo machucado. Os analgésicos mais usados são xilocaína e

36   O jogador é um escravo

novocaína. A xilocaína se difunde mais rapidamente, facilitando a penetração da cortisona, que evita inflamações.

Dallzel Freire Gaspar diz:

— A infiltração pode ter como objetivo suprimir a dor por tempo variado, injetando-se analgésico de ação local. Não tem qualquer efeito curativo sobre o tecido lesado, a não ser, talvez, uma pequena vasodilatação, útil para sua evolução. Como tratamento, a droga deve ter ação benéfica (anti-inflamatória, vasodilatadora, analgésica etc.), que vai interferir diretamente na evolução do processo a ser combatido. Esse método de tratamento, cada vez mais em uso, constitui-se em uma arma de real utilidade em várias especialidades médicas, e muito em especial na traumatologia esportiva, pelo fato de abreviar realmente o tempo de recuperação de atletas lesionados.

Esse é o tratamento feito normalmente, com o jogador fora dos treinos e dos jogos. Muitos jogadores têm medo de infiltração, dizem que a dor é muito forte. Os remédios e o modo de aplicação são os mesmos, tanto para a cortisona como para os anestésicos. Por isso, um jogador só pode saber se está sendo anestesiado se essa injeção for aplicada pouco antes do jogo. O efeito da xilocaína, por exemplo, dura de uma a duas horas, dependendo da qualidade.

A infiltração pode ser feita a qualquer hora, porque seu efeito é exclusivamente local. Mas o uso exagerado provoca reações negativas, como a perda de minerais nos ossos, segundo Abdo Kalil Arges, muitos anos médico do Atlético, hoje na Administração do Estádio Minas Gerais. Abdo Arges tem muita experiência disso:

— Geralmente, o que a gente vê nos intervalos dos jogos, em algum jogador machucado no primeiro tempo, é a infiltração anestésica, o que não é recomendado, porque pode agravar a contusão mais tarde.

Como a aplicação não tem hora certa para ser feita, um médico pode se defender de uma acusação qualquer, alegando que a infiltração, mesmo antes do jogo, foi para efeito curativo. A diferença entre uma infiltração para tratamento e uma de anestesia para colocar o jogador em campo, então, existe apenas na intenção do médico.

Neilor Lasmar é médico do Cruzeiro de Belo Horizonte:

— A infiltração de hidrocortisona tem várias indicações. Condeno o uso indeterminado, acho que só deve ser usada em uma fase aguda, subaguda ou crônica. Pelo seu efeito anti-inflamatório, é necessária no tratamento de contusões prolongadas. Não funciona como dopagem, tem função curativa e analgésica localizada. No caso, aconselha-se o uso, nunca em termos absolutos.

Em muitos clubes, as injeções são aplicadas por massagistas. Eles veem o médico aplicar uma infiltração e acham que também têm condições de fazer o mesmo. Muitos tratamentos em jogadores são feitos por massagistas, principalmente aplicação de injeções intramusculares ou infiltrações. Por ter alguma vivência com médicos dentro dos clubes, o massagista começa a fazer coisas que não sabe. Dallzel Freire Gaspar, médico do São Paulo garante:

— Em muitos clubes isso não acontece, porque os médicos tomam conta de seus departamentos.

O médico do Palmeiras, Nélson Rossetti, diz que usa a infiltração só para tratamento. E diz também que uma infiltração por semana é suficiente no tratamento de uma contusão qualquer:

— A infiltração é usada porque ajuda na recuperação mais rápida. O jogador trabalha com os pés e não pode ter o mesmo tratamento de uma outra pessoa qualquer. Enquanto o jogador está parado, está perdendo dinheiro, e o clube também. Mas isso não quer dizer que usamos a anestesia para colocar jogador em campo. O Artime, por exemplo, está parado há 15 dias. Se eu lhe aplicasse uma injeção, ele jogaria contra o Corinthians. Mas eu não faço isso.

Há médicos, apesar de tudo, que admitem a aplicação de anestesia para colocar alguém em jogo. O médico José Schiavon, do Atlético Paranaense, é um deles:

38 O jogador é um escravo

— Sou favorável, mas dependendo da região, do tipo da lesão e das possíveis complicações posteriores. Por exemplo: não faço anestesia em contusão do joelho, nem distensão, e muito menos entorse grave. Entendo que não existem problemas na entorse simples sem problema de ligamento, no tórax e no braço. Nestes últimos casos, pode ser até um tipo de tratamento.

O médico paranaense Amílcar da Rocha concorda e completa:

— Temos que levar em conta, igualmente, o aspecto psíquico, do comportamento do atleta. Existem jogadores que não tomam injeção nem mesmo quando isso é necessário.

O preparador físico José Woiski já esteve no Ferroviário, e hoje é do Coritiba:

— No caso de uma simples fissura óssea, com aproveitamento do jogador na base da injeção, a contusão poderá agravar-se e transformar-se até mesmo numa fratura completa. Existem clubes que fazem isso, menos aqui no Coritiba e no Ferroviário.

O jogador, quando é mais inteligente, não aceita mesmo a infiltração antes do jogo. Sabe que com isso ele pode ganhar uma partida, mas também pode perder sua carreira. Os jogadores mais velhos — que já não têm um preparo físico muito bom e sabem que estão em final de carreira — chegam a pedir anestesia para jogar. Querem aproveitar tudo o que lhes resta ainda do futebol.

Existe um outro método de anestesia, muito usado em clubes pobres no interior do Brasil. Quando há uma contusão no pé, por exemplo, o médico faz compressas de algodão e enfaixa o pé do jogador, jogando éter depois. O éter também tem efeito anestésico, mas seu efeito dura pouco tempo. Se a contusão não for muito grave, a anestesia acaba e o jogador — com o corpo muito quente — só vai sentir a dor quando a partida terminar. O Vila Nova, de Nova Lima (Minas Gerais), sempre fazia isso.

De um modo ou de outro, muitos jogadores estão morrendo para o futebol quando entram machucados em campo. Francisco Sarno — autor do livro *A dança do diabo* e hoje técnico do Coritiba — tem muita experiência para afirmar:

— Sou contra e acho que isso é um crime.

Fazia três meses que Copeu se recuperava de uma entorse no tornozelo. Em Mar del Plata, o Palmeiras precisou que ele entrasse. O médico lhe garantiu que já podia jogar. E foi feita a infiltração. Durante o primeiro tempo, não sentiu nada, mas no segundo a dor voltou. Copeu continuou jogando assim, pois o médico garantiu que a dor só passaria jogando. Ele acabou tendo que parar. A dor só sumiu no jogo contra o Santos. Copeu jura que a dor da infiltração é maior que a da entorse.

O Mineirão transborda de bandeiras do Atlético e do Cruzeiro. Há mais do Galo: é a última chance para o Atlético ser campeão. No vestiário, o ponta-direita desse time, ídolo da torcida, está sentado. Poucos dias antes, por ter machucado o peito do pé, tinham-lhe feito uma infiltração, e depois colocado gesso, que está sendo retirado. O pé ainda dói, nova infiltração e Buião entra em campo. O Atlético perdeu: Buião precisou ficar engessado mais um mês.

Para poder entrar em campo Pelé garante que nunca tomou infiltração. Já foi infiltrado algumas vezes, mas somente para tratamento. Em sua opinião, infiltração é algo prejudicial, e ele não aconselha ninguém a tomar. Mas, para Pelé existem momentos em que compreenderia se algum jogador permitisse ser anestesiado no local de uma contusão para poder entrar em campo e defender seu time.

— Eu mesmo, na Copa do Mundo de 1966, supliquei ao Dr. Hilton Gosling que me injetasse para eu poder voltar a campo no jogo contra

Portugal. Ele e João Havelange negaram-se a fazer isso. Mas eu, naquele momento, queria mesmo continuar a jogar e ajudar o Brasil. É como digo, não aconselho ninguém a tomar, mas se souber que algum jogador deixou que o injetassem, não vou recriminá-lo antes de saber o motivo.

Tarciso, você já tomou infiltração?

Tarciso até bem pouco tempo, jogando no Guarani, quando seu time atacava, aproveitava a folga para ficar abaixado, massageando o joelho. Todos pensavam que era uma maneira de descansar ou apenas um vício, um tique, para ver a bola entre as pernas dos adversários.

Mas não era bem isso. Tarciso durante muito tempo levou infiltração no joelho, antes do jogo, para poder jogar.

Uma contusão antiga no joelho, nos meniscos, impedia-o de jogar e movimentar sua perna normalmente. Impedia-o inclusive de treinar. O jeito que acabou encontrando, por ter pavor de operar, foi, um dia antes do jogo, pedir ao médico que retirasse com uma seringa o líquido acumulado no joelho, e no dia do jogo, poucos minutos antes de entrar em campo, ele aplicasse uma injeção de analgésico, para não sentir dor nenhuma durante a partida.

Isso durou muito tempo, porque Tarciso usava a desculpa de que tinha pouco tempo de futebol pela frente e que sua carreira estava por terminar. Os dirigentes do Guarani e o próprio médico insistiam para que o jogador operasse, mas o medo que ele sentia era muito grande.

Tudo terminou no dia em que Tarciso resolveu finalmente operar. Tudo correu bem, e Tarciso continua jogando até hoje. Agora, sem precisar de injeções no joelho.

E no interior, jogador toma muita infiltração?

O médico Dallzel Freire Gaspar, do São Paulo, acredita que no interior isso possa acontecer em muitos clubes. Ele conta um caso que lhe apareceu no interior do Paraná, quando o levaram para examinar um jogador que tinha problemas no joelho.

— Pedi que o jogador me mostrasse o joelho, e quando ele arregaçou a perna da calça, seu joelho estava com ferimentos, como cortes, por cima de toda a rótula. Isto é, de cima a baixo do joelho. Fiquei impressionado e perguntei ao jogador o que tinha provocado aqueles cortes. A explicação foi exatamente esta: "O massagista do time me deu esses cortes com uma gilete, para que o derrame saísse." Por esse motivo, por pura ignorância, acredito que no interior muitos jogadores tomem infiltrações de analgésico para poder entrar em campo. Talvez também pela falta de um médico, e por massagistas acharem que sabem tanto quanto um médico.

Pardal, com 16 anos você tomou infiltração?

O menino Pardal era um juvenil do Atlético Mineiro. Seu futebol agradava, até que um dia sofreu uma entorse do tornozelo. Entorse, uma contusão quase comum para um jogador de futebol. Um pouco delicada, que todos temem, mas muito comum. O tratamento foi uma infiltração no local, misto de cortisona e novocaína ou xilocaína.

Depois, o médico mandou Pardal para o infravermelho, parte do tratamento para recuperação. Mas esqueceram de avisar a Pardal o tempo que tinha que ficar no infravermelho. Anestesiado o local, Pardal não sentiu os efeitos dos raios e ficou lendo uma revista em quadrinhos. Quando resolveu retirar o pé do aparelho, os raios lhe tinham provocado um buraco no tornozelo. Nunca mais Pardal voltou a jogar.

Toninho, você é capaz de tomar uma infiltração para jogar?

— Sou capaz de tomar se a dor for uma daquelas dorzinhas que incomodam a gente, mas que não representam nada de grave. Isso porque, se a contusão for grave mesmo, não há injeção que adiante. O jogador não pode entrar em campo com uma contusão grave, mesmo que

O jogador é um escravo

seja anestesiado no local, porque mesmo assim ele não conseguiria jogar o que sabe. Agora, quando a dor é daquelas que só fazem incomodar, eu seria capaz de tomar, porque gosto de jogar futebol e gosto de ajudar o meu time a vencer.

Mas isso pode vir a atrapalhá-lo mais tarde, não?

— Talvez, mas o importante é jogar agora, mais tarde estarei velho. Agora, repare bem: eu garanti apenas que seria capaz de tomar, e não que já tomei.

Ita, as injeções acabaram com seu futebol?

A necessidade de jogar. O titular está machucado, não pode entrar. O reserva é Ita. Tem um joelho em péssimas condições, mas precisa entrar, afinal o time não pode jogar sem goleiro. Uma infiltração, e está resolvido o problema. Menos para Ita.

— Se chutarem na direita, acho que não vai dar para eu cair. O joelho continua doendo.

De tanto jogar nessas condições, Ita, que defendeu o Vasco e o América, do Rio, entre outros clubes, agora está totalmente inutilizado para o futebol e sumiu dos clubes do Rio.

Mário Tito, o jogador pode ser anestesiado sem infiltração?

Decisão do Campeonato Carioca de 1964. No caso, campo do Maracanã completamente lotado, estão disputando esse título Bangu e Fluminense. Em certo momento, Mário Tito pisa em falso. Uma dor aguda logo aparece no joelho, e o zagueiro central se deixa cair na grama e fica à espera do massagista. Retirado de campo, primeiro tentam fazê-lo voltar despejando éter no joelho, mas a dor continua.

Então, o massagista, assistido pelo médico do Bangu, lhe tira a chuteira e a meia. Envolvem seu pé com algodão e despejam éter em todo o algodão. O jogador calça a meia e a chuteira. A dor vai desaparecendo aos pouquinhos. O éter em grande quantidade é um anestésico.

Mário Tito voltou a jogar, para defender o Bangu, mas a contusão, que a princípio só era uma entorse, agravou-se e transformou-se em ruptura dos ligamentos. Ele ficou mais de um mês sem poder jogar.

Mário Américo, infiltração é feita durante uma Copa do Mundo?

— Se fosse, o doutor Hilton Gosling teria feito uma no Pelé na Copa de 66, contra Portugal. E o Brasil estava perdendo. O Pelé chorou e pediu até pelo amor de Deus.

Mário Américo, massagista da Seleção brasileira e da Portuguesa de Desportos, vive no futebol há 34 anos:

— Jogador de futebol, eu considero como meu filho, não faria uma coisa dessas. Quanto jogador nosso aqui na Portuguesa deixou de jogar por causa de uma pequena contusão! A mesma coisa acontece com o dopping: muita gente confunde infiltração para tratamento com anestesia para colocar jogador machucado em campo. No dopping, confundem estimulante com excitante.

Mário Américo já trabalhou com 12 médicos da seleção brasileira e com mais de 50 anos em clubes como Madureira, Vasco e Portuguesa:

— E posso garantir que durante toda a minha carreira nunca vi médico nenhum dando injeção para jogador sem condições. Não sei se é respeito por mim, mas eles não fazem. Às vezes, jogadores mais veteranos, em final de carreira, podem pedir infiltração para jogar. Eles pedem, pedem mesmo.

Djalma Santos, você acha que um jogador deve aceitar infiltração?

— Se não prejudicar o jogador no futuro, não vejo por que não. Assim, o jogador se livra da dor por pouco tempo e pode jogar. O Julinho Botelho tinha, no seu tempo de Palmeiras, uma distensão, e foi jogando sob efeito de infiltrações que ele ficou bom. Mas está claro que tudo depende do tipo da distensão, porque, jogando sob efeito de analgésicos e com uma contusão forte, o jogador poderá piorar muito.

Bellini, você admite que um jogador seja infiltrado?

— Admito, dependendo da contusão. Eu mesmo, quando ainda estava no Vasco, joguei no final de uma excursão no exterior, machucado e sob efeito de injeções, porque não havia ninguém para entrar no meu lugar. Mas só admito isso em situações extremas, quando há, por exemplo, um título em jogo e que pode ser perdido se um jogador indispensável não puder jogar. Sou contra quando se trata de ganância do clube para ganhar dinheiro, com o jogador se sacrificando apenas para o clube ganhar uma taxa maior.

Carlos Alberto, você deixaria que lhe dessem uma infiltração?

— Não, de jeito nenhum. Nunca vou permitir, nem nunca permiti que fizessem isso comigo. Acho que, quando um jogador está machucado a ponto de não poder jogar, não deve aceitar que lhe apliquem um analgésico qualquer para ele poder entrar com o time. Sou a favor das infiltrações como tratamento, pois elas recuperam o jogador com maior rapidez, mas, enquanto ele estiver sendo medicado com as infiltrações, deverá ficar em repouso. Eu sou capaz de entrar em campo sem as melhores condições físicas, como já fiz algumas vezes, quando joguei com princípio de distensão e outras coisas, para não desfalcar o time ou porque o jogo era muito importante. Agora, ser anestesiado, não deixo não.

César, para entrar e jogar, você aceita uma infiltração?

— Não. Sei que isso faz mal. Pode não aparecer na hora, mas, com o tempo, todas as contusões que foram curadas à base de infiltrações acabam por reaparecer. Eu não deixo ninguém me dar uma infiltração. Mas, também, até hoje nenhum médico me fez essa proposta. Eu também tenho muito medo de injeção, não gosto nem de tomar vitaminas, quanto mais infiltrações, que doem muito.

Coutinho, você já levou infiltrações para jogar?
— Nunca. Em momento nenhum da minha carreira fui obrigado a aceitar que me infiltrassem qualquer tipo de droga para poder entrar em campo. Mas acho que, se isso fosse de grande importância, se eu precisasse realmente entrar em campo, acabaria aceitando.

Uma lei só para os fortes

José Maria de Aquino e Michel Laurence

14/4/1969

O profissional de futebol no Brasil é explorado há muitos anos. Os contratos só foram feitos para proteger o clube.

Um contrato com regulamentos de 37 anos atrás

Desde 1932, o jogador profissional de futebol está preso a um contrato que, em 37 anos, nunca foi modificado para acompanhar a pequena evolução do profissionalismo e da mentalidade do jogador brasileiro.

Esse contrato tem quatro páginas. A primeira, depois de dar o nome do clube e do jogador, anuncia as cláusulas das obrigações de ambas as partes. A primeira diz que "o atleta se obriga a prestar os seus serviços de atleta de *football* profissional, durante a vigência deste contrato, única e exclusivamente à Associação".

A partir da quarta cláusula, começam as obrigações do jogador para com o clube, num total de onze. Na cláusula seguinte, o contrato assinala as obrigações do clube para com o jogador, *num total de três*.

48 O jogador é um escravo

Entre as exigências que o clube faz ao jogador, as que chamam a atenção são as seguintes: e) comunicar, *por escrito*, à Associação, dentro das vinte e quatro horas seguintes, os acidentes durante os jogos ou treinos de *football*, sob pena de não assumir a Associação qualquer responsabilidade pelos acidentes. k) apresentar prova de conclusão do curso primário em estabelecimento de ensino oficialmente reconhecido.

Todas as obrigações do clube para com o jogador visam somente a preservar o estado físico do atleta ou precaver-se contra possíveis problemas que venham a surgir entre ambos.

A cláusula "k" das obrigações do jogador chama a atenção, porque, quando o jogador recorre à FUGAP (Fundação de Garantia ao Atleta Profissional) para conseguir um emprego fora do futebol, verifica-se que realmente a maioria dos jogadores não tem curso primário. Portanto, o contrato já foi assinado irregularmente.

De todas as 17 cláusulas desse contrato, são bem poucas as que se referem às garantias que um jogador profissional pode esperar do clube.

Porém, a mais importante encontra-se na última página, onde, depois de um título anunciando *cláusulas extras*, há uma advertência, em letras bem menores, para que as linhas subsequentes, em branco, sejam inutilizadas. É aí que o jogador pode ser enganado pelo clube: se for inexperiente e não inutilizar essas linhas, o clube poderá, após a assinatura do contrato, preenchê-las como melhor lhe convier.

O contrato de um jogador profissional é feito em cinco vias. A primeira pertence à CBD, a segunda à federação local, a terceira vai para o CRD, a quarta para o clube e a última para o jogador. Esta última fica na Federação local.

Além desse contrato, alguns clubes, como o Corinthians, que serve de exemplo no caso, ainda têm um regulamento interno, que faz parte integrante do contrato que o atleta profissional assina, e visa estabelecer normas de conduta que tornem o jogador digno e respeitado. No

Corinthians, esse regulamento consta de 20 itens dos deveres do jogador e mais cinco das obrigações internas do jogador. O jogador do Corinthians que não cumprir esse regulamento interno e exclusivo do clube estará sujeito, como no caso do contrato, a uma multa.

O contrato de um jogador de futebol com o clube não prevê, por exemplo, quantos jogos ele é obrigado a fazer por ano. Em qualquer emprego, o trabalhador sabe que tem que cumprir oito ou mais horas de trabalho por dia; no de um jogador profissional, nada disso é previsto.

O contrato de um jogador diz apenas em sua cláusula "c" que ele deve tomar parte em todos os exercícios e treinos exigidos pela Associação, assim como em todos os jogos ordinários e extraordinários, para que for escalado, dentro ou fora do país, sem que possa alegar qualquer motivo de impedimento.

Como a lei atual permite que um clube jogue a cada 48 horas, um jogador poderá, em tese, ter que jogar 122 vezes por ano, o que em qualquer parte do mundo é considerado um crime.

Mais uma vez, o jogador foi o enganado

No dia 1º de março de 1968, os jogadores profissionais de futebol pensaram que finalmente a classe havia sido beneficiada: fora publicada a Deliberação 9/67, regulamentando o passe. Era a primeira vez, desde 1943, que venciam uma causa na Justiça. A nova lei, aparentemente, fortaleceu em alguns casos a profissão:

"O jogador só pode ser cedido de um clube para outro mediante sua própria aprovação (do jogador). O clube pode exigir do clube comprador uma indenização pela venda do passe. Um jogador pode comprar seu passe, deduzindo os 15% a que tem direito. O jogador, ao ser

50 O jogador é um escravo

vendido, tem direito a 15% do valor de seu passe — salvo se renunciar a isso. Se o jogador for transferido por valor — que não dinheiro — o valor será fixado de comum acordo com ele. Depois da primeira transferência, o jogador só terá direito novamente aos 15% em caso de outra transferência, se permaneceu três anos no último clube."

"O jogador não participará da venda de seu passe nestes casos: a) Se der motivo à rescisão do contrato; b) Se pedir a rescisão sem motivo justificado. No primeiro caso, terá que devolver as luvas e os adiantamentos recebidos na proporção restante do contrato. Após 60 dias, se clube e jogador não chegarem a um acordo sobre a renovação, o clube fixa o preço do passe conforme a lei. O valor do passe não terá limite durante os três primeiros anos da carreira do jogador, ou em sua venda para o exterior. O clube comunicará à Federação e ao jogador o valor de seu passe, com a aprovação do jogador. O passe não sendo vendido em 60 dias, o valor estipulado pelo clube terá, de mês para mês, abatimento de 10%, até atingir a metade do valor anterior. O valor não será diminuído se o jogador negar-se a transferir-se para outro clube. O valor do passe será fixado com base na remuneração mensal do jogador e limitado a um máximo proporcional ao maior salário mínimo em vigor na região em que funciona o clube. Considera-se remuneração do jogador: salários, luvas e prêmios. Se o passe for cedido a prestação, o jogador terá direito a 15% de cada prestação. Se o jogador for cedido em troca da renda de um jogo, receberá os 15% sobre a renda líquida."

"O jogador tem direito aos 15% do valor do seu empréstimo. Em caso de os clubes trocarem os jogadores, pura e simplesmente, eles não receberão qualquer compensação. O jogador terá passe livre no fim de seu último contrato, quando atingir 34 anos e tiver mais de 10 anos consecutivos de clube. Qualquer contrato contrariando essas disposições não será registrado pelas Federações."

A tabela para fixação do preço do passe é a seguinte:

Remuneração mensal-limite máximo do valor do passe do jogador

Até 2 salários mínimos: 50 vezes a remuneração mensal
de 2 a 5 salários mínimos: 80 vezes a remuneração mensal
de 5 a 10 salários mínimos: 120 vezes a remuneração mensal
de 10 a 20 salários mínimos: 150 vezes a remuneração mensal
Mais de 20 salários mínimos: 200 vezes a remuneração mensal

Mas os jogadores viram que essas deliberações, na verdade, beneficiavam apenas os clubes. Apontam nelas três falhas: *A primeira* — diminuição do valor do passe fixado pelo clube conforme a tabela, em 10% por mês, depois de 60 dias sem acordo entre o clube e o jogador. Durante esse tempo, o jogador não pode exercer sua profissão, o que continuará acontecendo se, quando atingir a metade do valor inicial, não for vendido. *A segunda* — o jogador só terá direito aos 15% do valor de seu passe após permanecer três anos em um clube, e se essa for a sua segunda transferência. Mas os clubes assinam contratos de apenas dois anos com os jogadores. Depois, se venderem o passe, o jogador não terá direito a qualquer participação. *A terceira* — fixar em 34 anos a idade para o jogador ter direito ao passe livre. Com essa idade, é quase impossível algum clube interessar-se por ele. O passe livre, além disso, desvaloriza o jogador. A lei estipulava que inicialmente o jogador receberia o passe livre com 10 anos de clube. Lembraram que Pelé e outros estavam nessas condições e acrescentaram, depois da publicação da lei, a idade de 34 anos.

Às vezes, o clube não paga nem mesmo o INPS

O jogador profissional de futebol é totalmente desamparado, principalmente nas questões jurídicas. Esse desamparo de orientação aparece ainda mais na ocasião em que o jogador assina o primeiro e verdadeiro contrato de sua carreira.

Gérsio Passadores, presidente do Sindicato dos Atletas Profissionais do Estado de São Paulo, acha, inclusive, que na assinatura de um contrato deveria estar presente um delegado do Sindicato assistindo o jogador e assinando também o documento. Essa providência, que muitas vezes foi solicitada ao Conselho Nacional de Desportos e à Confederação Brasileira de Desportos, mas que nunca foi conseguida, evitaria muitas das burlas que constantemente ocorrem.

Entre esses modos de enganar o jogador e também burlar as leis, existe um bastante conhecido. Geralmente, quando vai assinar o contrato, o jogador recebe uma proposta do clube nestes termos: colocar no contrato um salário bem menor do que o realmente acertado, para evitar, com isso, o verdadeiro desconto que deve ser feito e recolhido ao Instituto Nacional de Previdência Social.

No primeiro instante, o jogador acha que está fazendo um grande negócio. Isso porque, se ele assina — por exemplo — um contrato recebendo NCr$ 800,00 por mês, e o clube coloca somente a quantia correspondente ao salário mínimo da região — em São Paulo, NCr$ 130,00 —, a contribuição devida ao Instituto será calculada apenas sobre essa importância. Mas o que acontece é que, anos mais tarde, quando requerer sua aposentadoria, ele terá direito a um auxílio relativo ao valor descontado sobre o salário mínimo declarado, e não sobre os vencimentos que realmente ele recebia por seu trabalho.

Na verdade, quando o clube oferece essa proposta ao jogador, não está procurando defender os interesses de seu empregado. No fundo, os dirigentes estão defendendo apenas os cofres do clube. Pela lei, todo empregador deve recolher ao Instituto Nacional de Previdência Social uma importância igual àquela descontada e recolhida pelo empregado: 8% do salário pago ao jogador até um máximo de 10 salários mínimos. E se o jogador aceitar a falsa proposta, o clube recolherá menos do que é devido.

Assim mesmo, isso só acontece quando o clube tem a honestidade de recolher ao INPS as quantias descontadas dos jogadores. Até pouco tempo, a maioria dos clubes do Brasil apenas descontava os 8% do salário dos jogadores, não recolhendo essa importância ao Instituto. Esse tipo de burla à lei só acabou com a fiscalização da contabilidade de todos eles.

Essa irregularidade, prejudicial ao jogador, antes da fiscalização só era descoberta quando surgia um caso de doença com algum deles. O caso mais recente aconteceu com Helinho, jogador do Olaria, da Guanabara. Ele ficou doente dos pulmões e teve de ser socorrido pela FUGAP — Fundação de Garantia ao Atleta Profissional —, pois o clube nunca havia recolhido contribuições ao Instituto Nacional de Previdência Social.

Mas não é apenas fazendo seus jogadores assinarem contratos declarando quantias inferiores àquelas que realmente recebem, e não recolhendo ao Instituto as quantias descontadas, que os clubes demonstram não ter qualquer interesse em ajudar seus profissionais. Ultimamente surgiu uma nova maneira: *esquecem* de orientá-los sobre a possibilidade de optarem pelo Fundo de Garantia.

Até agora, o único clube que se preocupou com esse problema e que mostra toda a documentação aos interessados é o São Paulo. O Fundo de Garantia para o jogador é muito mais interessante do que a estabilidade no clube após 10 anos de serviços. E isso simplesmente porque ela nunca pode ser alcançada de acordo com nossas leis. Após esse tempo, ele geralmente não pode continuar jogando e nem tem o direito de ficar como empregado do clube. Se fosse orientado para optar pelo Fundo de Garantia, ao sair do clube teria direito a receber o dinheiro recolhido mensalmente ao banco como indenização. Para não fazer esse recolhimento é que os clubes evitam avisar os jogadores dessas vantagens.

Eis como o clube ilude um jogador

José Maria de Aquino e Michel Laurence

21/4/1969

Um jogador é enganado mesmo antes de se tornar profissional. Quando é amador, o clube obriga-o a assinar um contrato em branco, sem data. Guarda esse contrato e pode usá-lo depois, como bem entender. É o chamado "contrato de gaveta". Com ele, o jogador fica preso ao clube sem poder se transferir, é obrigado a receber o ordenado que o clube lhe impõe e não tem qualquer garantia contra um acidente. O amador assina esse contrato ingenuamente — e se não quiser assinar, o clube não o deixa jogar. China, juvenil do Palmeiras, bom jogador, agora machucado, é uma das vítimas desse contrato.

O garoto passou pela "peneira", pelo infantil, agora está no juvenil. É ainda um amador, joga muito bem, marca muitos gols. Já estão falando que a qualquer momento ele pode virar titular, jogar no time principal do clube, ser um profissional. É nessa hora que aparece o contrato de gaveta.

Um diretor qualquer de seu clube, provavelmente o dos juvenis, vai lhe fazer uma proposta: assinar um contrato. Um contrato que não será registrado na Federação, como os dos profissionais, mas que o garantirá ao clube.

56 O jogador é um escravo

O garoto bom de bola não tem escolha: se não assinar o contrato, será encostado no clube até sumir, até seu futebol voltar ao que era quando chegou. Se assinar, estará preso indefinidamente ao clube, completamente indefeso.

O garoto fica indeciso, desconfia que está fazendo alguma coisa errada assinando um contrato não preenchido. Atrás dele estão vários jogadores que também vão assinar o contrato:

— Se não assinar, não joga — diz o diretor.

Ele assina. Todos assinam.

O contrato de gaveta é um contrato igual ao do profissional, só que no de gaveta o amador assina em branco, sem data e sem nada. É guardado numa gaveta ou no cofre do clube, até que tenham interesse em registrá-lo na Federação.

Os amadores, quase sempre mal orientados no momento da assinatura do contrato de gaveta, têm a sensação de que ele representa uma segurança. Acham que assim o clube está demonstrando interesse neles e que estão garantindo o futuro.

Mas quem está se garantindo mesmo é o clube, que com esse contrato impede que o juvenil de qualidade possa sair para outro clube, e, o que é mais importante, quando for registrar esse contrato na Federação, poderá preenchê-lo da maneira que bem entender. Até mesmo com o salário mínimo.

Além disso, o contrato de gaveta pode prender o jogador indefinidamente a um clube. Basta para isso que o clube não registre o contrato. O jogador ficará assim sem qualquer futuro em seu clube e sem poder se transferir para outro.

O clube só registra o contrato de gaveta na Federação quando um outro grande clube se interessa pelo jogador ou quando esse amador pensa em fugir, atraído por boas propostas.

O contrato de gaveta só traz desvantagem para o jogador:

1°) quando o clube for registrar o contrato de gaveta na Federação, poderá preenchê-lo como puder. Poderá — por exemplo — colocar um ordenado abaixo das pretensões do jogador, sem que ele possa ao menos reclamar depois.

2º) o contrato de gaveta não dá garantias ao jogador que por acaso sofra um acidente durante um jogo. Os amadores muitas vezes jogam nos times profissionais, esforçam-se. Se sofrerem um acidente, o clube não será obrigado nem a tratar deles, pois não são registrados oficialmente. Nem mesmo terão, como os profissionais, a garantia de recebimento de seus ordenados até o final do contrato.

Os clubes, com o contrato de gaveta, conseguem contornar todas as leis feitas **para** proteger os direitos do amador. A lei diz:

"Para um amador se transferir de um para outro clube, basta que ele faça um estágio de 90 dias nesse novo clube. Durante esse estágio ele não poderá participar de jogos oficiais, isto é, de campeonatos ou torneios organizados pela federação local. Mas se ele já tiver jogado no seu clube de origem oficialmente, terá de cumprir no seu novo clube um estágio de 360 dias, durante o qual só poderá participar de jogos amistosos. Após 12 meses de permanência num clube sem participar de jogos oficiais, o amador estará livre e poderá transferir-se para qualquer clube. Isso acontece também com o amador com mais de 35 anos de idade."

Com o contrato de gaveta, todos esses problemas são contornados pelos clubes. Além disso, os clubes encontraram outro meio para prender seus amadores. O amador, para poder ser reconhecido pela Federação e participar normalmente das atividades de seu clube, tem de preencher uma inscrição de atleta amador. Essa inscrição é feita apenas para controle da Federação, mas os clubes a transformaram num documento.

É um convênio, do qual a Federação não participa, mas que existe entre os clubes. O amador, ao assinar esse documento, fica automaticamente preso ao clube. Essa inscrição é reconhecida e respeitada entre todos os clubes. Quem desrespeitá-la, arrisca-se a uma guerra.

58 O jogador é um escravo

Isso acontece com os amadores de qualquer cidade grande. Como aconteceu com Lauro, que foi pressionado por Ferrucio Sândoli, então diretor do Palmeiras, a assinar o contrato de gaveta, sob ameaça de ser encostado, de não mais jogar no time. Hoje, Lauro está parado no Palmeiras, sem receber seus ordenados e com o joelho machucado.

O sindicato tem uma solução para esse caso

Gérsio Passadores, presidente do Sindicato dos Jogadores Profissionais de São Paulo, tem uma solução para acabar com o contrato de gaveta: "Todos os formulários dos contratos de atleta profissional, emitidos pela Confederação Brasileira de Desportos e distribuídos para as federações, são numerados. Por esse número poderia ser controlada a entrega desses contratos aos clubes."

Quando precisam de formulários de contrato, os clubes vão comprá-los nas federações (NCr$ 1,00 cada). Mas mesmo assim as federações dizem que não podem controlar a saída dos formulários pela numeração, porque os clubes podem alegar que alguns foram rasurados ou anulados por engano no preenchimento.

Se a saída dos formulários fosse controlada, os clubes não poderiam fazer contratos de gaveta com seus amadores. O controle da numeração impediria que um contrato de número 2.080, por exemplo, fosse registrado na Federação depois do de número 3.100. Isso caracterizaria a fraude.

O controle pela numeração é possível. Basta que o funcionário da Federação, ao vender os formulários para um clube, registre os números dos mesmos. O clube então teria que justificar e provar que realmente um número teve que ser anulado por erros cometidos em seu preenchimento ou por qualquer outro motivo.

Na realidade, as federações não controlam esses contratos por terem medo. Os clubes podem não gostar, fazer campanha contra as federações, derrubar os presidentes e funcionários da casa.

Uma saída para o amador

Enquanto as federações não resolvem enfrentar o problema, resta ao amador apenas uma saída: no momento em que receber a proposta para assinar um contrato de gaveta, exigir do clube uma carta ou um documento garantindo-lhe que "na hora em que o clube for registrar o contrato na Federação, deve procurar antes o jogador para acertar novas bases salariais".

Com essa carta, o jogador evitará que o clube preencha, à sua maneira, o contrato de gaveta. Se o clube estiver bem-intencionado, dará a carta ao jogador. Se não estiver, não só não dará, como poderá encostá-lo até que o jogador mude de ideia. Até que veja e reconheça que o clube é o senhor todo-poderoso.

Um contrato ilegal que muitos assinam

Nas divisões inferiores, quase ninguém escapa do contrato de gaveta. Um dos poucos grandes jogadores que se livraram dele foi Gérson, que não aceitou assinar o contrato quando o Flamengo lhe propôs.

Hoje, os exemplos de jogadores conhecidos e que ainda estão sob a opressão do contrato de gaveta são muitos. Alguns que a torcida chega até duvidar:

60   O jogador é um escravo

China — ponta de lança do Palmeiras e da seleção olímpica brasileira. Está no Palmeiras desde 1965. Em 1966, o diretor Vítor Mancuso fez com que ele assinasse o contrato de gaveta. China, no princípio, não queria, mas, diante de vários exemplos, finalmente decidiu assinar; ele viu vários colegas serem aos poucos afastados do time e caírem no esquecimento por se negarem a assinar. O Santos tentou levá-lo. China chegou a treinar durante cinco meses em Santos, mas o Palmeiras obrigou-o a voltar, fazendo valer a sua ficha de inscrição como amador na Federação Paulista. Hoje, depois de ser artilheiro da Seleção Olímpica, com 7 gols nos jogos de classificação, 8 gols nos jogos amistosos, e depois de ter defendido o time titular do Palmeiras durante a Taça Libertadores da América e no Campeonato Paulista do ano passado, está completamente abandonado.

Sofreu uma contusão no joelho durante as Olimpíadas. Quando estava se recuperando, sofreu outra na clavícula. Passou a cuidar da última, e sua perna atrofiou-se pela falta de exercícios. Está servindo no Exército, sem qualquer proteção do Palmeiras, para que possa fazer um tratamento adequado. Recebe do clube NCr$ 400,00 por mês como ajuda de custo, e atualmente só aparece no Palmeiras porque quer. Os diretores, depois de suas contusões, desinteressaram-se completamente dele.

Nunca recebeu uma proposta para se profissionalizar ou para que seu contrato fosse registrado na Federação. Está esquecido.

Tião — meio-campo do Corinthians e da Seleção Olímpica brasileira. Está há três anos no clube. Tem contrato de gaveta e até hoje nunca recebeu qualquer proposta do clube para se profissionalizar. Está sujeito, como domingo passado no jogo contra o Santos, a se liquidar para o futebol num lance azarado, sem quaisquer garantias para o futuro, apesar de ser o substituto natural de Rivelino.

Lauro — ponta de lança emprestado pelo Palmeiras ao América de Rio Preto e da seleção olímpica brasileira. Até o momento em que foi emprestado, tinha contrato de gaveta. Ganhava NCr$250,00 por mês, com uma promessa de aumento que nunca se concretizou. Agora, com uma contusão séria no joelho, foi dispensado do América. O Palmeiras não tomou qualquer providência. Lauro treina entre os juvenis por treinar, completamente abandonado. Não recebe seus ordenados há três meses, porque o América diz que o Palmeiras é quem deve efetuar seus pagamentos e o Palmeiras afirma que é o América.

Diz que tem medo de recorrer ao Sindicato para receber seu passe livre, como estipula a lei quando um jogador fica sem receber por mais de três meses, porque acha que o Palmeiras já tomou suas providências no próprio Sindicato. Se reclamar, mais tarde poderá sofrer as consequências e prejudicar sua carreira.

Pedro Rodrigues — lateral-esquerdo do Corinthians. Joga no time titular desde o início do campeonato e tem contrato de gaveta. Tem 5 anos de clube e nunca lhe foi feita a proposta para se profissionalizar. É outro que está arriscando a carreira sem qualquer segurança. A única coisa que o Corinthians fez por ele foi dar-lhe um bolo no dia de seu aniversário, quando lhe tinham prometido um contrato, depois de ele insistir muito.

Xaxá e Ferreira — dois amadores cujos passes foram vendidos pela Portuguesa Santista ao Corinthians. Os dois têm contrato de gaveta com o novo clube, como o tinham com o anterior. A Portuguesa Santista vendeu os passes de dois amadores, que não são reconhecidos por lei.

Toninho — ponta-esquerda do São Paulo e da Seleção Olímpica brasileira. Tem contrato de gaveta, apesar de já ter jogado várias vezes no time titular do clube.

Existem vários outros casos, como o de Copeu, que foi vendido pelo Palmeiras à Portuguesa Santista quando ainda tinha contrato de gaveta. A Portuguesa ganhou junto com o jogador o seu contrato de gaveta, registrando o ordenado que lhe interessava nesse contrato. Ou o caso do São Paulo, que só registrou quatro de seus amadores, entre eles o

62 O jogador é um escravo

lateral Cláudio, porque não podia entrar em campo com esse número de amadores no time titular. Ou como o Palmeiras, que fez a mesma coisa com 8 amadores para poder disputar o Torneio Início deste ano.

O contrato de gaveta permite tudo ao clube. Um clube pode chegar até a vender ou dar o passe de um jogador sem que ele saiba.

O exemplo disso deu-se no Palmeiras: quando quiseram trazer Marco Antônio, os dirigentes do Palmeiras disseram a Cacau que o estavam emprestando por alguns meses. Cacau só ficou sabendo que tinha sido "dado" à Francana quando quis voltar ao Palmeiras, ao término do seu "empréstimo". Quando exigiu uma explicação do Palmeiras, o clube afirmou que realmente tinha dado seu passe à Francana. E, assim, o jogador teve que se conformar em jogar assim num time da Primeira Divisão.

O contrato de gaveta é ilegal. Basta que um advogado prove, pelo número — quando este for registrado na Federação —, que é um contrato de mais de dois ou três anos atrás. Ou pela análise química da tinta com a qual o contrato foi assinado. Mas os jogadores têm medo de ficar muito tempo parados, porque um processo desses levaria meses até ser solucionado.

Corrupção no futebol

MARCOS PENIDO é carioca de Laranjeiras, nascido em 1951. É formado em História e Jornalismo pela PUC-Rio. Começou sua carreira no *Jornal do Brasil*, depois passou por *O Globo*, pela *Folha de S. Paulo* e voltou para *O Globo*, onde está até hoje. É vencedor de três prêmios Esso por equipe — em 1982 e 1983 pelo *Jornal do Brasil* e, em 1994, por *O Globo*, com a série "Corrupção no Futebol Fluminense". Também participaram dessa série os jornalistas César Seabra, Eduardo Tchao, Paulo Júlio Clement, Antônio Roberto Arruda e Gustavo Poli.

Por uma boa matéria

Marcos Penido

Não conheço repórter ou jornalista que no fundo do seu coração não tenha a ambição do furo, da grande matéria. Porém, o grande problema que vejo é a questão ética. Como chegar a ela, dentro de uma conduta correta de apuração, preservando os informantes ou as fontes, como usamos no jargão jornalístico, e o fato de levar a notícia com extrema isenção, ouvindo sempre os lados interessados na questão. Vejo o trabalho da apuração como algo artesanal, muito além daquelas cinco questões básicas do quem, onde, como, quando e por que, como ensinado nas universidades.

Partindo desse princípio, qualquer pessoa, independentemente de ser jornalista ou não, vai perceber que a apuração requer questionamento, interesse, vontade, disposição para separar o joio do trigo — muita gente gosta de "usar" o jornalista em seu benefício, e este, crente que está prestando um grande serviço, na verdade está avaliando mal uma questão e prestando um desserviço, ao ouvinte, leitor, telespectador. Então, todo cuidado é pouco, tendo sempre em mente que a credibilidade é a grande arma do jornalismo.

Se o princípio é esse, o final é a chegada a uma boa matéria, que informe, instigue e abra os olhos do leitor, telespectador, ouvinte, ou que nome tenha, mas que não pode ser enganado, e sim obter dados para um maior discernimento da questão, para fazer o seu próprio julgamento. Quando

66 Corrupção no futebol

falo de uma apuração meticulosa, isso vale para o dia a dia do jornal, meu caso, mas é extremamente importante no caso do jornalismo investigativo. Foi exatamente o que aconteceu no mês de dezembro de 1993. Eu tinha a informação de uma fonte de que os resultados dos jogos realizados no Campeonato Estadual do Rio de Janeiro estavam sendo manipulados dentro da Federação de Futebol do Rio, então Ferj, hoje conhecida como Fferj. Uma informação importante, de fonte confiável. Mas como chegar aos detalhes, para poder dar a credibilidade e começar a desvendar um novelo que estava em estado bruto. O que eu tinha era um fio desse novelo. Uma partida para algo importante que poderia chegar a alguma coisa maior, e por fim, entrar nos meandros de uma Federação extremamente criticada por seus métodos, protegida pela proibição de ingresso dos jornalistas e cercada por uma teia de contatos capazes de "abafar" qualquer coisa que pudesse abalá-la. Não à toa, seu então presidente, o falecido professor Eduardo Viana, perpetuava-se no poder, por meios legais, diga-se de passagem, embora indo de encontro a qualquer vento de liberdade e renovação de ideias.

Foi com o coração batendo forte e a mente a mil por hora que entrei na redação do Globo naquele dia 16 de dezembro de 1993. Como é praxe em uma redação, conversei com o meu editor na época, o jornalista César Seabra. Ele já tinha sido informado anteriormente de que havia o zum-zum-zum da manipulação de resultados. Mas faltava uma voz, um fato que a confirmasse. Naquele dia, finalmente, depois de muito engabelar, tinha conseguido falar com o árbitro Cláudio Garcia. Justamente revoltado com o que tinha ouvido em uma reunião da Federação sobre arbitragem, Garcia não só falou, como me disse que Cerdeira também falaria, além de me indicar o ex-árbitro Reginaldo Farias, com bom trânsito na Federação e entre os árbitros, como outro que poderia me ajudar a apurar o acontecido.

O que havia acontecido na tal reunião? Simplesmente, o então diretor do quadro de arbitragens, Wagner Canazaro, deixou explícito a todos os árbitros que eles "não podiam fazer os resultados". Isso era uma norma determinada pela Federação naquele momento, já que não existe nada referente a isso nas regras de arbitragem do futebol. O que se presume é que árbitros entrem em campo para arbitrar as partidas segundo as regras estabelecidas pela Fifa. A norma estabelecida pela Federação de Futebol do Rio de Janeiro deixava margem a um entendimento de que alguns árbitros estariam "fazendo os resultados por sua própria conta", por si só um absurdo. Maior ainda quando deixa clara a sua intromissão e o seu interesse, colocando em dúvida o trabalho de todos os envolvidos em arbitragem naquele ano. Não satisfeito, ele declarara que, se a Federação tivesse interesse em um resultado, eles receberiam um aviso de um funcionário da Ferj. E olha que alguns jogos entravam na Loteca, aquela em que qualquer cidadão comum aposta os seus caraminguás, sonhando com uma vida melhor. A conclusão era um primor de cinismo: "Não pode dar zebra. Tem que dar sempre o resultado que interessa à Federação." Inacreditável...

Informado de tudo, César Seabra autorizou a publicação da matéria e, percebendo a gravidade do assunto, determinou que iríamos investir nela.

O resultado foi uma série que começou no dia 17 de dezembro e acabou no dia 29 de dezembro. Foram 11 dias em que a editoria de esportes viveu, apurou duro, deu o melhor de si e conseguiu desvendar um mistério até então guardado a sete chaves. Na medida em que a coisa crescia, outros repórteres iam se incorporando. Cabe, aqui, exaltar aqueles árbitros, e eu, particularmente, agradeço à minha fonte, um árbitro simples, não tão conhecido como Garcia e Cerdeira, mas que foi o principal mentor de toda a série. Foi ele quem conversou com uma fonte amiga minha. A partir desse meu amigo, pude chegar a esse árbitro (mal comparando, seria como ter chegado ao motorista do ex-presidente Fernando Collor) e também a nomes importantes, íntegros e conhecidos que não se curvaram a essa esdrúxula, para dizer o mínimo, determinação.

O final da história foi o afastamento de Wagner Canazaro e uma reforma(?) na arbitragem da Federação. Lembro que à medida que foi tomando maiores proporções, a série despertou interesse também entre os políticos. Na época deputado estadual, o atual governador Sérgio Cabral me chamou para uma conversa em seu gabinete. Queria detalhes para a abertura de uma CPI. Eu disse o que sabia, fiquei aguardando, a CPI foi criada, mas acabou sem dar em nada, e o mundo seguiu, aparentemente, livre de tantos malefícios, embora eu não ponha a minha mão no fogo. Em minha modesta opinião, foi um momento que mostrou o quanto podemos, sem ferir a ética, respeitando os limites da profissão e exercendo-a de forma a informar corretamente e despertar o interesse do leitor. Ele é a voz, e nos deu voz, ao perceber que o caminho mostrado era correto e estava abrindo os seus olhos. As cartas e as manifestações nas ruas e nos estádios mostraram isso. Ou seja: o jornalismo, quando bem-feito, principalmente o investigativo, interage de forma direta com a população. Essa troca talvez seja a coisa mais bela do jornalismo. Credibilidade, informação precisa, horas e horas de trabalho, às vezes por uma pequenina informação, transpiração, construção e amor por se oferecer o melhor — eis um caminho imbatível para a parceria entre meio de comunicação e leitor.

Árbitros denunciam esquema de resultados na Federação

Marcos Penido

O Globo, 17/12/1993

As irregularidades envolvendo a Federação de Futebol do Estado do Rio de Janeiro (Ferj) não se limitam à denúncia do presidente eleito do Botafogo, Carlos Augusto Montenegro, sobre a tentativa de aliciamento para não aderir à Liga Carioca de Futebol com Fluminense e Flamengo. Ontem, três árbitros do quadro da Ferj afirmaram ao *Globo* que está em marcha um esquema rígido que visa a controlar a atuação dos juízes no Campeonato Estadual de 1994, para a entidade poder manipular resultados de acordo com seus interesses. As diretrizes do esquema foram lançadas no dia 3 de dezembro por Wagner Canazaro, diretor do Quadro de Árbitros, numa reunião com 70 juízes na sede da Ferj e com a participação de seu presidente, Eduardo Viana, o Caixa D'água.

Na reunião, segundo os três árbitros, Wagner Canazaro não poderia ter sido mais explícito e ameaçador.

1. "Os árbitros não podem fazer resultados por conta própria. Têm de ter o consentimento da Federação."
2. "Sempre que a Federação tiver interesse no resultado de um jogo (que poderá até estar incluído num dos concursos da Loteca),

70 Corrupção no futebol

vocês receberão um recado do Robertinho (Roberto Carlos Faustino Ferreira, funcionário da Ferj) para falarem comigo."

3. "Não pode dar zebra, tem de dar sempre o resultado que interessar à Federação."

Caixa D'Água, segundo os três árbitros, ouviu a explanação de Canazaro e ainda teria exposto o seguinte aos juízes.

— Os árbitros têm de saber aplicar a regra 18 [uma regra inexistente, já que elas se limitam a 17] de acordo com o interesse da Federação.

Aplicar a regra 18 significa seguir à risca as novas diretrizes. O presidente da Ferj teria feito também uma ameaça:

— Quem elogiar a Liga Carioca de Futebol nem precisa pensar em trabalhar no Campeonato Estadual, pois será desligado do quadro.

Dos 70 árbitros, uma minoria se rebelou contra as determinações a eles dirigidas, mas apenas três falaram ao *Globo*, com a condição de não terem seus nomes revelados, por temerem represálias dos dirigentes da Federação. Reginaldo Mathias, ex-presidente do Sindicato de Árbitros Profissionais de Futebol, disse ter recebido telefonemas de desabafo de pelo menos 10 árbitros que participaram da reunião. Mathias afirmou que todos eles estão revoltados com as determinações impostas por Caixa D'Água e por Wagner Canazaro.

Ferj, a arte de se livrar das denúncias

Não é de hoje que a Federação de Futebol (Ferj) tem sido citada em noticiários sobre escândalos com arbitragem. Dois casos contundentes marcaram a década de 80: o conhecido episódio das papeletas amarelas, que envolvia o Flamengo, e o inquérito do Tribunal de Justiça da própria Ferj, em 87, instaurado para apurar denúncias de corrupção feitas pelo então árbitro Valquir Pimentel.

O caso das papeletas aconteceu em 86: US$ 20 mil sumiram dos cofres do Flamengo, e alguns conselheiros descobriram que o dinheiro fora usado para subornar árbitros do quadro da Ferj em troca de facilidades para o clube em seus jogos pelo Estadual. Ninguém foi afastado ou punido.

Em 87, Valquir, num dossiê, acusou árbitros e dirigentes da Ferj de corrupção. O inquérito da Ferj não chegou a conclusão alguma. Em 88, com os problemas já esquecidos, o vice-presidente da Ferj, Álvaro Bragança, disse ao *Globo*:

— A corrupção já atingiu o setor de arbitragem.

Canazaro, poder e amizade com Teixeira, Viana e Veloso

Eduardo Tchao

Aconteceu rapidamente. Desconhecido dirigente do Campo Grande em 1992, Wagner Canazaro começou a sua ascensão em 1993, agindo como autêntico bajulador: ao injetar dinheiro no Americano, Canazaro conquistou a simpatia de Eduardo Viana, presidente da Federação do Rio (Ferj) e torcedor fanático do clube de Campos. Aos 37 anos, Canazaro é um empresário bem-sucedido, principalmente no ramo de componentes eletrônicos. Sua empresa, a Sonestel, foi a responsável pela instalação dos telefones da Linha Vermelha.

Ao ajudar o Americano com muito dinheiro, viabilizou a contratação de Berg, que na época pertencia ao Botafogo. Além de pagar os salários de alguns jogadores do Americano, Canazaro acabou por ser convidado para dirigir o Quadro de Árbitros da Federação, no lugar de Antônio de Pádua. Hoje em dia, a ligação entre Viana e Canazaro é tão forte, que o presidente da Ferj não admite tirá-lo do cargo.

72 Corrupção no futebol

— Nem minha mãe tira o Canazaro do cargo! — alardeou Viana aos quatro cantos quando a Liga Carioca exigiu a saída do diretor de árbitros.

No começo do ano, numa de suas primeiras medidas ao assumir o cargo, Canazaro readmitiu Joaquim Pedro Filho e Élson Passos, que, por arbitragens sempre duvidosas, haviam sido afastados sumariamente por Antônio de Pádua.

Canazaro é homem com prestígio na CBF e diz abertamente ser amigo do presidente da entidade, Ricardo Teixeira. E gaba-se de ter viajado, em outubro, como convidado do presidente do Flamengo, Luís Augusto Veloso. Na ocasião, o clube rubro negro enfrentou o River Plate em Buenos Aires, pela Supercopa. Depois de torcer pelo Brasil no amistoso contra o México, em Guadalajara, Canazaro seguiu para Las Vegas, nos Estados Unidos, onde, domingo, assistirá, ao lado de Viana e Teixeira, ao sorteio dos grupos da Copa.

Nova denúncia complica ainda mais a situação de Caixa D'Água

18/12/1993

O esquema de manipulação de resultados que a Federação de Futebol do Estado do Rio de Janeiro (Ferj) pretende montar para o Campeonato Estadual de 1994, segundo denúncia feita por três árbitros e publicada na edição de ontem do *Globo*, pode não ter sido o primeiro da gestão do presidente Eduardo Viana, o Caixa D'Água. Segundo denúncia feita ontem por outro árbitro, na quarta-feira da semana passada o próprio Viana teria se encarregado de acompanhar passo a passo o desempenho do juiz Joaquim Pedro Filho para que não houvesse erro. Ou seja: a garantia do empate entre Americano e Bangu, que classificou os dois times para a Segunda Divisão do Campeonato Brasileiro de 1994.

Torcedor fanático do Americano, Caixa D'Água sabia que não poderia falhar. Ele próprio teria recolhido os três juízes do jogo (Joaquim Pedro Filho, Luís Augusto Pinto e Romário Alves) em frente à sede da Federação, na Rua da Ajuda, para levá-los em seu Santana a Campos, onde trabalhariam no jogo Americano x Bangu, o segundo entre os clubes pela Divisão Classificatória do Campeonato Brasileiro.

O jogo terminou 1 a 1, para alegria de Caixa D'Água e dos dirigentes dos dois clubes. Estava vencida uma batalha que começara no dia 27 de novembro, quando, por pressão de Viana, o árbitro Jorge Travassos

74 Corrupção no futebol

suspendera, aos três minutos do segundo tempo, por causa de um temporal, o primeiro jogo entre Americano e Bangu, em Moça Bonita. O Bangu vencia por 3 a 0, mas Caixa D'Água usara seu poder, mandando que Travassos saísse logo de campo. O jogo foi cancelado. E o Americano ganhou nova oportunidade para lutar por sua classificação.

— Realmente, Eduardo Viana me pressionou para que eu terminasse logo o jogo. Mas esperei 19 minutos... — defende-se Jorge Travassos.

Não houve necessidade de marcação de um novo jogo, porque a segunda partida entre os clubes foi conclusiva. O empate no segundo jogo já era suficiente para os dois clubes conseguirem a classificação, beneficiados também por outros resultados.

Ouvido pelo *Globo*, Joaquim Pedro Filho disse que não fora vítima de qualquer tipo de aliciamento por parte de Caixa D'Água no dia da carona para Campos. Afastado do Quadro de Árbitros na gestão Antônio de Pádua, que considerava suas atuações duvidosas, Joaquim Pedro Filho — que voltou a atuar com Wagner Canazaro, atual diretor do Quadro de Árbitros — também não vê problema nesse tipo de situação.

— Não vejo nada de anormal nisso. Fui no carro do Eduardo Viana e voltei no ônibus do Bangu. Ele não pediu nada — argumenta Joaquim Pedro, que garante não passar de boato a denúncia de corrupção no Quadro de Árbitros da Federação.

Na Ferj, negócios e intimidade

Amigos, amigos... Por que os negócios haveriam de ser à parte? Na Federação do Rio (Ferj), a intimidade entre árbitros e dirigentes não tem fronteiras. Dono de uma marcenaria, Jorge Travassos, amigo de Eduardo Viana, já fez trabalhos para a entidade. Sempre por um preço em conta. A sede do Departamento de Árbitros é na Rua do Acre, mas é comum, nos corredores e nas salas da Ferj, árbitros pedirem para ser escalados.

Joaquim Pedro Filho é dono da Nacional Instaladora, firma de refrigeração. Como Travassos, já fez trabalhos para Eduardo Viana. Joaquim Pedro acha até que deixou de apitar na gestão de Antônio de Pádua (ex-diretor do Quadro de Árbitros) porque não consertou um aparelho de ar-refrigerado do próprio Pádua.

— Não gosto dele, não fiz o conserto, e ele começou a me perseguir — afirma Joaquim Pedro, eleito em 1989 pela Cobraf um dos dez melhores auxiliares do Brasil.

Loteria: CEF não se sente atingida e lava as mãos

A posição da Caixa Econômica Federal foi de lavar as mãos. Embora a intenção da Federação de Futebol do Rio (Ferj) de manipular resultados dos jogos do Campeonato Estadual de 94 possa atingir a Loteria Esportiva, a CEF prefere manter-se afastada da confusão e não levar adiante a denúncia dos árbitros.

Grigório de Souza Reis, diretor substituto do Departamento de Loterias da CEF, disse que não cabe à CEF a iniciativa de investigação na Ferj. Segundo ele, os prêmios são pagos de acordo com os resultados assinalados nas súmulas dos jogos, sem preocupação com os acertos para manipular resultados.

— A Caixa não é lesada caso o resultado do jogo seja arranjado. Acredito que o prejudicado seja o apostador, que poderá deixar de ganhar porque um ou outro resultado foi arranjado. Nesse caso, cabe a quem se sentir lesado entrar na Justiça, não à Caixa — explicou Grigório.

Também a Polícia Federal se isentou. A assessoria de imprensa da Superintendência Regional da PF informou que o órgão somente abrirá qualquer tipo de investigação se alguma entidade ou pessoa física entrar com representação. Caso contrário, não lhe cabe tomar a iniciativa.

A posição da CEF e da PF se soma ao desânimo do procurador da República Alcides Martins:

— Não vejo muito como agarrar essa gente. Se o Estado fosse o lesado, eu mesmo daria início às apurações. Mas não é o caso.

Deputado vai pedir a instalação da CPI do Apito

O deputado estadual Sérgio Cabral Filho, líder do PSDB na Assembleia Legislativa do Rio de Janeiro, aproveitará a sessão da próxima terça-feira para pedir a instalação da CPI do Apito, a fim de que seja apurada a denúncia feita por três árbitros da Federação de Futebol do Rio de Janeiro (Ferj) e publicada na edição de ontem do *Globo*. Ele considera o problema relevante e exigirá que todos os envolvidos no problema sejam ouvidos.

A denúncia dos árbitros deixou o deputado perplexo. Ele afirmou que o futebol faz parte da cultura do povo brasileiro e precisa ser tratado com seriedade:

— O torcedor já se queixa há muito tempo desse tipo de problema, e não é de hoje que a gente ouve nas arquibancadas dos estádios o coro de "é marmelada". A denúncia precisa ser apurada com rigor, para o futebol voltar a ser acreditado.

Sérgio Cabral Filho não tem dúvidas de que a CPI do Apito conseguirá provar tudo o que foi denunciado pelos três juízes. E muito mais.

— O torcedor não é bobo. E não é à toa que o Maracanã dificilmente consegue reunir um grande público, como antigamente. Esse tipo de problema afeta também os próprios jogadores, que treinam a semana inteira e, segundo a denúncia, correm o risco de entrar em campo com o resultado já arranjado. Temos de apurar tudo isso — enfatizou.

Clubes e Liga só esperneiam. Ninguém toma providências

Os grandes clubes cariocas deveriam ser os maiores interessados em esclarecer as irregularidades na Federação de Futebol do Rio (Ferj). Mas seus presidentes reclamaram muito ontem e não anunciaram qualquer medida concreta. Até mesmo a Liga Carioca de Futebol, fundada por Fluminense, Flamengo e Botafogo, omitiu-se.

— Não li, não quero ler nem saber o que está acontecendo — disse Antônio Soares Calçada, presidente do Vasco.

— Quem tem de apurar tudo é o presidente da Federação — acrescentou Luís Augusto Veloso, presidente do Flamengo.

— Por tudo isso é que exigimos a demissão do diretor do Quadro de Árbitros — afirmou Arnaldo Santhiago, presidente do Fluminense.

— Tudo o que ouvia é real. É máfia dos ingressos, máfia das arbitragens... — lembrou Carlos Augusto Montenegro, presidente do Botafogo.

— Cabe à CBF criar uma comissão de inquérito para apurar tudo — reclamou Antônio Augusto Dunshee de Abranches, presidente da Liga.

Dunshee sugeriu que os árbitros que se rebelaram troquem a Federação pela Liga Carioca. E completou:

— A Liga não pode virar uma CPI da corrupção. O que ela está fazendo é tirar os clubes desse ambiente de corrupção. Nosso projeto não é demolir a Federação ou prender o Caixa D'Água. Ela só quer ser reconhecida e organizar o seu campeonato.

Só juízes do esquema sobem na carreira

Progredir na carreira de árbitro no Rio não é uma tarefa das mais fáceis. O critério de promoções é subjetivo, e aceitar as imposições da Federação é requisito fundamental, como afirma um árbitro:

— Competência não interessa. Só sobe quem está no esquema.

78 Corrupção no futebol

Roberto Carlos Faustino Ferreira, o Robertinho, segundo homem do Departamento de Árbitros, é uma das mais importantes engrenagens do esquema. Procurado pelo *Globo*, ele negou que seja o responsável por avisar os árbitros sobre partidas que interessam à Federação.

— Se o diretor do Departamento (Canazaro) tem os telefones dos árbitros, por que eu iria avisar?

Segundo alguns árbitros, Robertinho não é só uma engrenagem.

— Só apita quem dá dinheiro ao Robertinho. Ele derrubou o Paulo Antunes, que também era corrupto, mas continuou com o esquema — diz um juiz, que pede para não ser identificado.

Vieira se rebelou e foi afastado em 87

A interferência do presidente da Federação, Eduardo Viana, no Quadro de Árbitros da entidade é antiga. Uma das primeiras vítimas foi Hélio Vieira Filho, que, ao se recusar a entrar no esquema de corrupção, foi afastado, em 1987.

— Um dia, fui procurado por Paulo Antunes (ex-diretor do Departamento de Árbitros), que me convidou para fazer parte do esquema. Não aceitei e acabei afastado. Mais tarde, quando o ex-árbitro Valquir Pimentel denunciou o esquema de corrupção, fui arrolado como testemunha e confirmei tudo.

Ao testemunhar no Tribunal da Federação, Hélio disse que Paulo Antunes lhe oferecera muitas vantagens, entre elas a de ser escalado em bons jogos.

— Mas não deu em nada. Paulo Antunes foi absolvido, e eu é que me desgastei.

Tempos depois, Hélio foi procurado por Eduardo Viana para voltar a apitar, mas sua resposta foi negativa.

— Quero distância.

Ex-diretor de árbitros diz que esquema interessa aos clubes

Antônio de Pádua, diretor do Quadro de Árbitros da Federação de Futebol do Estado do Rio de Janeiro (Ferj) de 1989 a 1992, afirmou que os grandes clubes do Rio sempre tiveram interesse na manutenção de um esquema de corrupção na arbitragem. Na opinião de Pádua, que foi substituído por Wagner Canazaro no início do ano, a possibilidade de favorecimento pela arbitragem é sempre bem-vinda pelos grandes clubes quando estes se sentem ameaçados de alguma maneira durante a competição. Pádua, porém, acredita que a corrupção mais difícil de se combater é na Segunda e Terceira Divisões e nas divisões de base.

— A minha satisfação é que consegui conter muita coisa na minha gestão, não admitindo irregularidades. A verdade é que estou vendo um trabalho de quatro anos indo por água abaixo em apenas alguns meses — lamentou Pádua, acrescentando que a única saída para a crise que envolve a arbitragem no Rio é a saída de Wagner Canazaro.

— O respeito vem de cima — insinua Pádua.

Embora não goste de comentar o caso, há três anos Pádua disse que se vira obrigado a chamar dois árbitros auxiliares em seu gabinete antes de um jogo entre Volta Redonda e Fluminense, no Estádio Raulino de Oliveira. O dirigente havia obtido a informação de que o Fluminense seria beneficiado e exigiu, na ocasião, uma atuação sem erros dos bandeirinhas, o que acabou ocorrendo. Pádua não tinha qualquer prova contra eles, mas mesmo assim fez questão de conversar com os dois. A partida terminou empatada em 0 a 0.

O ex-diretor do Quadro de Árbitros não sabe o número certo, mas acredita ter afastado mais de 15 árbitros durante os quatro anos em que exerceu a função.

— Procurei tomar medidas moralizadoras. É claro que algumas vezes chegaram a insinuar alguma coisa contra mim, mas rebati tudo

80   Corrupção no futebol

Não houve um só problema enquanto estive lá — garantiu o ex-dirigente, que faz questão de enfatizar que foi ele quem pediu demissão do
cargo, em dezembro de 1992.

Numa forma de evitar problemas futuros, Antônio de Pádua sempre
aceitou vetos de árbitros por parte dos clubes e sob qualquer pretexto.

Sindicato dos jogadores poderá agir

Enquanto muita gente teme enfrentar a Federação de Futebol do Rio
(Ferj) e seus dirigentes, uma voz esboça reação: a do presidente do
Sindicato dos Atletas Profissionais do Rio, Alfredo Sampaio. Ele
adiantou que vai procurar os capitães dos principais times e, dependendo da posição dos jogadores, entrará com uma representação
contra a Ferj.

— Não estou sendo omisso. Quero apenas procurar os jogadores
primeiro, porque represento o desejo deles. Se concordarem, iremos à
Justiça — disse Alfredo.

O presidente do Sindicato acha que a entidade deve tomar alguma
iniciativa. Ele acredita que os atletas estão entre os principais prejudicados com a manipulação de resultados:

— Eles treinam a semana toda, matam-se em campo, e no final todo
o esforço acaba sendo inútil, por causa dos conchavos.

O Sindicato dos Árbitros foi mais um órgão a fugir do assunto. Ao
contrário do que seria normal, o Sindicato não se interessou sequer em
dar sua versão sobre as denúncias de corrupção. Procurado pelo *Globo*,
o presidente Messias José Pereira não quis dar entrevista.

Proposta indecente do diretor aos árbitros

Cláudio Garcia não resiste e pede demissão

Os próprios árbitros ficaram estarrecidos. Alguns, há muitos anos no Quadro de Árbitros da Federação de Futebol do Rio (Ferj), jamais haviam visto coisa igual, ou seja: um diretor de árbitros, no caso Wagner Canazaro, convidar seus próprios comandados para anunciar um esquema visando à manipulação de resultados, como aconteceu na reunião do dia 3 de dezembro, das 21h às 23h30, na sede da Ferj.

Segundo o relato dos três árbitros que fizeram a denúncia ao *Globo*, frases como "Os árbitros não podem fazer resultados por conta própria, têm de ter o consentimento da Federação"; "Sempre que a Federação tiver interesse num resultado de um jogo, vocês receberão um recado do Robertinho (Roberto Carlos Faustino Ferreira, funcionário da Ferj) para falarem comigo"; ou "Não pode dar zebra, tem de dar sempre o resultado que interessar à Federação" provocaram de imediato uma reação: o juiz Cláudio Garcia, há mais de 20 anos na profissão, pediu seu afastamento imediato, por não concordar com tais imposições.

A reunião começou em clima ameno. Cerca de 70 árbitros convocados esperavam pelas instruções normais de uma reunião de fim de ano. Alguns chegaram até a brincar, achando que era uma festa de Papai Noel antecipada. A surpresa começou quando Wagner Canazaro falou de assuntos bem mais sérios. Sem alterar a voz, ele foi enumerando o que desejava dos árbitros no Estadual de 1994.

Inconformado com as exigências do dirigente, Cláudio Cerdeira pediu a palavra:

— Só conheço três resultados: vitória, empate e derrota. E isso é uma consequência do jogo. O que quer dizer "temos de fabricar os resultados"? Não estou entendendo.

82   Corrupção no futebol

Canazaro replicou:

— Estão entendendo, sim.

Novo incidente aconteceu quando Canazaro falou sobre cartões. Ele citou um exemplo: Flamengo x Vasco, com arbitragem de Léo Feldman, considerado árbitro rigoroso na aplicação de cartões. Mas foi interrompido pelo presidente da Ferj, Eduardo Viana:

— Ai, meu Deus! Logo esse...

Canazaro prosseguiu com seu exemplo e disse que, nesse caso, o árbitro devia usar cartão com critério, tendo sempre em vista a situação da partida e o interesse da Ferj. Daí a necessidade de consultar a Ferj. Cláudio Garcia não gostou e interrompeu:

— Sou uma pessoa séria. Que consulta é essa? Cartão se aplica ou não!

Alguns árbitros chegaram a se levantar para ir embora, mas o incidente foi contornado. Para melhor exemplificar o poder da Ferj, Canazaro recorreu ao Campeonato Brasileiro e à arbitragem de Renato Marsiglia no jogo Corinthians 2 x 2 Flamengo, no Morumbi, pelas semifinais. Ele disse:

— A imprensa caiu de pau na arbitragem dele. Mas o Ivens Mendes (presidente da Cobraf) deu nota 7. E ele ficou bem com quem interessava.

Para encerrar, Eduardo Viana falou durante dez minutos. Lembrou que o árbitro deve ter a confiança da Ferj, pois exerce cargo de confiança, e que deve saber aplicar a regra 18 (uma regra inexistente que significa seguir à risca as novas diretrizes), de acordo com os interesses da Ferj. E mandou um recado direto para os árbitros que pensem na Liga Carioca de Futebol:

— Quem elogiar a Liga Carioca nem precisa pensar em apitar no Estadual.

Clubes pedirão que CBF investigue a Ferj

19/12/1993

Os presidentes do Flamengo, Fluminense e Botafogo vão à CBF esta semana pedir que seja feita uma profunda investigação na Federação de Futebol do Rio (Ferj). A decisão de Luís Augusto Veloso, Arnaldo Santhiago e Carlos Augusto Montenegro (que tomará posse em janeiro) foi motivada pelas denúncias do *Globo* sobre a existência na Ferj de um esquema de manipulação de resultados de jogos. Caso sejam descobertas irregularidades, eles pedirão que a CBF intervenha na Ferj.

Os dirigentes vão à CBF representando os principais lesados pelo esquema de corrupção de árbitros: os clubes. Mas fazem questão de não misturar o assunto com a recém-criada Liga Carioca de Futebol.

— A Liga representa inovação, renovação, o que acabou gerando todas essas denúncias. Mas não cabe a ela recorrer contra a Federação, e sim aos clubes, que são os mais prejudicados — explicou o presidente da Liga, Antônio Augusto Dunshee de Abranches.

A intenção dos dirigentes é forçar a CBF a ir fundo na apuração das denúncias, criando uma espécie de CPI. Comprovadas as irregularidades, querem a intervenção. Nesse caso, o poderoso presidente da Ferj, Eduardo Viana, o Caixa D'Água, poderia até ser afastado do cargo. Os presidentes irão diretamente ao presidente da CBF, Ricardo Teixeira, assim que este voltar dos EUA, onde foi acompanhar o sorteio das chaves para a Copa.

84   Corrupção no futebol

Quem não acredita nisso são os dirigentes do Vasco. O vice-presidente de Futebol, Eurico Miranda, que se opõe aos interesses da Liga, considera difícil qualquer apuração e muito menos uma intervenção na Ferj. Segundo ele, não há casos concretos para serem analisados.

— Por mais que tentem, nada de concreto vai aparecer. O que existe são testemunhos de uma possível intenção de manipular resultados. Mas isso irá por água abaixo quando o Eduardo voltar dos EUA. Duvido que essas testemunhas continuem acusando a Federação. Vão voltar atrás — aposta o dirigente.

Eurico não crê na existência de um esquema para arrumar resultados. Mas admite que há acertos para beneficiar ou prejudicar determinados clubes:

— Não sei a quem interessa isso, mas pode acontecer de um árbitro prejudicar ou beneficiar um clube. Por isso, sempre houve, na prática, o direito de os clubes vetarem árbitros. Até o Olaria veta...

Liga pede hoje abertura de inquérito contra a Federação

21/12/1993

A Liga Carioca deixou de lado a cautela. Botafogo, Flamengo e Fluminense pedem hoje, na Justiça comum, a abertura de um inquérito civil para apurar as denúncias sobre o esquema de manipulação de resultados na Federação de Futebol do Rio de Janeiro (Ferj), publicadas pelo *Globo* no último dia 16. Ao mesmo tempo, a Liga solicitará uma liminar para afastar os membros da Comissão de Arbitragem até que os fatos sejam esclarecidos. Na quinta-feira, os três clubes se desvincularão da Federação.

Eduardo Viana, o Caixa D'Água, presidente da Ferj, terá mais dores de cabeça quando retornar ao Brasil (ele foi passear e acompanhar o sorteio dos grupos da Copa do Mundo, em Las Vegas). O deputado estadual Sérgio Cabral Filho (PSDB) entra hoje com pedido para formação de uma CPI na Assembleia Legislativa, com o objetivo de desvendar o esquema de corrupção na Ferj. Além disso, os funcionários da Federação também estão irritados com Caixa D'Água. Como ainda não receberam o 13º salário, eles ontem paralisaram suas atividades durante 30 minutos.

Amanhã, a Liga promoverá uma reunião na Associação Comercial com os grandes clubes de Minas Gerais e Bahia. O São Paulo também é

86   Corrupção no futebol

esperado. O objetivo é viabilizar o Campeonato do Leste, de forma organizada e rentável, sem atitudes suspeitas, capaz de atrair novamente os torcedores aos estádios.

Segundo Antônio Augusto Dunshee de Abranches, presidente da Liga, os árbitros que denunciaram o esquema dentro da Federação (Cláudio Cerdeira e Cláudio Garcia) serão os primeiros convidados a integrar o futuro Quadro de Árbitros da entidade.

Para o presidente eleito do Botafogo, Carlos Augusto Montenegro, não há mais volta no caminho dos grandes clubes. É uma questão de sobrevivência:

— Não quero mais ficar perto dessa gente. Só espero que a CBF não fique do lado da imoralidade.

O dirigente só lamenta a posição do presidente do Vasco, Antônio Soares Calçada, que disse não ter interesse nas denúncias:

— Uma hora, ele vai ter que escolher entre Vasco e Eurico Miranda.

Ontem, Dunshee de Abranches esteve reunido com os presidentes do Flamengo, Luís Augusto Veloso, e do Fluminense, Arnaldo Santhiago. Eles concordam que chegou o momento de tomar uma posição. A partir de agora, a Liga Carioca lutará pela apuração das denúncias sobre corrupção na Federação.

— Estou com muita raiva. Não é possível as coisas continuarem desse jeito. Não sabia desses fatos, e agora vejo que o Flamengo foi prejudicado no Campeonato Estadual. Quero a apuração de todos os fatos e a punição dos culpados — disse Veloso.

Deputado entra com queixa-crime contra Viana e Canazaro

22/12/1993

O deputado estadual Sérgio Cabral Filho (PSDB) invocou a lei do colarinho-branco para entrar, ontem à tarde, com uma queixa-crime junto ao Ministério Público. Ele pede a abertura de inquérito contra o presidente da Federação de Futebol do Estado do Rio de Janeiro (Ferj), Eduardo Viana, o Caixa D'Água; e o diretor do Quadro de Árbitros, Wagner Canazaro, "no sentido de apurar uma eventual formação de quadrilha visando à fraude nas relações de consumo".

A queixa-crime tem como base reportagem publicada no último dia 17 pelo *Globo*, que divulgou denúncia de três árbitros contra Wagner Canazaro. Segundo os juízes, o diretor do Quadro de Árbitros comandou uma reunião no dia 3 de dezembro, na Ferj, no Centro do Rio, na qual explicou aos seus comandados (cerca de 70 juízes) como funcionaria um esquema de manipulação de resultados para o Campeonato Estadual de 1994.

O procurador-geral da Justiça, Antônio Carlos Biscaia, ficou impressionado com a queixa-crime. Nela, Sérgio Cabral Filho, líder do PSDB na Assembleia Legislativa, pede a moralização da Federação:

"Nas manobras apontadas, quem sai ludibriado em sua boa-fé, acreditando nos resultados das partidas, é o torcedor, que paga para assistir

88 Corrupção no futebol

a um espetáculo honesto e acaba sendo enganado por uma arbitragem previamente combinada (relações de consumo). E o que é mais grave: o apostador da Loteria Esportiva também fica prejudicado, porque, com os resultados das partidas antecipadamente acertados pela Federação, a aposta feita por ela fica comprometida. Todo esse contexto revela apropriação indevida da credulidade popular", argumenta o deputado do PSDB.

Antônio Carlos Biscaia disse que a queixa está bem fundamentada e cercada por testemunhas. Ele acrescentou que hoje dará o seu parecer e uma entrevista coletiva sobre o assunto.

Pelos mesmos motivos, Sérgio Cabral Filho entrou com pedido de instalação da CPI do Apito, assinado por 45 dos 70 deputados da Assembleia Legislativa. O deputado cita os árbitros Cláudio Cerdeira e Cláudio Garcia por terem confirmado as irregularidades no Quadro de Árbitros da Ferj. Cabe agora ao presidente da Assembleia, deputado José Náder, colocar o pedido em votação, hoje ou amanhã, para que a CPI seja instalada.

• LIGA — A Liga Carioca (Flamengo, Botafogo e Fluminense) tem uma reunião decisiva hoje, na Associação Comercial, com dirigentes do Atlético, Cruzeiro, América, Manchester e Flamengo, os principais clubes mineiros. O São Paulo, convidado, não poderá participar.

Aguiar, o emissário da Ferj ao Botafogo

Um árbitro revelou ontem ao *Globo* a identidade do emissário da Federação de Futebol do Rio que teria telefonado para Carlos Augusto Montenegro, presidente eleito do Botafogo, propondo arbitragens favoráveis e a vaga do Fluminense na Copa do Brasil em troca de permanência do clube na Ferj. Trata-se de Francisco Aguiar, um dos 33 vice-presidentes da Federação, ex-dirigente do Fluminense e dono de um currículo repleto de acusações.

Aguiar trabalha na Federação há mais de 10 anos. Foi assessor da presidência do Fluminense na gestão Ângelo Chaves e despertou suspeitas no clube após negociar um pacote de jogadores para o Bragantino por apenas US$ 80 mil. Entre eles, Sílvio e Franklin, revelações dos juniores, que se saíram bem em Bragança Paulista. Sílvio esteve na seleção brasileira, e Franklin joga no Leipzig, da Alemanha. Aguiar foi responsável também pela venda de Donizete para o Grêmio, em outra negociação que levantou dúvidas.

Árbitros já admitem contar tudo. Na Justiça

Resta apenas a convocação oficial. Muitos dos até então omissos árbitros da Federação do Rio estão dispostos a dizer na Justiça o que sabem sobre a proposta de manipulação dos resultados feita pelo diretor do Quadro de Árbitros da entidade, Wagner Canazaro. Paulo Jorge Alves, bandeirinha escolhido pela Fifa para ir à Copa-94, não quer fazer declarações públicas. Mas adianta que, se for chamado para depor, falará o que sabe.

— Para a imprensa não falo nada, mas na Justiça vou manter minha integridade. Tenho uma carreira de 18 anos, e agora que cheguei ao topo, não vou me prejudicar — disse Paulo Jorge.

— Na hora certa, vou falar o que sei — prometeu também Léo Feldman.

Cláudio Cerdeira foi o primeiro a denunciar o escândalo; Jorge Travassos e Cláudio Garcia o acompanharam, e, aos poucos, novos árbitros vão aderindo.

— Temos medo de que essa Liga Carioca não pegue e que, numa briga com a Federação, fiquemos sem poder apitar — confessou um juiz.

90 Corrupção no futebol

Um dos mais preocupados é Paulo Jorge Alves. Com 41 anos, 18 de arbitragem, ele não quer confrontos, sabe que em 1994 terá sua última chance de ir a uma Copa (a idade limite dos árbitros é de 42 anos).

— Pouco vou à Federação, pego a escala pelo telefone, nunca pedi nada ao Eduardo, ou ao Canazaro. Isso é briga de cachorro grande.

Certo de que no momento o silêncio é a maior arma para não ser prejudicado, Paulo Jorge Alves garante que está no lado dos honestos.

— Se eu fosse independente, falaria. A coisa corre a olhos vistos... Mas só posso falar o que sei na Justiça.

Dirigentes já pedem demissão de Canazaro

Eduardo Viana, presidente da Federação do Rio, desembarca hoje de manhã no Aeroporto Internacional, após assistir em Las Vegas ao sorteio dos grupos da Copa do Mundo dos Estados Unidos. Em sua volta, em vez de recepção festiva, um clima de tensão entre seus próprios companheiros de diretoria. Depois das denúncias de manipulação de resultados para o Campeonato Estadual de 1994, todos os dirigentes da entidade são a favor de que Caixa D'Água afaste o diretor do Quadro de Árbitros, Wagner Canazaro.

— Não há mais clima para Canazaro continuar. Ele mesmo precisa entender isso e pedir para sair — admitiu um dos dirigentes mais ligados a Viana.

Outro dirigente disse ter certeza de que Caixa D'Água tomará uma medida para satisfazer a opinião pública, procurando agradar também à Liga Carioca de Futebol, contrária a Canazaro. Uma coisa é certa: Antônio de Pádua, que saiu para a entrada de Canazaro, é o nome mais cotado para assumir o cargo.

Federação cria os "sete anões da arbitragem"

Para tentar minimizar o escândalo, a Federação de Futebol do Rio de Janeiro criou os "sete anões da arbitragem". Sete juízes de confiança da Ferj receberam instruções para divulgar uma nova versão sobre a reunião realizada no dia 3 de dezembro, na qual Wagner Canazaro propôs o esquema de manipulação de resultados. Um árbitro revelou ao *Globo* ontem o teor da nova versão: a ideia é disseminar a versão de que Canazaro pretendia conversar com os juízes antes dos jogos para evitar que fossem aliciados.

— Existe no futebol o especialista em vender árbitros. Ele negocia com o dirigente, e, se o resultado bater, cobra o dinheiro — disse o árbitro, que preferiu não ter seu nome revelado, por temer represálias.

E um dos sete árbitros, Venceslau Vicente, cumprindo o roteiro, deu anteontem à Rádio Globo exatamente a nova versão: os bilhetes de Canazaro antes dos jogos não teriam o intuito de manipular resultados, mas sim de evitar que juízes fossem "comprados" por dirigentes.

Os "sete anões" seriam Venceslau Vicente, Élson Passos, Aluísio Viug, Jorge Emiliano, Valter Senra, Reinaldo de Barros e Vânder José de Carvalho.

Clubes da Liga se afastam da Federação e não disputarão Estadual de 94

23/12/1993

Botafogo, Flamengo e Fluminense (que compõem a Liga Carioca de Futebol) anunciaram ontem à tarde, na Associação Comercial do Rio, que estão desvinculados da Federação de Futebol do Rio de Janeiro (Ferj) e não disputarão o Campeonato Estadual de 1994.

— Agora, Federação e nada são a mesma coisa — disse Carlos Augusto Montenegro, presidente eleito do Botafogo.

Logo depois da reunião, Montenegro e os presidentes do Flamengo, Luís Augusto Veloso, e do Fluminense, Arnaldo Santhiago, saborearam a notícia do tombo de Eduardo Viana, de manhã, no Aeroporto Internacional do Rio. Depois de risadas e comentários como "o Caixa D'Água caiu", os três divulgaram nota oficial, na qual informam a desvinculação dos clubes.

Mesmo com o afastamento de Wagner Canazaro — temporário ou não — da Comissão de Arbitragens da Federação, e mesmo que Eduardo Viana aceite as exigências da Liga Carioca, os clubes não voltarão atrás.

— Não há mais volta. Fomos conversar com o Caixa D'Água, mas no dia seguinte saiu a reportagem do *Globo*. Se soubéssemos das denúncias antes, nem teríamos ido lá — disse Montenegro, referindo-se à

94 Corrupção no futebol

notícia publicada no dia 16, divulgando denúncias de árbitros sobre a reunião em que Wagner Canazaro expôs um esquema de manipulação de resultados para o Campeonato Estadual de 1994.

— É uma questão de sobrevivência — resumiu Santhiago.

A Liga pediu uma liminar ao presidente do STJD, Moacyr Ferreira da Silva, para garantir sua filiação à CBF. E confirmou a realização do campeonato do Leste, de 30 de janeiro a 15 de maio. Para o torneio, serão convidados Cruzeiro, Atlético, América, Flamengo de Varginha e Manchester (de Minas), Vitória e Bahia (Bahia), Rio Branco (Espírito Santo) e Vasco.

Logo após a divulgação da nota, Veloso, Santhiago e Montenegro deixaram a Associação Comercial e caminharam até a CBF, para informar a decisão. Foram recebidos pelo diretor jurídico da entidade, Carlos Eugênio Lopes, que analisou a situação:

— Se eu fosse presidente de clube, também não participaria de um campeonato desses. Mas acho improvável que o STJD dê a liminar, pois os estatutos da CBF proíbem a filiação de ligas, e a Lei Zico diz claramente que a filiação depende dos estatutos.

Os estatutos da CBF serão modificados em janeiro pela Assembleia Geral da entidade, composta pelos 27 presidentes de federações estaduais. Como eles dificilmente aprovarão esse tipo de mudança, a esperança da Liga é aproveitar a situação política da diretoria da CBF, acusada de corrupção por Pelé. Os dirigentes da Liga acreditam que, caso a CBF fique do lado da Federação, a pressão da opinião pública será insuportável.

Na Federação, a desvinculação dos clubes provocou desespero. Diretores da entidade ligaram várias vezes para Montenegro, que se recusou a atender aos chamados:

— Não quero mais papo com essa gente — concluiu o presidente eleito do Botafogo.

Pressionado, Eduardo Viana afasta Canazaro

Presidente jura que vai apurar as denúncias

A Comissão de Arbitragens da Federação de Futebol do Rio está desativada, e seu diretor, Wagner Canazaro, afastado. Muito nervoso e depois de horas de reuniões com alguns de seus assessores, o presidente Eduardo Viana anunciou em nota oficial que solicitará ao Tribunal de Justiça Desportiva a abertura de um inquérito para apurar as denúncias de manipulação de resultados feitas pelos árbitros Cláudio Cerdeira e Cláudio Garcia.

— Consultei o Canazaro antes de afastá-lo, e ele concordou — garantiu Viana.

Ao mesmo tempo que sua nota oficial, distribuída à imprensa, fala da necessidade de uma "apuração eficaz pelo bem do futebol", Viana ressalta que o momento por que passa o Brasil, "de caça às bruxas, serve para justificativa de fracassos e inviabilidade do país".

Apesar de convocar o Tribunal de Justiça Desportiva para apurar o caso, Eduardo Viana já tem opinião formada sobre o episódio. Alerta que as acusações feitas por Cláudio Cerdeira e Cláudio Garcia foram feitas na sua ausência — o dirigente viajara para o México e Las Vegas — 12 dias após a reunião entre Canazaro e os árbitros. Além disso, classifica-as como "onda de falácias e falsidades".

Apesar do texto elaborado da nota oficial, Eduardo Viana era a imagem do nervosismo. Depois do tombo e da fuga no Aeroporto Internacional, quando inclusive agrediu um fotógrafo, o dirigente passou a tarde com seus assessores, elaborando a nota. Chegou às 19h35 na Ferj e, irritado com os flashes dos fotógrafos, voltou a reagir e empurrou o fotógrafo do jornal *O Dia*. Novamente fugiu das entrevistas, limitando-se a ler a nota.

96 Corrupção no futebol

— Essas atitudes só complicam mais as coisas — comentou Álvaro Bragança, vice-presidente da Federação.

Mãos trêmulas, cigarro na boca, Viana fez as últimas ameaças:

— Vou interpelar judicialmente a todos que se referiram a mim de maneira caluniosa.

Eurico: "Todos vão disputar o Estadual."

Um dos principais aliados de Eduardo Viana, o vice-presidente de Futebol do Vasco, Eurico Miranda, disse ontem na Federação que Botafogo, Flamengo e Fluminense serão obrigados a disputar o Campeonato Estadual de 1994. Eurico lembrou que todos os clubes já assinaram o contrato com a TV, que vem anexado à tabela do Campeonato, e que agora é tarde para voltar atrás:

— Os presidentes assinaram o contrato, e os clubes até já receberam parte da cota de US$ 155 mil. Todos vão estar lá, não tenho a menor dúvida.

Para o dirigente do Vasco, o máximo que a Liga Carioca conseguirá será mexer na Comissão de Arbitragens:

— Na tabela e na fórmula de disputa, eles não mexem. Podem ter certeza.

Tombo no aeroporto impede drible na imprensa

A estratégia da fuga foi traçada pouco antes da passagem pela alfândega, ontem de manhã. Avisado por amigos de que os jornalistas queriam explicações sobre as denúncias de manipulação de resultados e fraudes nas arbitragens, o presidente da Federação de Futebol do Rio, Eduardo Viana, o Caixa D'Água, pensou na melhor forma de evitar as entrevistas: aproveitar a confusão criada com a presença do técnico da seleção brasileira, Carlos Alberto Parreira, que veio ontem no mesmo voo de Miami, e sair em disparada. Tudo ia bem, até que, já no saguão do Aeroporto Internacional, ele tropeçou e caiu.

— Vamos embora logo — gritou Roberto Sued, dirigente do Itaperuna, que veio ao Rio recepcionar o presidente da Federação.

Depois da primeira tentativa fracassada de se levantar, Viana mudou o estilo. Decidiu caminhar. Deu passadas largas e seguras, mas o tempo perdido com o tombo foi fatal para o plano de fuga. Encurralado pelos jornalistas, Eduardo Viana se esquivou de responder se realmente há corrupção no Quadro de Árbitros da Federação do Rio:

— Corrupção na arbitragem do Rio? Bem, eu presumo que não haja isso...

Já dentro de um Paraty preto, no qual foi posto por Sued e um segurança, Viana disse que, apesar de ter passado alguns dias nos Estados Unidos na companhia do diretor da Comissão de Arbitragens, Wagner Canazaro, não conversava com ele sobre as denúncias:

— Só estou sabendo por ouvir falar, mas não sei muito...

Apesar da falsa ignorância sobre o assunto, Eduardo Viana tinha opinião formada sobre as palavras de Cláudio Cerdeira e Cláudio Garcia, árbitros que denunciaram formalmente os planos expostos numa reunião realizada no último dia 3 por Canazaro, para manipular resultados no Campeonato Estadual de 1994.

— Garanto que foi um erro de interpretação do que foi dito na reunião — disse Viana, após dar um tapa na câmera de um fotógrafo do jornal *O Estado de S. Paulo*.

Logo depois, porém, afirmou que Cerdeira e Garcia apresentaram um discurso mentiroso.

— Havia 70 juízes, por que só os dois falaram essas coisas? — indagou, já com o carro em movimento.

Pivô da crise chega com pose de vítima
Canazaro diz ter o apoio de 100 árbitros

Antônio Maria Filho

24/12/1993

O desembarque de Wagner Canazaro, diretor da Comissão de Arbitragens da Federação de Futebol do Rio (Ferj), temporariamente afastado do cargo por ser o principal acusado nas denúncias de manipulação de resultados, mais parecia cena de filme policial. Seguranças, motoristas e até um deputado estadual (Almir Rangel, do PSC) foram esperá-lo ontem de manhã no Aeroporto Internacional do Rio. Preparou-se até uma estratégia de fuga. Porém, Canazaro dispensou todo o aparato e chegou de Miami disposto a abrir a boca.

— Quero ver provarem alguma coisa contra mim — desafiou.

Sobre a CPI do Apito, requerida pelo deputado estadual Sérgio Cabral Filho (PSDB), não demonstrou preocupação:

— Estou disposto a abrir as minhas contas bancárias.

Embora tenha passado cerca de dez dias no exterior, acompanhando a seleção brasileira no México e o sorteio dos grupos da Copa em Las Vegas, Canazaro voltou bem informado sobre a crise em que a Ferj está mergulhada:

— Aproveitaram que eu estava ausente para me derrubar. Mas estou bem informado e garanto que poucos estão contra mim. Breve-

100 Corrupção no futebol

mente apresentarei uma manifestação de apoio assinada por mais de 100 árbitros.

Canazaro nega que tenha instruído os árbitros, numa reunião realizada no dia 3 de dezembro, a manipularem resultados de jogos. E chamou os juízes Cláudio Cerdeira e Cláudio Garcia de recalcados.

— Para começo de conversa, foram 200 árbitros, e não 70, que estiveram presentes na tal reunião. Me encontrei outras duas vezes com os juízes, nos dias 7 e 9 de dezembro. E se eu quisesse manipular resultados, não falaria diante de tanta gente. Cerdeira e Garcia são recalcados. O Cerdeira é um árbitro cuja escalação é sempre malvista pelos clubes grandes e não foi indicado pela CBF para trabalhar na Copa. Já o Garcia está em final de carreira e não se conforma com a renovação que fiz no quadro de árbitros.

Sobre seu afastamento provisório da Comissão de Arbitragens, ele explicou:

— Sabíamos o que estava acontecendo, e, como vamos abrir inquérito na Federação, ficarei afastado até o fim de janeiro. Foi o que eu e o Eduardo Viana (presidente da Ferj e amigo de Canazaro) combinamos nos EUA...

CPI do Apito: Cerdeira e Garcia farão primeiros depoimentos

A CPI do Apito, que deverá ser instalada pela Assembleia Legislativa na próxima terça-feira, para apurar irregularidades na Federação de Futebol do Rio (Ferj), promete ir longe. O deputado Sérgio Cabral Filho (PSDB), que pediu a abertura da CPI e será seu relator, garantiu que as apurações não ficarão restritas às denúncias de manipulação de resultados para o Estadual de 94.

11 Gols de Placa   101

— Nós vamos apurar tudo. Tanto as armações para o ano que vem, como as que já foram feitas — prometeu o deputado.

Sérgio Cabral Filho informou que os dois primeiros depoimentos serão dos árbitros Cláudio Cerdeira e Cláudio Garcia, que denunciaram abertamente o esquema de manipulação de resultados para 1994. Eles deverão depor nos primeiros dias de janeiro.

Com base nos depoimentos de Cerdeira e Garcia, a CPI terá condições de convocar todos os envolvidos no caso.

— Faz parte dos nossos planos uma devassa fiscal na vida dos denunciados e a quebra de sigilo bancário de todos os envolvidos. Queremos descobrir irregularidades nos clubes e desvendar o esquema de evasão de rendas nos estádios — disse Sérgio Cabral Filho.

Também serão chamados para depor diretores e funcionários da divisão de Loterias da Caixa Econômica Federal, pois a manipulação de resultados, segundo o deputado, prejudica os apostadores.

Enquanto a Assembleia Legislativa trabalha a pleno vapor, a comissão de inquérito do Tribunal de Justiça Desportiva (TJD) ficará para o ano que vem. A Ferj pedirá abertura de inquérito para apurar as denúncias. Quando chegar ao TJD, o pedido será apreciado por um dos procuradores (são três), que, depois de analisá-lo, o enviará ao presidente do Tribunal, Homero Freitas das Neves. Ele nomeará ou sorteará um dos 10 auditores para presidir o inquérito.

Viana fracassa ao manobrar contra a CPI do Apito

28/12/1993

O presidente da Federação de Futebol do Rio (Ferj), Eduardo Viana, o Caixa D'Água, fracassou ao tentar impedir a votação na Assembleia Legislativa da instalação da CPI do Apito. Ontem, o dirigente esteve na Alerj para, através de manobras de bastidores, barrar a discussão do assunto em plenário. Mas o presidente José Náder voltou a garantir que a CPI será votada amanhã. A CPI do Apito foi pedida pelo deputado Sérgio Cabral Filho (PSDB) para apurar a denúncia de manipulação de resultados para o Campeonato Estadual de 1994, publicada no *Globo* em 16 de dezembro. Em reunião com mais de 70 juízes, no começo do mês, Wagner Canazaro, diretor da Comissão de Arbitragens, teria dito que nenhum árbitro poderia armar resultados sem consentimento da Federação.

Caixa D'Água levou ontem um ofício com dois itens à Procuradoria da Assembleia. Teve acesso fácil, porque é amigo de um dos procuradores, João Batista de Melo. No documento, o presidente da Ferj pedia parecer contrário à realização da CPI, por considerar o assunto restrito à esfera esportiva e à Ferj, como entidade privada.

— Temos um tribunal esportivo que deve apurar e julgar irregularidades internas, de acordo com o artigo 217 da Constituição — alegou Viana.

Com bom trânsito na Assembleia, Viana chegou facilmente ao gabinete do presidente José Náder, também seu amigo há mais de 30 anos. Entrou acompanhado de João Batista de Melo, outros procuradores e dois deputados Pedro Fernandes (PDT) e Almir Rangel (PSC), seu fiel escudeiro, que o recepcionou no aeroporto quando chegou dos EUA na semana passada.

Também manobrando nos bastidores, Sérgio Cabral Filho não perdeu tempo. Entrou no gabinete da presidência para participar da conversa. Lá dentro, Viana tentou dissuadir Náder do desejo de pôr a CPI em votação. Pedro Fernandes chegou a afirmar:

— Ô, Náder, vamos chegar a um acordo. Não põe isso em votação, não...

Nada feito. José Náder, baseado na força de 50 assinaturas de deputados em apoio à CPI, não cedeu:

— Não posso ir contra a vontade dos deputados, porque eles são representantes do povo. Todas as questões que envolvem essa CPI serão discutidas em plenário. E, pela tendência que tenho observado na Casa, acho que ela é inevitável.

Em meio às manobras, o constrangimento foi evidente. Caixa D'Água ficou atônito quando viu Sérgio Cabral Filho entrar na sala do presidente da Alerj. José Náder, por sua vez, evitou a todo custo aparecer em fotos ao lado do dirigente. Para Sérgio Cabral Filho, a visita tivera dois objetivos que justificaram tanto constrangimento:

— Primeiro, pode-se deduzir que ele quis coagir o presidente e os procuradores. Depois, fica claro que está desesperado.

Viana: sem crime, não pode haver prisão

Eduardo Viana, o Caixa D'Água, presidente da Ferj, defendeu ontem uma estranha tese:

— Ninguém pode prender ninguém antes que o crime seja cometido. Se eu me reúno com vocês para planejar um assalto a banco, não posso ser preso por isso.

Segundo ele, como o esquema para manipulação de resultados era apenas para o Campeonato de 1994, a criação de uma CPI para apurá-lo não seria possível, pois o interesse público ainda não teria sido lesado. Mas nem ele acredita em tal argumento, pois ontem perdeu a tarde na Assembleia Legislativa articulando manobras para impedir a criação da CPI do Apito.

Para isso, tentará se valer da amizade com deputados como Almir Rangel (PSC), Pedro Fernandes (PDT) e Alberto Duaire (PMDB). O plano: durante a votação no plenário para a instalação da CPI, um deputado deverá dizer que a Federação é uma entidade privada e não cabe à Assembleia criar uma CPI para investigá-la. Nesse caso, seria requisitado um parecer à Procuradoria da Assembleia ou à Comissão de Justiça. Na Procuradoria, Eduardo Viana conta com amigos e, segundo um deputado que prefere o anonimato, já haveria um parecer pronto endossando a versão do dirigente.

Canazaro: "Cerdeira está liquidado"

29/12/1993

Ameaçadora, a frase vem sendo repetida por Wagner Canazaro para cada um dos árbitros que recebe em seu gabinete de diretor da Comissão de Arbitragens da Federação de Futebol do Rio (Ferj):

— Cláudio Cerdeira está liquidado.

Cerdeira e Cláudio Garcia foram os únicos juízes que denunciaram abertamente o esquema de armação de resultados para o Campeonato Estadual de 1994, publicado pelo *Globo* no último dia 16. Amigo de Eduardo Viana, o Caixa D'Água, presidente da Ferj, Canazaro seria o chefe do esquema, daí não perdoar a Cerdeira.

— Ele não apitará mais em lugar algum do Brasil — diz Canazaro aos juízes aliados que o visitam.

Canazaro tem procurado dirigentes de todas as federações do país, pedindo-lhes que não aceitem Cerdeira em seus quadros de árbitros. Se não estiver vinculado a qualquer uma das federações, Cerdeira não poderá ter seu nome inscrito no quadro de árbitros da CBF em 1995, ficando automaticamente excluído do quadro de juízes da Fifa. A medida não vale para 1994, pois a Comissão de Arbitragens da CBF (Cobrai) já enviou à Fifa sua lista de árbitros, e Cerdeira faz parte dela.

Apesar de Eduardo Viana ter afirmado, ao chegar dos Estados Unidos na quarta-feira passada, que a Comissão de Arbitragens fecharia

108   Corrupção no futebol

para investigações e que seu amigo Canazaro estava afastado temporariamente do cargo, o dirigente continua despachando normalmente no sétimo andar do prédio da Comissão de Arbitragens, na Rua do Acre, 47, no Centro.

Segunda-feira à noite, Canazaro recebeu cerca de 30 árbitros e conversou separadamente com cada um deles. Em sua sala, diz que a CPI do Apito não vingará, que continuará mandando na Comissão de Arbitragens e pede aos juízes que assinem uma lista de apoio ao seu nome. Ele ameaça quem reluta em assinar:

— Você pode não apitar jogo algum em 1994...

Entre outras coisas, o documento de apoio a Canazaro diz:

"Aos abaixo-assinados nunca lhes foi pedido para cometer qualquer irregularidade na reunião do dia 3 de dezembro e que todos estão solidários com a forma de conduzir a Comissão de Arbitragens." Na reunião do último dia 3, Canazaro teria dito a mais de 70 árbitros: "Não pode dar zebra. Tem que dar sempre o resultado que interessar à Federação." Agora, ele espera reunir 200 assinaturas a seu favor.

Contrabando da Copa

FERNANDO RODRIGUES nasceu em 1963, em São Paulo. É mestre em jornalismo internacional pela City University, em Londres. Trabalha na *Folha de S. Paulo* desde 1987 — foi repórter, editor de Economia, correspondente em Nova York, Tóquio e Washington. Desde 1996 está na sucursal de Brasília do mesmo jornal. Mantém uma página de política no portal UOL desde o ano 2000. É vencedor de quatro prêmios Esso (1997, 2002, 2003 e 2006). Em 2002, recebeu o Prêmio Líbero Badaró de Webjornalismo e o prêmio para Internet da Fundación Nuevo Periodismo Iberoamericano, presidida pelo escritor colombiano Gabriel García Márquez. É também autor dos livros *Os donos do Congresso — A farsa na CPI do Orçamento* (1993, Ática, em coautoria com os jornalistas Gustavo Krieger e Elvis César Bonassa) e *Políticos do Brasil* (2006, PubliFolha).

O voo da muamba

Fernando Rodrigues

Participei da cobertura da Copa do Mundo nos EUA, em 1994, na equipe da Folha de S. Paulo. *Era repórter de economia e de política. Foi minha única entrada no mundo esportivo para uma empreitada tão alentada.*

Depois de mais de um mês relatando quantas vezes cada jogador chutara ao gol ou fora punido com cartões amarelos, acabei sendo o autor da reportagem sobre as bagagens não declaradas da seleção campeã no retorno ao Brasil.

Se me perguntam os fatores que ajudam a produzir uma reportagem daquelas, eu citaria três principais: 1) observação; 2) organização e 3) acaso.

A equipe de repórteres da Folha *se dividia para que nunca a Seleção Brasileira de futebol ficasse sem qualquer tipo de cobertura. A última vitória em Copa do Mundo havia sido 24 anos antes, em 1970. A expectativa era gigantesca. A demanda por qualquer notícia era descomunal.*

No dia do embarque da seleção de volta ao Brasil, uma segunda-feira, dia 18 de julho de 1994, fui escalado para fazer a cobertura, junto com o excelente repórter fotográfico Pisco Del Gaiso. Aí está o fator organização. Cada um de nós na equipe da Folha *sabia a pauta exata de cada dia. Pisco e eu madrugamos em frente ao hotel onde se hospedaram os jogadores brasileiros, em Los Angeles, na Costa Oeste do país. Aí vem a segunda parte, a observação.*

112   Contrabando da Copa

Logo notei um caminhão enorme no pátio dos fundos do hotel. Como a segurança do local estava relaxada — a Copa do Mundo havia sido conquistada pelo Brasil no dia anterior, nos pênaltis —, fui entrando no edifício. No térreo, em uma das salas, avistei dezenas de caixas. Geladeira, fogão, aparelho de som, sela para cavalo. Tinha de tudo.

Do lado de fora, Pisco Del Gaiso fez a foto do dia. O técnico Carlos Alberto Parreira curvado sobre uma caixa e escrevendo seu nome. Era uma impressora nova da marca HP. Rapidamente, comecei a registrar um a um todos os itens que pude avistar. Obcecado por organização, há mais de 20 anos guardo todos os meus bloquinhos de anotações, catalogados por data, local e assunto. Antes de escrever este texto, fui dar uma lida no que havia anotado naquele longínquo julho de 1994.

Com o bloquinho em mãos, logo me vi novamente rabiscando freneticamente os nomes escritos nas caixas que eram levadas para o caminhão. O auxiliar técnico, Jorge Lobo Zagallo, comprara uma churrasqueira a gás. O lateral esquerdo Branco equipara sua cozinha inteira.

Não quero desprezar o fator acaso para produzir a reportagem sobre as bagagens da seleção. Estávamos, eu e o fotógrafo Pisco Del Gaiso, no lugar certo e na hora certa. Jornalismo às vezes é assim. Organização prévia conta muito, mas é preciso ter alguma sorte. Nenhum outro jornalista estava por lá no momento do transporte das malas para o aeroporto. Todos nós tínhamos ficado até de madrugada cobrindo a festa dos jogadores.

No dia seguinte, uma terça-feira, dia 19 de julho, muitos jornais abriram sua cobertura anunciando a chegada da seleção de futebol ao país. Na Folha, *a manchete esportiva foi "Seleção volta ao Brasil 'carregada'".*

O resto é história. A viagem da seleção ficou conhecida como "o voo da muamba". Os jogadores e a comissão técnica se irritaram com a cobrança da mídia. O então secretário da Receita Federal, Osiris Lopes Filho (1940-2009), quis impedir a entrada dos equipamentos sem o devido pagamento de impostos. Uma ordem presidencial o desautorizou. Orisis perdeu o cargo.

Prevaleceu o patrimonialismo. O velho e deletério jeitinho brasileiro. Mas a reportagem da Folha *registrou tudo.*

* * *

Passados 15 anos do caso, a Justiça Federal no Rio proferiu a sentença em agosto de 2009 por conta de uma ação movida pelo Ministério Público contra Ricardo Teixeira e outros envolvidos no episódio. O presidente da CBF ficou proibido de, por três anos, fazer contratos com órgãos públicos, indireta ou diretamente. Também perdeu seus direitos políticos pelo mesmo período. Uma pena inócua, pois o dirigente não mantinha contratos com órgãos públicos nem pensava em ser político nem concorrer numa eleição. Como Teixeira anunciou que iria recorrer da decisão, o voo da muamba continuaria mais algum tempo sem conclusão.

Seleção volta ao Brasil 'carregada'
Time corre às compras nos EUA

Fernando Rodrigues

Folha de S. Paulo, 19/7/1994

A seleção chega hoje às 7h em Recife com uma bagagem cheia de equipamentos eletroeletrônicos.

Time e comissão técnica compraram nos EUA geladeira, máquina de lavar, videocassete e sela para cavalo.

A *Folha* acompanhou o embarque de toda a bagagem da seleção. Foram necessários dois caminhões e seis caminhonetes.

"Primeiro seriam dois caminhões com carroceria de cinco metros. Depois, mandamos vir um maior, com carroceria de oito metros, pra poder caber tudo", disse Gilbert Hayes, funcionário dos organizadores da Copa encarregado de dar apoio à delegação brasileira.

"Acompanhei os suecos e os americanos. Posso dizer tranquilamente que os brasileiros têm o maior volume de bagagem", disse Hayes à *Folha*.

Muitos volumes não apresentavam identificação. Uma pequena parte, menos de um quinto do que foi embarcado, continuava na caixa original.

Em algumas caixas apareciam os nomes dos proprietários da bagagem. A *Folha* anotou o nome de todos os produtos onde aparecia algum nome da comissão técnica.

116   Contrabando da Copa

O campeão de itens foi o lateral-esquerdo Branco. Junto com sua mulher, Estela, Branco comprou oito itens, suficientes para montar uma cozinha.

O lateral-esquerdo comprou geladeira, forno, máquina de lavar louça e máquina de lavar roupa.

O segundo nome que mais apareceu nas caixas embarcadas no avião da seleção foi o de Carlos Alberto Parreira, que comprou uma impressora a laser, um microcomputador, uma fotocopiadora pessoal e um televisor Mitsubishi.

A legislação brasileira permite que se traga do exterior produtos no valor total equivalente a US$ 500. Valores superiores a esse estão sujeitos a uma tarifa de importação, cobrada na chegada.

O assessor de imprensa da seleção, Nelson Borges, disse não saber se os jogadores e a comissão técnica teriam suas bagagens inspecionadas pela Receita Federal. "Não sei. Como vou saber? Se tiver que pagar, a gente paga. Eu não vou deixar tudo lá", disse Borges, que diz ter comprado "um rádio e uma câmera fotográfica".

Alfândega da seleção vai ser feita hoje
Jogadores não devem ter problemas para liberar a bagagem, que soma mais de duas toneladas de material

Fernando Paulino Neto

20/7/1994

A bagagem dos jogadores da seleção brasileira — mais de duas toneladas de material— só será liberada pela alfândega hoje.

A informação foi dada pelo chefe de bagagem acompanhada do Aeroporto Internacional do Rio, Bélson Martins Pureza.

Pureza disse que a bagagem ficará guardada no Teca (Terminal de Carga Aérea), do aeroporto, localizado a oito quilômetros da alfândega.

Segundo Pureza, um funcionário da CBF estará hoje no aeroporto com os tíquetes de bagagem para que "possa ser feita a alfândega".

Ele informou que, depois de vistoriada, a bagagem será liberada e o excesso terá que ser pago.

Qualquer viajante internacional tem direito de trazer mercadorias até o valor de US$ 500. Acima disso, tem que pagar 100% do valor de nota de mercadoria.

Segundo a Folha apurou, não haveria qualquer empecilho para a bagagem dos jogadores, que ficaria sob a responsabilidade de dois funcionários da CBF.

O presidente do Sindifisco (Sindicato dos Funcionários da Receita Federal), Fernando Moretzsohn, disse que o objetivo da Receita é pegar contrabandistas.

"Se uma pessoa aparece com muitos itens iguais, pode ser presa", afirma.

Segundo Moretzsohn, quem traz só objetos pessoais não tem problemas. "Mas isso depende de como o fiscal interpreta a lei."

Zagallo

A maratona enfrentada pela seleção depois do desembarque no Brasil preocupou a família do coordenador-técnico da seleção, Mário Jorge Lobo Zagallo, 62.

O filho de Zagallo, Mário, mostrava-se ontem apreensivo com o desgaste do pai.

"É uma maratona cansativa. Mas a emoção supera tudo. É por isso que meu pai, nessa idade, nem pensa em parar", afirma.

Em uma sala do aeroporto, 35 familiares de membros da comissão técnica aguardavam a chegada do avião com a seleção.

A mulher de Parreira, Leila, e as duas filhas do treinador também esperaram mais de duas horas pela chegada dos tetracampeões.

Segundo a PM, às 22h15, 5 mil pessoas aguardavam a chegada do voo da seleção.

Jogadores devem pagar por "importados"
Segundo funcionário da Receita Federal do Rio, atletas brasileiros pagariam por compras acima de US$ 500

20/7/1994

Os jogadores brasileiros teriam que pagar por todo produto importado trazido dos Estados Unidos que ultrapassasse o valor de US$ 500, segundo informou a Receita Federal, no Aeroporto Internacional do Rio.

A restrição a compras superiores a US$ 500 seria observada, com possibilidade de revista na bagagem de qualquer jogador.

No caso de um fiscal desconfiar do valor da nota fiscal, ele pode consultar uma lista com preços de mercadorias, similares às que estão sendo fiscalizadas.

O diretor do Sindifisco (Sindicato dos Funcionários da Receita Federal), Fernando Moretzsohn, disse que o maior objetivo da fiscalização é pegar contrabandistas.

Quem trouxer um produto não deve ser punido, segundo ele, apenas quem traz itens iguais. Mas Moretzsohn alertou que este critério depende do fiscal, que pode ser mais rigoroso.

Torcedores

Mesmo com os jogadores da seleção ainda em Brasília às 19h de ontem, torcedores já ocupavam a via de acesso do Aeroporto Internacional Rio, que leva ao centro da cidade.

Espalhados em grupos e vestidos de verde e amarelo, só se preocupavam com a festa.

Marluce Cunha, que mora perto da Avenida Brasil, disse que importante "é a festa". "Se eles não passarem por aqui, a gente comemora assim mesmo."

No aeroporto, a maior movimentação era com a chegada de um voo de Los Angeles lotado de torcedores brasileiros.

O clima de Copa do Mundo dominou o voo. Paulo Becker, 39, psicanalista, desembarcou com a camisa do Brasil, do lado dos filhos, Francisco, 15, e Antônio, 6.

Becker disse que, no voo, os passageiros passaram o tempo todo fazendo "olas" e relembrando os lances da Copa.

O piloto substituiu, durante a viagem, o tradicional "senhores passageiros" por "torcedores tetracampeões".

Na escala em São Paulo, os passageiros que seguiam para o Rio passaram o tempo participando de uma "minimesa redonda", como descreveu Becker, com o comentarista da TV Bandeirantes, Gérson, campeão do Mundo de 70.

Alfândega barra a bagagem de Branco
*Compras seguem em voo comum e são taxadas
no Galeão; quatro caminhões levam
equipamentos da delegação*

21/7/94

O lateral-esquerdo Branco foi o único membro da delegação da seleção brasileira que teve a bagagem retida no aeroporto. Várias caixas com as compras do jogador ficaram no terminal de cargas.

A bagagem de Branco não coube no avião da seleção e veio em outro voo, que chegou ao Rio por volta de 20h de anteontem. Os volumes foram retidos na alfândega.

A bagagem não foi liberada porque, pelo volume, devia ultrapassar a cota de US$ 500 permitida.

O inspetor da alfândega, Sylvio Sá Freire, afirmou que os pacotes só serão liberados quando o dono for buscá-los na alfândega e pagar o imposto pelas mercadorias. A inspetoria da alfândega não quis informar oficialmente a quem pertence a bagagem.

Confusão

As compras dos demais membros da seleção brasileira passaram pelo aeroporto internacional do Rio sem o controle da alfândega. Mas, para isso acontecer, houve uma confusão que durou 55 minutos no pátio de manobras do aeroporto.

122   Contrabando da Copa

O chefe de bagagem acompanhada do aeroporto, Bélson Martins Pureza, afirmou que toda bagagem iria ser revistada.

Antes de o voo chegar, Pureza disse que os jogadores não teriam qualquer privilégio e seriam tratados de acordo com a lei. Informou que a bagagem iria ser armazenada no Teca (Terminal de Carga Aérea) e liberada após inspeção.

Naquele momento, afirmou que, pela lei, apenas diplomatas têm direito a privilégios quando desembarcam de voos internacionais.

Depois que a delegação desceu do avião, Pureza e outros funcionários foram cercados pelos jogadores.

Romário brandia a réplica da taça, ganha nos EUA, acima de todas as cabeças. Ele exigia passar pela alfândega sem os trâmites normais.

Outros jogadores se juntaram ao protesto. O goleiro reserva Gilmar era um dos mais exaltados. Entre os membros da comissão técnica, o coordenador Zagallo parecia ser o mais nervoso.

O presidente da CBF, Ricardo Teixeira, pressionou os fiscais da Receita Federal e obteve a liberação das bagagens, conseguindo que finalmente os jogadores voltassem ao caminhão dos bombeiros para deixar o aeroporto.

Logo depois, quatro caminhões de empresas transportadoras entraram na pista e começaram a embarcar a bagagem.

Escolta

Escoltados por dois carros da PM os caminhões deixaram o aeroporto à 1h10 com destino ao Hotel Intercontinental, onde chegaram por volta das 2h20, ponto final do desfile dos jogadores pelo Rio.

No desembarque da bagagem, junto com uma quantidade enorme de malas, apareciam as compras.

11 Gols de Placa 123

Começaram a descer dos caminhões impressoras e terminais de computadores, aparelhos de som, videocassetes, equipamentos de ginástica, bicicletas ergométricas, carros a motor para crianças.

A principal atração, para os carregadores, foi a TV Mitsubishi VS-4571 Big Screen Television, o maior pacote de todos.

Privilégio ao time é inconstitucional, diz jurista

21/7/1994

Não há nenhum dispositivo legal que permita a autoridades governamentais conceder isenção de taxas a quem quer que seja. Segundo o jurista Ives Gandra Martins, a decisão de dispensar a delegação brasileira dos trâmites alfandegários pode ter infringido o artigo 5º da Constituição, que prevê igualdade de tratamento.

"Estou convencido de que os jogadores não traziam nada irregular", diz Gandra Martins, "mas se a liberação tiver realmente acontecido, pode ser inconstitucional."

O Código Penal, em seu artigo 334, define como crime a entrada no país de mercadoria sem o pagamento das devidas taxas (descaminho) ou de material proibido (contrabando).

Cada viajante pode entrar no país com mercadoria equivalente a US$ 500 (o mesmo valor em reais, aproximadamente). O que exceder a isso, em um valor de mais de US$ 500, é taxado em 100%. O que exceder a US$ 1.000 é taxado em 130%.

Dois exemplos: uma compra de US$ 800 recebe taxação de US$ 300. Uma mercadoria de US$ 1.600 é taxada em US$ 1.280. Isto é, a taxação é progressiva, e incide de forma diferente sobre cada parte do valor.

A lei vale para qualquer pessoa residente no Brasil (brasileiro ou estrangeiro). Não vale, porém, para quem vive fora do Brasil, caso de

126   Contrabando da Copa

grande parte da seleção brasileira. Nesse caso, as compras são tratadas como bagagem em trânsito. Uma eventual taxação só acontece na alfândega do país onde a pessoa viva.

Diplomatas também têm direito a tratamento aduaneiro especial. Não é o caso de ninguém na delegação brasileira.

Planalto autoriza liberação de bagagens

Presidente da CBF apela aos ministros da Casa Civil e da Fazenda para a seleção não pagar impostos

As bagagens e compras feitas nos Estados Unidos pela seleção brasileira passaram pela alfândega do Aeroporto Internacional do Rio sem pagar imposto de importação.

O inspetor da alfândega no aeroporto, Sylvio Sá Freire, disse que a decisão teve aprovação do ministro da Fazenda, Rubens Ricupero.

Ontem, a assessoria da Fazenda informou que Ricupero realmente telefonou para o Rio. Mas negou que o ministro tenha dado orientações, porque o problema já teria sido resolvido.

Segundo os assessores de Ricupero, os funcionários da alfândega teriam optado pela liberação temendo a reação dos torcedores que esperavam a Seleção.

"Agimos certo, pela segurança e pela vida das pessoas que estavam ali. Mas não me conformo com o fato de a delegação não ter pago o tributo", disse Sá Freire.

O inspetor disse que agora irá tentar cobrar os tributos devidos. "Vamos conversar com o secretário Osiris Lopes Filho, para, se possível, acionar a Procuradoria-Geral da República", disse.

11 Gols de Placa   127

Ele não explicou como poderiam ser cobrados os tributos, já que a Receita não verificou se as declarações prestadas pelos passageiros conferiam com a bagagem.

A liberação teria causado à Receita um prejuízo de, no mínimo, US$ 1 milhão. O inspetor calculou o imposto devido considerando o volume das bagagens — 17 toneladas — e as listas de compras dos jogadores, publicadas nos jornais.

Na viagem de ida, a bagagem da seleção pesava 2 toneladas.

"Eu calculo esse prejuízo por baixo. Havia cerca de 100 pessoas no avião, gente que não era da delegação, então é difícil saber o prejuízo total", afirmou Sá Freire.

A intervenção de Ricupero aconteceu depois que o presidente da CBF, Ricardo Teixeira, deu telefonemas para o ministro da Casa Civil, Henrique Hargreaves.

Teixeira, diante dos funcionários da Receita, ameaçou devolver as medalhas de condecoração que os jogadores haviam recebido do presidente Itamar Franco.

Hargreaves ligou para o secretário da Receita Federal, Osiris Lopes Filho, que reiterou a orientação que havia feito à alfândega do Rio, recomendando "a fiscalização de praxe", que prevê a taxação de valores que ultrapassem US$ 500.

Ricardo Teixeira telefonou novamente para Hargreaves, dizendo que os jogadores ameaçavam não desfilar pelas ruas do Rio se a bagagem não fosse liberada.

Hargreaves discou novamente para Osiris. Não o encontrou. Telefonou então direto para Ricupero, superior hierárquico de Osiris.

Ouvido ontem pela *Folha*, Hargreaves sustentou não ter pedido nada a Ricupero. "Liguei para ele porque ele é o ministro da Fazenda. Não pedi a liberação de nada."

Após a conversa com Hargreaves, o próprio Ricupero tentou, sem sucesso, localizar Osiris. Acabou falando com Sálvio Medeiros, adjunto de Osiris, que reafirmou a necessidade da inspeção.

Logo depois, o ministro Ricupero telefonou para o aeroporto.

Ricardo Teixeira não foi à CBF ontem. Luís Gustavo Viveiros de Castro, diretor da entidade, disse que a seleção "trouxe excesso de bagagem, excesso de garra, excesso de alegria. Esses dois últimos representam muito mais".

Carga equivale a 365 TVs

22/7/1994

Os jogadores e a comissão técnica levaram aos EUA o sonho do tetra e duas toneladas de bagagem. Voltaram com a taça e impressionantes 17 toneladas.

O "voo do tetra" trouxe 15 toneladas extras de TVs, equipamentos de som, microcomputadores e outros objetos de desejo da delegação brasileira.

O peso dessas compras, descarregadas pelo DC-10 da Varig na madrugada da última quarta-feira, equivale ao de 365 TVs (de 29 polegadas) ou 131 geladeiras (de 467 litros).

É como se cada um dos 95 passageiros (jogadores, comissão técnica e convidados) trouxesse 3,85 TVs ou 1,38 geladeira.

Toda a carga do "voo do tetra" passou pela alfândega do Aeroporto Internacional do Rio de Janeiro sem o pagamento de imposto.

As compras dos tetracampeões não se limitaram, porém, a essas 15 toneladas. Essa carga não inclui os equipamentos de cozinha adquiridos pelo lateral-esquerdo Branco.

As compras de Branco não couberam no avião da seleção e vieram em outro voo. Foram as únicas retidas na alfândega.

A bagagem não foi liberada porque, pelo volume, devia ultrapassar a cota de US$ 500 permitida (acima desse valor, é cobrado o imposto de importação).

130 Contrabando da Copa

A Confederação Brasileira de Futebol (CBF) já entrou em contato com a alfândega do aeroporto do Rio para tentar liberar a bagagem do jogador. Até agora não teve sucesso.

Ronaldo

Nem todos os jogadores da seleção trouxeram quilos de TVs e videocassetes. O centroavante Ronaldo, 17, garante só ter comprado tênis e algumas roupas.

O atacante do Cruzeiro afirmou que considerou correta a liberação da bagagem.

"Eu concordo com a exceção que abriram para nós, porque a seleção batalhou bastante para conseguir o título", afirmou.

Ronaldo disse ter ouvido "conversa nos Estados Unidos" de que haveria liberação de bagagem. Ele não identificou quem teria dado a informação.

Procurador pede lista de compras à Receita
Segundo ele, a "sociedade precisa de uma explicação" sobre a liberação das bagagens da delegação brasileira

Procurador da República no Estado do Rio, Rogério Soares do Nascimento solicitou ontem à Receita Federal a lista de todos os bens que entraram no país com a delegação da CBF e seus respectivos donos.

Em ofício enviado ao superintendente da Receita Federal no Rio, Serafim Cipriano Pereira, o procurador dá prazo de cinco dias para o cumprimento da solicitação.

Nascimento quer ainda esclarecimentos sobre "os procedimentos adotados no desembaraço da referida bagagem". Segundo o procurador, "a sociedade precisa de uma explicação".

Nascimento disse que se for confirmada a participação de algum membro do primeiro escalão do governo — ministro ou presidente da República —, o caso irá para a Procuradoria-Geral da República, em Brasília.

"Há versões desencontradas sobre o fato e tomamos uma medida cautelar para apurá-lo", disse o procurador, que decidiu enviar a solicitação após ler o noticiário dos jornais sobre a chegada da seleção brasileira.

Se não for confirmada a participação do primeiro escalão do governo na liberação, poderá ser aberta uma sindicância administrativa ou até processo por crime de prevaricação ou facilitação.

No caso de envolvimento apenas de funcionários da Receita no Rio, o processo será distribuído para um dos procuradores da República no Rio.

A assessoria da Receita Federal no Rio disse que o pedido de esclarecimentos da procuradoria não havia sido recebido até as 18h.

Sindifisco

O Sindifisco (Sindicato Nacional dos Auditores Fiscais do Tesouro Nacional) entrou ontem com uma representação junto à Procuradoria-Geral da República solicitando a abertura de inquérito para apurar responsabilidades na liberação das bagagens.

Bagagem não foi controlada

Fernando Rodrigues

23/7/1994

A bagagem da seleção brasileira foi embarcada para o Brasil sem qualquer tipo de controle ou nota fiscal.

Jogadores, membros da comissão técnica e convidados do voo simplesmente escreviam seus nomes nas malas e nas caixas que seriam despachadas.

A *Folha* apurou que as bagagens começaram a ser enviadas para o aeroporto com quatro dias de antecedência à partida.

No dia 18, quando a Seleção retornou, apenas dois caminhões e seis caminhonetes foram usados para transportar bagagem a partir do hotel da seleção.

Ainda no dia 18, um terceiro caminhão foi usado. Mas veio de um destino ignorado, também levando bagagens para o voo. Essa informação foi apurada pela *Folha* junto a funcionários do aeroporto de Los Angeles.

O avião usado foi um DC-10. A empresa proprietária do avião, a Varig, não etiquetou as bagagens. As caixas e malas foram apenas colocadas no voo com as identificações feitas pelos passageiros.

O prefeito de Los Gatos, Randy Attaway, por exemplo, tinha seis malas apenas marcadas com seu nome escrito sobre fita crepe.

Seleção trouxe 17 toneladas

A seleção voltou ao Brasil com 15 toneladas a mais de bagagem do que a levada para a Copa dos EUA. O peso das mercadorias somadas equivale a 365 aparelhos de televisão de 29 polegadas ou 131 geladeiras de 467 litros.

A Varig, empresa que fretou o avião para a equipe, permite que cada passageiro traga, no máximo, 32 quilos. Acima disso, paga uma taxa que varia com o excedente.

A carga do voo da seleção brasileira foi liberada na alfândega do Aeroporto Internacional do Rio de Janeiro, isenta do pagamento do imposto de importação. Brasileiros que retornam do exterior podem trazer equipamentos no valor de até US$ 500 dólares sem taxação.

As compras do jogador Branco, basicamente equipamentos de cozinha, não couberam no "voo do tetra" e vieram em outro avião.

A CBF entrou em contato com a alfândega para tentar liberar a bagagem do jogador, mas ainda não teve sucesso.

O caso abriu uma crise em Brasília, com o pedido de demissão do secretário-geral da Receita Federal, Osiris Lopes Filho, indignado por ter sido impossibilitado de cumprir a lei.

Hargreaves intercedeu para liberar bagagem da seleção
Ministro foi único funcionário do Planalto
a conversar com Osiris

Josias de Souza

24/7/1994

Foi Henrique Hargreaves, ministro-chefe do Gabinete Civil da Presidência, quem telefonou para Osiris Lopes Filho para pedir a liberação da delegação da seleção brasileira, que estava com a bagagem retida na alfândega do Aeroporto do Galeão, no Rio.

Na última sexta-feira, em entrevista coletiva, Osiris afirmou ter recebido telefonema de pessoa que dizia representar o presidente Itamar Franco.

Segundo Osiris, essa mesma pessoa pediu que a bagagem da delegação brasileira não fosse submetida a fiscalização. Osiris negou-se a revelar o nome do interlocutor.

A *Folha* apurou que Hargreaves foi o único funcionário do Planalto a conversar com Osiris na noite de terça-feira, quando surgiu o problema da superbagagem da seleção.

Ontem, confrontado com a informação, Osiris reconheceu ter recebido o telefonema de Hargreaves. Tentou, porém, minimizar a polêmica. "Ele apenas perguntou que providências eu tinha tomado", disse.

O próprio Hargreaves admitiu, em diálogo com a reportagem da *Folha*, na quarta-feira, que havia conversado com Osiris. Negou, porém, que tivesse pedido a liberação da bagagem.

136 Contrabando da Copa

Chegou a fazer um comentário bem-humorado: "Se eu começar a pedir a liberação de bagagens, não farei outra coisa. Vão fazer fila na minha porta."

As declarações dadas por Osiris na sexta-feira, no Rio, lançam novas dúvidas sobre a efetiva participação do Palácio do Planalto no episódio.

Antes de ligar para Osiris, Hargreaves conversou com o presidente da República.

No diálogo com Hargreaves, Osiris disse que a bagagem da seleção seria inspecionada.

Ainda na condição de secretário da Receita, ele afirmou que a "bagagem acompanhada" (malas de mão) sofreria inspeção por amostragem.

Já a "bagagem desacompanhada" (grandes volumes) seria integralmente inspecionada.

Osiris chegou a fazer comentários sobre a exuberância da bagagem do jogador Branco, que trouxe dos EUA equipamentos suficientes para montar uma cozinha.

Depois da conversa com Hargreaves, antevendo problemas, Osiris desapareceu. Foi procurado uma vez mais pelo chefe do Gabinete Civil, que não mais o encontrou em casa.

Rubens Ricupero, ministro da Fazenda, também ligou duas vezes para sua casa. Mas Osiris só voltou de madrugada, à 1h30.

O secretário da Receita foi jantar fora, no restaurante japonês Mitsuba, localizado num dos hotéis chiques de Brasília, o Naohum.

Desde a última quinta-feira, irritados com a má repercussão do episódio, auxiliares diretos de Itamar responsabilizam Hargreaves pelo desgaste a que foi submetido o governo.

Hargreaves agiu a pedido do presidente da CBF (Confederação Brasileira de Futebol), que lhe telefonou do aeroporto do Rio.

Colaborou Gustavo Patú, da sucursal de Brasília

Hargreaves quer que CBF divulgue lista
Para ministro, crise pode começar a ser resolvida quando Ricardo Teixeira anunciar nomes e compras da comitiva

Tales Faria

25/7/1994

O ministro-chefe da Casa Civil, Henrique Hargreaves, cobrou ontem da CBF (Confederação Brasileira de Futebol) a divulgação da bagagem e dos nomes de todos os passageiros do voo que trouxe de volta ao Brasil a delegação brasileira na Copa do Mundo.

"Cabe ao presidente da CBF, Ricardo Teixeira, divulgar a lista de todo o material trazido no voo e os nomes de todos os passageiros", disse o ministro.

Segundo o piloto do avião, Henrique Cibulska, o voo trouxe 110 pessoas e 15 toneladas de carga, liberadas sem vistoria da alfândega e sem o pagamento de impostos.

Hargreaves disse que a divulgação da lista pela CBF seria o primeiro passo para solucionar a crise, que resultou no pedido de demissão de Osiris Lopes Filho, então secretário da Receita.

Ele negou que tenha sido o responsável pela liberação. "Pedi ao então secretário que os jogadores fossem liberados, mas a bagagem ficaria retida para verificação."

Hargreaves disse que — ao saber que a delegação não estava disposta a deixar a bagagem na alfândega para conferir no dia seguinte — telefonou para o ministro da Fazenda, Rubens Ricupero. "Entreguei o caso a ele."

"Se alguma pessoa disser que eu pedi a liberação da bagagem, entrego o meu cargo", afirmou o ministro. Osiris também afirma que Hargreaves só lhe pediu para acelerar a liberação dos jogadores, sem a bagagem.

A liberação foi assumida pelo chefe de bagagem do aeroporto, Bélson Martins Pureza, em conversa telefônica com o ministro da Fazenda, Rubens Ricupero.

Foi em conversa telefônica na madrugada de quarta-feira com outro integrante do Palácio — o ministro-chefe da Secretaria Geral da Presidência, Mauro Durante — que Osiris selou sua demissão.

A bagagem já havia sido liberada, quando Durante teria dito a Osiris que fora "preocupação" do presidente Itamar Franco "liberar a mercadoria logo". Osiris respondera: "Isso deixa claro que existem concepções diferentes para o mesmo problema."

Segundo Hargreaves, Itamar "não pediu a ninguém a liberação da bagagem. Ele estava preocupado apenas em agilizar a saída dos jogadores do aeroporto".

Cobrança de imposto depende da CBF
Receita Federal não tem relação dos produtos trazidos no voo da seleção e espera que entidade forneça lista

26/7/1994

O ministro da Fazenda, Rubens Ricupero, conta apenas com a boa vontade da presidência da CBF (Confederação Brasileira de Futebol) para obter uma listagem dos produtos que foram comprados pela delegação brasileira nos EUA.

Os produtos não foram fiscalizados pela Receita ao serem desembarcados no Aeroporto Internacional do Rio, e os impostos não puderam ser cobrados.

Com essa eventual lista, o Ministério da Fazenda pretende iniciar os procedimentos para cobrar os impostos devidos. A Receita estima o débito em US$ 1 milhão.

A equipe de Ricupero reconhece reservadamente que não tem mais condições de cobrar o imposto exato.

Na prática, a cobrança de imposto com base numa eventual lista de compras apresentada pela CBF teria a função apenas de tentar o corrigir o estrago provocado no governo com a saída de Osiris Lopes Filho da Receita.

140 Contrabando da Copa

A equipe espera que o desgaste popular sofrido pela seleção ao não permitir a vistoria dos fiscais da Receita, no Aeroporto Internacional do Rio de Janeiro, levará a CBF a produzir uma lista com as compras da delegação.

Apesar de a Fazenda saber que não conseguirá recuperar o valor exato do imposto, Ricupero designou comissão de sindicância para apurar o que aconteceu no desembarque da delegação.

De acordo com portaria do ministro publicada na edição de ontem do *Diário Oficial da União*, integram a comissão Joaquim Alfredo Soares Vianna (delegado da Delegacia de Administração da Fazenda no Rio), Serafim Cypriano Ferreira (Superintendente Regional da Receita no Rio) e Ditimar Sousa Britto (procurador-chefe do Gabinete da Procuradoria-Geral da Fazenda Nacional).

A comissão tem também como objetivo evitar uma rebelião na máquina da Receita em função da saída de Osiris Lopes Filho.

Quase uma semana depois do desembarque, o próprio ministro da Fazenda desabafa com assessores próximos que o governo errou ao liberar a bagagem da delegação.

Mesmo assim, Ricupero avalia que a CBF, com o apoio dos jogadores, criou tumulto e tornou impossível a fiscalização.

CBF

O supervisor técnico da seleção brasileira, Américo Faria, disse ontem que os membros da delegação estão dispostos a fornecer uma lista de tudo o que trouxeram dos Estados Unidos.

"Se formos solicitados, tenho certeza de que ninguém vai se negar. Isso é uma coisa individual, que para a CBF já é um assunto superado", afirmou.

Ele repetiu a informação de que ninguém da delegação se negou a passar na alfândega, apenas não aceitou que as bagagens só fossem retiradas no dia seguinte, como queriam os funcionários da Receita.

Segundo Faria, a CBF está tentando liberar uma carga de 13 sacos que também estão retidos. São 13 sacos, disse ele, com material de treinamento dos jogadores.

Durante

O ministro-chefe da Secretaria Geral da Presidência, Mauro Durante, negou ontem em Juiz de Fora qualquer envolvimento seu e do presidente Itamar Franco na liberação da bagagem da seleção brasileira.

"Não sei de quem é a responsabilidade, mas eu e o presidente não temos nada com isso", disse em Juiz de Fora (MG).

Lista de bagagem da CBF está incompleta

Humberto Saccomandi

30/7/1994

A lista parcial da bagagem do voo da Seleção brasileira, divulgada anteontem pela CBF, está incompleta. Faltam produtos vistos pela *Folha* nos EUA.

Além disso, a estimativa de peso dos itens relacionados pela CBF está muito abaixo da carga trazida pelo voo da Seleção.

Entre os produtos vistos pela *Folha* e que não constam da lista da CBF, estão uma impressora a laser (HP Laser Jet 4L) e uma fotocopiadora (Canon PC330L).

As caixas originais com esses equipamentos, embarcadas nos EUA, tinham escrito o nome do técnico Carlos Alberto Parreira.

A lista da CBF também omite produtos comprados pelo jogador Jorginho. Ele mesmo admitiu ter trazido um carrinho de bebê e um aparelho de ginástica.

Segundo uma estimativa feita pela *Folha*, os produtos listados pela CBF pesam no máximo cerca de 1.100 kg. O voo trouxe 15 toneladas de carga extra.

A lista divulgada pela CBF inclui 42 das 95 pessoas provenientes dos EUA que desembarcaram no aeroporto do Rio.

144 Contrabando da Copa

Pelo menos um produto da lista está subfaturado. Marco Antônio Teixeira, dirigente da CBF (e tio do presidente da entidade, Ricardo Teixeira), declarou ter comprado um computador Cyrix 486DXZ50 por US$ 129.

É impossível comprar qualquer computador por esse preço. Ainda mais um aparelho com as especificações descritas por Teixeira.

O dirigente, aliás, é um dos que mais produtos trouxeram dos EUA. Teve oito itens declarados.

Outros campeões de compras são a secretária de Ricardo Teixeira, Gláucia Feijó Fernandes, e o motorista da CBF, Odair Araújo Silva, com seis e sete itens listados, respectivamente.

Parreira, Branco e Bebeto pagam imposto à Receita
Jogadores e técnico regularizam situação dos produtos trazidos dos EUA

Fernanda da Escóssia

3/8/1994

Os jogadores Branco e Bebeto e o técnico Carlos Alberto Parreira pagaram à Receita Federal os impostos sobre os eletroeletrônicos que compraram nos EUA.

O inspetor da Alfândega no Aeroporto Internacional do Rio de Janeiro, Sylvio Sá Freire, disse que Bebeto pagou US$ 5.000, e Parreira, aproximadamente US$ 4.000.

Quem pagou mais, segundo Sá Freire, foi o lateral Branco: US$ 8.000. Ele trouxe eletrodomésticos para montar uma cozinha completa, entre eles geladeira e máquina de lavar.

Ontem, Branco esteve na sede da CBF (Confederação Brasileira de Futebol) e assinou um comprovante de pagamento dos impostos referentes à ultrapassagem da cota-limite de US$ 500. Ele não quis comentar o assunto.

A bagagem do lateral-esquerdo estava retida no aeroporto desde o dia 20 de julho. Suas compras não couberam no avião, vieram em outro voo e ficaram retidas até que ele pagasse o imposto.

O inspetor Sylvio Sá Freire deu entrevista à *Folha* por telefone. Ele não quis esclarecer como foi feito o pagamento e não forneceu as listas de bagagem dos jogadores.

Agora, a Alfândega quer obter a lista das compras embarcadas de cada um dos passageiros do voo. A Varig já informou que não tem esse tipo de lista.

Procurador da República no Rio, Rogério Nascimento enviou ofício à Varig pedindo a lista das bagagens embarcadas, o peso de cada volume e a identificação do proprietário.

Nascimento está investigando as responsabilidades dos funcionários da Receita e dos passageiros na liberação das bagagens.

Na Receita Federal, uma comissão de sindicância está apurando o caso. Funcionários da Varig, da Receita, da Infraero, e o presidente da CBF, Ricardo Teixeira, já foram ouvidos.

A liberação do pagamento de impostos de importação das compras feitas no exterior pelos integrantes do voo que trouxe a seleção causou uma crise que originou a saída de Osiris Lopes Filho da Secretaria da Receita Federal.

Teixeira diz que pagou à Receita

Para presidente da CBF, "é irrelevante o que os jornais escrevem" sobre o caso da bagagem

Mauro Tagliaferri

5/8/1994

O presidente da Confederação Brasileira de Futebol, Ricardo Teixeira, disse ontem em São Paulo que pagou as taxas relativas às mercadorias que trouxe dos EUA.

No Rio de Janeiro, a CBF informou que foram pagos R$ 34 mil à Receita Federal, referentes aos impostos sobre a bagagem da seleção (leia texto abaixo).

"Já está pago desde ontem (quarta-feira)", disse Teixeira, ao ser indagado se procuraria a Receita Federal para efetuar o pagamento das taxas de importação.

Segundo uma lista divulgada pela CBF, Teixeira trouxe uma sela e uma geladeira de plástico não elétrica ao retornar da Copa do Mundo, nos EUA.

O voo que conduziu a delegação brasileira, além de convidados da CBF, de volta ao país continha 17 toneladas de bagagem.

A bagagem, porém, foi liberada sem passar pela alfândega. Portanto, a Receita Federal deixou de recolher as tarifas referentes aos produtos importados nela contidos.

148 Contrabando da Copa

Depois, a Justiça do Rio de Janeiro determinou que todos os integrantes do voo fossem investigados, para que pagassem as taxas.

O técnico Parreira e os jogadores Branco e Bebeto foram à Receita Federal e efetuaram o pagamento referente a suas bagagens.

Ontem à tarde, foi a vez do presidente da CBF afirmar que está quite com a Receita.

Teixeira se mostrou irritado com a cobrança da imprensa em relação à bagagem da seleção. "É irrelevante o que os jornais escrevem. O que vale é o povo, que nos recebe com carinho", afirmou.

O dirigente compareceu a um almoço promovido pela Sharp num restaurante nos Jardins (Zona Oeste de São Paulo) para presentear os tetracampeões mundiais.

Cada jogador da seleção ganhou um televisor de 29 polegadas. O grupo todo recebeu também R$ 300 mil, ou R$ 100 mil por gol marcado na final da Copa.

O capitão da seleção, o volante Dunga, representou os jogadores. Também compareceram Zetti, Mazinho, Viola e Cafu, que apareceu no final do almoço.

Dunga entregou uma camisa da equipe brasileira ao presidente do Conselho de Administração da Sharp, Matias Machline.

Também agradeceu uma carona que o empresário deu à seleção em seu avião particular antes da partida contra o Uruguai, durante as eliminatórias da Copa.

Ao contrário de Ricardo Teixeira, os três jogadores afirmaram que não têm nada a acertar com a Receita Federal.

"Não pago nada porque não ultrapassei a cota de importação e tenho as notas fiscais de tudo o que eu trouxe", disse Mazinho.

De acordo com a lista da CBF, o meia comprou nos EUA uma casinha para crianças, no valor de US$ 290. Para Mazinho, o episódio da bagagem ganhou uma dimensão inesperada. "São atitudes que nos surpreendem", declarou.

Também o goleiro Zetti afirmou que não ultrapassou sua cota. "Minha casa está aberta à Receita Federal. Se precisar, tenho as notas fiscais de tudo", disse.

O volante Dunga, que joga no Stuttgart (Alemanha), fez coro. "Eu já moro na Europa, não preciso comprar nada no exterior", declarou o jogador.

O atacante Viola, por sua vez, disse que trouxe um aparelho de fax, alguns CDs e roupas, as quais ganhou de presente, dos EUA. "Se quiserem me chamar, podem chamar. Estou tranquilo", disse.

Em relação ao prêmio que os brasileiros ganharam, o capitão Dunga afirmou que os R$ 300 mil serão distribuídos por toda a delegação do Brasil e não apenas entre os 22 jogadores.

As contas da CBF

SÉRGIO RANGEL nasceu em Inhaúma, subúrbio do Rio, em 1971. Depois de trabalhar como balconista de farmácia, ele ingressou no jornalismo como estagiário da assessoria de imprensa do Maracanã em 1993. De lá, foi trabalhar na sucursal do Rio do jornal *O Estado de S. Paulo* em 1995, onde começou a fazer a cobertura da CBF e do futebol carioca. Em 1997, passou a ser repórter para a sucursal do Rio da *Folha de S. Paulo*. Desde então, já participou da cobertura de duas Copas do Mundo, trabalhou em mais de 20 países como enviado especial e ganhou três prêmios Folha com matérias sobre futebol.

JUCA KFOURI é paulistano e nasceu em 1950. Formou-se em ciências sociais pela USP, mas acabou enveredando pelo jornalismo. Foi diretor das revistas *Placar* e *Playboy*, comentarista esportivo do SBT e da Rede Globo, participou do programa Cartão Verde, na Rede Cultura, e apresentou o Bola na Rede, na RedeTV. Foi colunista dos jornais *Lance!* e *O Globo*. Teve ainda, na CNT, o programa *Juca Kfouri ao vivo*. Atualmente apresenta um programa na Rádio CBN, participa do *Linha de Passe*, na ESPN-Brasil, é colunista da *Folha de S. Paulo* e mantém um blog na UOL. Pela reportagem contando os detalhes do contrato da CBF com a Nike, ganhou o Prêmio Folha, em 1999.

Contas da CBF

Sérgio Rangel

A série de matérias sobre o escandaloso prejuízo da CBF no ano da Copa do Mundo de 98 começou a quicar na minha frente uma semana antes da publicação da primeira reportagem. Uma fonte da CBF me contou que o balanço da entidade registraria um rombo vergonhoso.

Na época, os jornais não tinham o hábito de revirar as contas da confederação, que funcionava quase como uma caixa preta. Nenhuma lei obrigava a publicação dos balanços e nenhum cartola queria mexer nesse assunto temendo desagradar o presidente da CBF, Ricardo Teixeira.

O dirigente gostava de falar apenas dos seus méritos esportivos e alegava sempre que a entidade não era pública e que só tinha que dar explicações das suas finanças aos presidentes das 27 federações que o elegeram.

Na semana anterior, Alfredo Nunes, que substituía Teixeira, fez a assembleia geral da entidade com as federações pela manhã, aprovou as contas e foi embora sem dar declarações. Os seus eleitores fizeram o mesmo. Todos sabiam detalhes do balanço, mas se recusavam a falar a respeito da contabilidade da confederação. A caixa preta continuava fechada e minha desconfiança aumentava.

No final de semana, a coluna "Panorama esportivo", de O Globo, mostrou que eu estava no caminho certo. Em uma nota curtíssima, informava apenas que a CBF teve prejuízo.

154 As contas da CBF

Na segunda-feira, fui cedo para a porta do antigo prédio da entidade, na Rua da Alfândega, no Centro do Rio. Queria ser o primeiro jornalista a entrar lá. No edifício, que só abria às 13 horas, conhecia quase todas as salas e funcionários. Como gostava de pesquisar nos livros antigos da confusa e escondida biblioteca da CBF, sabia que o balanço estaria lá.

A cada ano, a entidade editava um relatório de quase mil páginas, que tinha toda a movimentação das diretorias — números de transferência de atletas, nomes, clubes, países, fichas dos jogos da seleção, além dos seus balanços financeiros.

Chegando na biblioteca, os funcionários se assustaram. Afinal, os jornalistas só costumavam aparecer depois das 15 horas. Dei um exemplar da Folha de S. Paulo *para eles lerem e comecei a procurar o relatório. Não demorou muito, achei a papelada. Peguei outros três livros sobre jogos da seleção e pedi a liberação para copiar parte dos quatro livros numa papelaria em frente.*

Só abri o relatório na papelaria. Quando consegui ler, não acreditei. O balanço registrava um prejuízo de mais de R$ 15 milhões, logo no ano em que a CBF recebeu milhões da Fifa pela campanha da seleção no Mundial da França.

Voltei rápido para o prédio da confederação, devolvi os livros e corri para a redação. Lá, comecei a ver os números em detalhes, dei os retornos para os meus chefes e fui procurar contadores experientes para me ajudar a interpretar os números. Liguei para o assessor da CBF informando que tinha obtido o balanço. Ele ficou surpreso e pediu um tempo para localizar algum dirigente para comentar o assunto. Teixeira estava de licença desde setembro por ter caído do cavalo em sua fazenda.

Com a dificuldade em fechar a apuração e a pressão da CBF para dar uma resposta no dia seguinte, decidimos segurar a matéria.

Os números eram muito fortes. Antes de declarar o prejuízo de R$ 15 milhões em 1998, a CBF lucrou anos seguidos. A entidade alegava que, *somente na operação Copa, teve um prejuízo de mais de R$ 7 milhões, arrecadando apenas R$ 3 milhões com o torneio. O valor divulgado pela CBF não batia com a premiação que seria dada pela Fifa. No sorteio do Mundial, em 1997, a entidade mundial anunciou que pagaria US$ 6,3 milhões aos finalistas.*

Do lado da CBF, os dirigentes silenciavam. Teixeira se recusava a comentar. Alegava que estava de licença. Nunes dizia que se preocupava com a tabela da Copa do Brasil. Somente um dirigente comentou o assunto, mas pediu para não ser identificado. Constrangido, ele admitia o prejuízo, mas dizia que as contas foram aprovadas por uma consultoria e pela assembleia.

No dia seguinte, o prejuízo da CBF causou escândalo. Saí na frente mais uma vez com a suíte do caso: uma das patrocinadoras da seleção, à época, a Coca-Cola, revelou também outro conflito no balanço. A empresa informou que repassara R$ 4,8 milhões à confederação, enquanto o balanço da entidade registrava um valor menor: R$ 4,08 milhões.

Logo depois, publicamos outra matéria que mostrava novas discrepâncias nos números da contabilidade da CBF. No balanço, a entidade disse ter gastado mais nos torneios realizados com comunidades carentes do Rio do que com o Campeonato Brasileiro.

Como consequência dessas reportagens, a Receita Federal decidiu investigar as contas da CBF. Pressionado, Teixeira interrompeu sua licença. Oito dias depois da publicação da primeira matéria, ele deu uma coletiva na sede da entidade. Sem querer responder às minhas perguntas, o dirigente entrou em contradição duas vezes com o próprio balanço da CBF. Acuado, interrompeu a coletiva sem dar mais explicações.

Dias depois, Juca Kfouri publicou todos os detalhes do contrato da CBF com a Nike, outro acordo que era mantido em sigilo nos bastidores do futebol brasileiro. As duas séries de reportagens ganharam o Prêmio Folha no primeiro bimestre de 1999.

156   As contas da CBF

No ano seguinte, a Câmara dos Deputados aprovou a abertura de uma CPI da CBF, que quebrou o sigilo do dirigente e revelou uma série de problemas na administração da entidade. Logo depois, todos os clubes e entidades esportivas foram obrigados, por lei, a publicar anualmente seus balanços financeiros.

Traição à fonte jamais

Juca Kfouri

Passei mais de um ano atrás do contrato da CBF com a Nike. Alguma coisa me dizia que, se não tivesse nada de extraordinário, a CBF não o esconderia tanto. A resposta da CBF era sempre a mesma: o contrato está registrado em cartório. Mas como saber em qual, entre tantos? Até que, um dia, alguém me manda uma cópia do que seria o contrato e diz que ele estava no cartório X, no Rio, em inglês e português. Estava mesmo. O gozado é que, na verdade, o contrato estava, também, com a Comissão de Esportes da Câmara dos Deputados havia tempos, local em que ninguém tinha ido procurá-lo e que mesmo os deputados não sabiam, por não darem maior importância.

Bem, o resto da história é conhecido. A Nike tinha feito a parte dela e exigido o diabo a quatro, porque sabia com quem estava lidando. Tratou de preservar seus direitos. E a publicação do contrato revelou a verdadeira razão de a CBF não querer que ele viesse à luz: tinha entregue os anéis, os dedos e a sua soberania sobre a seleção brasileira.

Se eu contar quem foi o alguém que fez o contrato chegar às minhas mãos, causaria uma crise ainda hoje, porque é uma figura que, de inimigo figadal de Ricardo Teixeira, hoje é amigo de cama e mesa do cartola. Mas seria uma traição à fonte que um jornalista não tem o direito de cometer, nem mesmo quando a dita cuja merece.

CBF tem prejuízo de 15 milhões em 98
Balanço oficial registra primeiro déficit no terceiro mandato de Ricardo Teixeira à frente da entidade

Sérgio Rangel

Folha de S. Paulo, 27/1/1999

A CBF (Confederação Brasileira de Futebol) teve um prejuízo de R$ 15.117.687,90 em 1998. De acordo com documentos oficiais do Departamento de Finanças da entidade, a CBF arrecadou R$ 28.245.589,43 e teve uma despesa total de R$ 43.363.277,33 no ano em que o Brasil foi vice-campeão na Copa do Mundo da França.

Foi o primeiro balanço com prejuízo do terceiro mandato do presidente da entidade, Ricardo Teixeira, que teve início em 1995. Antes de declarar o prejuízo de R$ 15.117.687,90 em 98, a CBF lucrou nos três anos anteriores do terceiro mandato de Teixeira. Em 1997, teve um lucro de R$ 1.628.541,48. Em 1996, fechou o ano com um resultado positivo de R$ 6.098.879,75. Em 1995, o superávit fora de R$ 2.829.186,73.

Os números de 98, aprovados pela Assembléia Geral da CBF no início deste ano, entram em choque com o suposto sucesso administrativo alardeado por Teixeira.

O dirigente, que vai tentar se reeleger este ano, usa o que diz ser uma boa situação dos cofres da entidade como trunfo eleitoral.

160 As contas da CBF

Neste mês, Teixeira editou uma fita para falar sobre a pretensa saúde financeira da CBF.

Na prestação de contas, também aprovada pelo diretor do Departamento de Finanças da entidade, José Carlos Salim, a CBF alega que, somente com a operação Copa do Mundo, teve um prejuízo de R$ 7.338.030,03. No documento, o departamento afirma que a CBF gastou R$ 10.741.030,00 e arrecadou apenas R$ 3.403.000,00 com o torneio, sem detalhar os valores com cada desembolso específico.

O valor arrecadado pela CBF não bate com a premiação que seria dada pela Fifa, entidade máxima do futebol mundial, aos finalistas da competição. No sorteio da Copa do Mundo, em 97, a entidade anunciou que pagaria US$ 6,3 milhões aos finalistas.

De acordo com a CBF, houve outro prejuízo em 1998: nos amistosos da seleção. A entidade teve uma despesa de R$ 3.314.061,38, obtendo R$ 2.137.880,00 de retorno. O prejuízo foi de R$ 1.176,181,38, segundo a entidade.

Foram arrecadados R$ 2.301.218,95 com os direitos de transmissão das partidas amistosas no ano passado.

Nos documentos, a CBF declara que gastou com representações oficiais R$ 1.361.918,29. Não foi especificado que tipo de "representação" consumiu a verba.

Em 98, a entidade comandou, sem sucesso, um lobby em Brasília contra a aprovação da Lei Pelé. Na cidade, a CBF mantinha uma casa, onde promovia festas com dirigentes esportivos e parlamentares.

Outro lado
Teixeira não se pronuncia

O presidente da CBF, Ricardo Teixeira, recusou-se a falar sobre o prejuízo da entidade em 1998. Afastado do cargo desde setembro do ano passado em virtude de uma fratura na perna, o dirigente foi procurado pela *Folha*, por meio de sua assessoria de imprensa, que disse que Teixeira não iria comentar o assunto.

O presidente interino da CBF, Alfredo Nunes, também não quis comentar o prejuízo de 98.

Em entrevista concedida à *Folha*, por telefone, Nunes alegou que estava fechando a tabela da Copa do Brasil e não teria tempo para falar sobre o assunto.

Minutos depois, Nunes entrou em contato com a *Folha*, por telefone, e indicou um dos dirigentes da entidade para esclarecer o assunto. O dirigente, que não quis ter o seu nome revelado, admitiu o prejuízo. Ele disse que a entidade gastou muito mais do que arrecadou em 98, mas tinha caixa para cobrir o déficit.

Segundo o dirigente, não houve nenhuma irregularidade na prestação de contas. Ele disse que o relatório fora aprovado pelo Conselho Fiscal, pela empresa de consultoria contratada pela CBF (P & Y Contax) e pela Assembleia Geral da entidade, realizada no início do ano.

Contrato dá a Nike poder sobre a CBF
Maior contrato do esporte brasileiro com uma multinacional impede a seleção de escolher seus adversários

Juca Kfouri

31/1/1999

A Confederação Brasileira de Futebol cedeu parte de seu controle sobre a seleção brasileira ao assinar contrato com a Nike em 1996.

Pelo instrumento, a principal equipe de futebol do mundo não pode mais escolher seus adversários apenas de acordo com o planejamento da comissão técnica.

A *Folha* obteve uma cópia em português do maior contrato de patrocínio da história do esporte brasileiro.

Pelo item 8.4 do acordo, a Nike vai escolher o adversário do Brasil em 50 amistosos ao longo dos dez anos de parceria. A CBF só tem poder real sobre a data dos jogos, não sobre os oponentes.

Esse é apenas um dos pontos do contrato de dez anos entre a entidade dirigente do futebol no país e a maior empresa de material esportivo do mundo, que vai vigorar até o final de 2006, ano em que o Brasil pretende organizar pela segunda vez uma Copa do Mundo.

Segundo o mesmo item, a seleção terá que fazer, em 1999, pelo menos cinco amistosos organizados pela patrocinadora, pois no ano passado realizou apenas três (Alemanha, Athletic Bilbao e Equador).

164   As contas da CBF

Está determinado ainda que nos jogos organizados pela Nike terão de estar presentes oito titulares.

Ou seja, nos amistosos "técnicos" (diferentemente dos da Nike, que são "promocionais"), em que poderá escolher o adversário da seleção, o técnico Wanderley Luxemburgo não deverá ter em campo seus principais jogadores.

Segundo regulamentação da Fifa, as seleções só podem requisitar atletas que atuam no exterior em cinco amistosos por ano.

Além disso, como a seleção principal, pelo contrato, terá de atuar nesses jogos, a preparação da seleção pré-olímpica corre o risco de ser comprometida.

Mais: nos amistosos da Nike, a CBF não recebe um centavo e ainda tem de pagar as diárias dos jogadores e da comissão técnica.

Mas a maior ingerência da empresa está nos jogos que ela não organiza. Pelo contrato, a CBF concorda em não disputar amistosos na Europa, nos EUA, no Japão e na Coreia do Sul, caso a Nike "pretenda marcar" no respectivo local um de seus amistosos daquele ano.

Por exemplo, a seleção teria que deixar de enfrentar a Alemanha em fevereiro, caso a Nike planejasse um amistoso contra esse país no final daquele ano.

Diferentemente do que alardeou seu presidente, Ricardo Teixeira, ao anunciar a assinatura do contrato no final de 1996, a CBF não irá receber US$ 220 milhões pelos dez anos de parceria. O total é de US$ 170 milhões, mais o fornecimento de material esportivo e o pagamento de parte das despesas com transporte e hospedagem.

Desses US$ 170 milhões, US$ 10 milhões foram para a Umbro, cujo contrato com a CBF foi rompido para a entrada da Nike.

Para se chegar aos US$ 220 milhões citados por Teixeira, é preciso adicionar US$ 43 milhões, que só serão pagos à CBF se ela renovar o contrato. E esse valor nem ao menos serve como luvas para a renovação.

É, isso sim, um valor mínimo que a entidade receberia por mais quatro anos de parceria.

Outro ponto que não existe no contrato é o de que a Nike bancaria a construção da nova sede da CBF, como Teixeira sempre anunciou.

A sede e até mesmo sua localização, na Barra da Tijuca, estão previstas, mas a única obrigação da empresa é "ajudar no projeto". Em contrapartida, os direitos dela vão de um escritório no interior na sede até uma loja na saída do futuro museu da CBF, disposta de tal maneira que os visitantes sejam obrigados a atravessá-la.

Um dos pontos obscuros do acordo Nike-CBF é o quanto recebe a empresa de marketing esportivo Traffic, qualificada como "titular de certas marcas registradas e outros direitos de propriedade pertencentes à CBF".

O texto especifica apenas que isso é assunto entre a CBF e a Traffic, cujo dono oficial é J. Hawilla e cujo sócio oculto, segundo o vice de futebol do Vasco, Eurico Miranda, seria o próprio Teixeira.

Outras cláusulas do contrato deixam a CBF com pouco poder para buscar novos patrocinadores.

Se por acaso quiser arrumar um substituto para a Coca-Cola, terá de dar preferência à Nike, e, se esta recusar, terá de apresentar o novo parceiro no mínimo um ano antes do final do contrato com o patrocinador.

Se um dia quiser se livrar da Nike, vai ser muito mais difícil. Primeiro, só pode começar a procurar um novo parceiro se a Nike recusar seu pedido mínimo. Segundo, isso só pode acontecer no último ano de contrato.

Por último, a CBF não pode assinar com nenhum outro fornecedor por um valor que a Nike esteja disposta a pagar, mesmo que espere o final do contrato.

Colaboraram Marcelo Damato e Roberto Dias

Receita Federal deve investigar a CBF

6/2/1999

A Receita Federal poderá investigar a CBF (Confederação Brasileira de Futebol) pelo prejuízo de cerca de R$ 15 milhões declarado pela entidade em 1998.

A *Folha* apurou que integrantes da Receita Federal em Brasília estudam fazer uma devassa nas contas da entidade.

A decisão da Receita deverá ocorrer antes do final de fevereiro. Em janeiro, a CBF declarou um prejuízo de R$ 15.117.687,90 em 98, ano em que a seleção brasileira foi vice-campeã mundial.

Na prestação de contas, existe uma série de valores que não foi explicada pela entidade. De acordo com documentos do Departamento de Finanças da CBF, o valor pago pela Fifa à entidade pela disputa da Copa do Mundo foi de R$ 3.403.000,00.

Na entrevista concedida anteontem pelo presidente da CBF, Ricardo Teixeira, o dirigente afirmou que a cota paga pela Fifa foi de cerca de US$ 5 milhões. Na ocasião, ele também não esclareceu os R$ 5.138.627,92 gastos pela entidade em 98 como "auxílios eventuais", conforme declarou o Departamento de Finanças.

Teixeira também não quis falar sobre os cerca de R$ 250 mil recebidos pela entidade para publicidade estática nos amistosos da seleção no ano passado. O valor é menor do que a cota recebida pela Suderj,

168   As contas da CBF

órgão responsável pela administração do Maracanã, para os jogos do Torneio Rio-São Paulo.

Na declaração do Departamento de Finanças da entidade, a CBF disse que gastou cerca de R$ 700 mil para realizar dois torneios entre comunidades carentes do Estado do Rio. O valor é superior às despesas da CBF para a realização do Brasileiro-98, principal competição do futebol nacional.

Ontem, a prestação de contas, que era pública, segundo Teixeira, teve seu acesso vedado à imprensa.

Procuradoria recebe ação contra contrato CBF-Nike

Marcelo Damato

O deputado federal Aldo Rebelo (PCdoB-SP) entrou ontem à tarde com uma representação na Procuradoria da República para que ela investigue o contrato entre a CBF e a Nike.

A representação foi motivada pela revelação do conteúdo do contrato pela *Folha*, no domingo. A reportagem mostrou que a CBF cedeu parte do seu poder sobre a seleção brasileira de futebol à multinacional de material esportivo em troca de um contrato de US$ 170 milhões por dez anos.

Rebelo disse também que vai pedir à Câmara dos Deputados que convoque o presidente da CBF, Ricardo Teixeira, para explicar o contrato. A convocação poderá dar origem ao pedido de formação de uma CPI do caso.

Rebelo afirma que o contrato CBF-Nike contraria a Lei 9615/98 (Lei Pelé), que regulamenta o esporte nacional, em quatro artigos e que "existem fortes indícios de comprometimento ao patrimônio público e social".

O artigo 4º, por exemplo, estabelece que "a organização desportiva do país... integra o patrimônio cultural brasileira e é considerada de elevado interesse social". Segundo o deputado, esse artigo permite a investigação do contrato da CBF, que pela lei é uma entidade de direito privado.

O pedido baseia-se ainda no artigo 2º, que trata dos princípios fundamentais do desporto.

Segundo ele, o contrato não respeita os princípios de soberania, autonomia, identidade nacional, qualidade e eficiência.

Ao ser confrontado com a opinião de que o item sobre autonomia poderia ser usado pela CBF como argumento para ter assinado o contrato, Rebelo retrucou: ""Na minha opinião, o aspecto da autonomia foi quebrado, porque a CBF tem autonomia para fazer o que quiser em relação à seleção brasileira, menos abrir mão dela."

A petição foi entregue por assessores do deputado ao procurador-chefe da Procuradoria da República no Distrito Federal, Luis Augusto Santos Lima.

A *Folha* procurou a CBF, por meio de sua assessoria, mas não obteve resposta até o fechamento desta edição.

Gatos em campo

Gatos em campo:
Assim sumiram três anos

MARCEU VIEIRA é jornalista e compositor. Nasceu em 1962, em Nova Iguaçu, na Baixada Fluminense. Em 1986, formou-se em Comunicação Social pela Universidade Federal Fluminense. Trabalhou na *Tribuna da Imprensa*, no *Jornal do Brasil*, nas sucursais cariocas das revistas *Veja* e *Época*, e, desde 2002, é assistente de Ancelmo Gois em sua coluna em *O Globo*. Tem no currículo um Prêmio Embratel (edição 2000-2001) pela reportagem "Assim sumiram três anos" (*Época*) e um Prêmio Esso (1988) pelo caderno "O Rio de Machado de Assis" (*Jornal do Brasil*). É autor de *Nada, não e outras crônicas* (Mauad, 1999); *Bip Bip, um bar a serviço da alegria* (Bip Bip Editorial, coautoria com Francisco Genu e Luís Pimentel, 2002); *Betinho, no fio da navalha* (Revan, coautoria com Emir Sader, Fernando Molica, Franklin Martins e Sueli Caldas, 1996); e *Jornalistas que valem mais de 50 contos* (Casa Jorge Editorial, coletânea de 50 autores, 2006). Na música, tem composições gravadas por artistas como Nilze Carvalho, Ana Costa, Mariana Baltar, Luciane Menezes, Lúcio Sanfilippo e Ernesto Pires, identificados com a Lapa carioca.

"Quantos anos você tem?"

Marceu Vieira

Quando a revista Época *se propôs a publicar uma reportagem de capa sobre o escândalo que envolvia Wanderley Luxemburgo, até ali Wanderley com "w" e "y", coube a mim a tarefa mais amena da apuração. A dois colegas, um do Rio, como eu, e outro de São Paulo, caberia a investigação pesada das supostas transações denunciadas pela ex-secretária do técnico. Minha tarefa era recontar sua vida, sua trajetória, sua história de menino pobre em Tinguá, distrito de Nova Iguaçu, na Baixada Fluminense, até se tornar o treinador de futebol mais bem pago do país e comandante da seleção brasileira.*

Organizei um roteiro que começava pelo Botafogo, clube em que o jogador Wanderley com "w" e "y" chegara ainda menino e de onde saiu para os juvenis do Flamengo. Mas lá não havia qualquer registro da sua passagem. O fato me causou estranheza. Por que o Botafogo não teria guardado os registros do ex-jogador mediano, mas agora técnico vencedor e ilustre? Rumei para o Flamengo, onde encontrei farto histórico do adolescente Wanderley. Seu primeiro contrato pelos profissionais, quantos gols marcou, quando estreou no time principal e... seu nome de batismo e sua data de nascimento.

Chamaram minha atenção a grafia do nome e a data de nascimento. Cabe aqui um parêntese. Wanderley com "w" e "y" estava na crista da onda.

176   Gatos em campo

Ele tinha até um site com design moderno, que abastecia de informações atualizadas quase diariamente. Antes de deixar a redação, eu tinha dado uma olhada no site e imprimido a página com seus dados pessoais. Fecha parêntese.

A folha impressa do site com os dados pessoais estava na minha mão no momento em que eu folheava o histórico de Wanderley com "w" e "y" na salinha do departamento de futebol do Flamengo. A data de nascimento em seu registro no Flamengo era diferente da que constava no site. Bem como seu nome de batismo, que, pelos arquivos do Fla, era Vanderlei com "v" e "i".

Liguei para a redação e pedi mais tempo para investigar o que acreditava ser um flagrante delito de "gato" — o que, em futebolês, quer dizer "atleta que falsifica a certidão de nascimento para passar por mais novo e poder jogar entre garotos de menos idade". A fraude aumenta significativamente as chances no início da profissão.

Para um treinador que pouco antes reprovara o jogador Sandro Hiroshi, do São Paulo, por ter falsificado a idade, e avisara que não toleraria "gatos" na seleção olímpica, a descoberta ganhava mais importância.

Mas eu tinha só um indício, não uma prova. O jeito seria reconstruir toda a vida do Vanderlei com "v" e "i" até chegar ao momento em que se tornara Wanderley com "w" e "y". Entrevistei dezenas de amigos seus de infância. Primeiro, em Tinguá e, depois, em Turiaçu, no subúrbio do Rio, onde também morou. Visitei sua primeira escola, fui reunindo mais indícios da falsificação da idade, mas ainda faltavam as duas certidões.

Durante vários dias, percorri uma dezena ou mais de cartórios para tentar encontrar as certidões. Já estava quase desistindo. Até que encontrei uma num cartório de Madureira. Logo depois, achei a outra — agora, num cartório de Nova Iguaçu. Com os dois documentos na mão, era hora de confrontá-los com o próprio Wanderley — ou Vanderlei. Qual dos dois era o correto?

Segui para a Granja Comari, em Teresópolis, onde a seleção treinava. Minha missão era fazer a pergunta mais elementar do jornalismo: "Que idade você tem?" Mas não foi tão fácil. A cobertura da seleção atrai dezenas de jornalistas, daqui e de outros países. O treinador só falaria com os repórteres na entrevista coletiva. Como eu poderia fazer esse tipo de pergunta numa coletiva sem entregar aos colegas a informação que eu tinha conseguido?

A orientação da assessoria de imprensa da CBF era para todos nós esperarmos na sala de imprensa. O técnico sairia do campo direto para lá. Descumpri a orientação e fiquei na beira do gramado, à espera do fim do treino. Quando Wanderley ou Vanderlei deixou o campo, caminhei até ele e liguei o gravador: "Wanderley, quantos anos você tem?" A partir dali, deu-se o diálogo transcrito na reportagem e disponibilizado no site da Época no dia seguinte.

Vanderlei, depois da publicação da reportagem, assumiu perante a Justiça sua idade correta e seu nome de batismo. Logo depois, deixou a seleção. Aquela apuração me rendeu mais do que um Prêmio Embratel de Jornalismo Esportivo, que, viva!, me enche de orgulho. Rendeu também um ensinamento: o de que, às vezes, a notícia se esconde atrás de uma amenidade.

Assim sumiram três anos

Marceu Vieira, com a colaboração de
Clóvis Saint-Clair e Ivan Padilha

Época, 4/9/2000

Além das dívidas com o Fisco e das acusações feitas pela ex-assessora, ele tem de explicar por que falsificou a idade

O agosto vivido por Wanderley Luxemburgo prenuncia uma penosa primavera. Condenado em primeira instância num processo de sonegação fiscal, terá de desembolsar R$ 257 mil por erros registrados na declaração de renda apresentada em 1994. Atravessou a semana acuado por acusações formuladas pela estudante de Direito Renata Carla Moura Alves. Na mais grave das denúncias, Renata diz ter provas de que Luxemburgo usou o cargo de treinador da seleção brasileira de futebol para lucrar com a venda, para time do exterior, dos passes de jogadores valorizados por convocações.

O Fisco e as diatribes de Renata talvez tenham sido apenas o prólogo das inquietações de Luxemburgo. Agora, o treinador e ex-lateral-esquerdo terá de explicar por que documentos arquivados no Flamengo, aos quais *Época* teve acesso, atestam que teria nascido em 1955, e não em 1952, como o treinador informa em seu site oficial (www.wanderley.com). A mentira transforma o comandante da seleção num "gato" — termo

180   Gatos em campo

do jargão futebolístico para designar jogadores que falsificam a idade para prolongar a permanência nas categorias de base dos clubes. Mais experientes, têm maiores chances de conseguir destaque.

Na sexta-feira, assustado com a descoberta da fraude, apressou-se em pedir a mudança do ano de nascimento no site para 1955. Não teve êxito completo: nem todas as páginas foram alteradas. Soma-se à contradição o fato de o endereço oficial da Confederação Brasileira de Futebol (CBF) (www.cbf.com.br) ainda exibir, até o final da tarde da sexta, 1952 como o ano em que o treinador veio ao mundo. A irmã Leocádia Luxemburgo da Silva tem 46 anos. A filha de Leocádia, Rosa Maria, sobrinha do treinador, confirma: "Ela é irmã mais nova do Wanderley." Não o contrário.

Luxemburgo, em todas as entrevistas concedidas desde a ascensão ao primeiro time dos treinadores, declarou ter nascido em 10 de maio de 1952. A data foi confirmada na última quinta-feira, ao ser interpelado pela reportagem de *Época*. A conversa ocorreu na Granja Comary, centro de treinamentos da Seleção Brasileira, em Teresópolis, a 90 quilômetros do Rio de Janeiro. Os reservas tinham acabado de derrotar os titulares por 3 a 2. Ele deixava o campo com ar preocupado, quando o jornalista surgiu em seu caminho.

— O que você quer? — perguntou.

— Só a sua idade — informou o repórter Marceu Vieira.

— 48.

— 48 anos?

Luxemburgo sacudiu a cabeça, aparentando desconfiança. Repentinamente, pareceu interessado.

— É porque na documentação do Flamengo aparece 1955 como sua data de nascimento — prosseguiu o repórter.

— Deve haver alguma coisa errada aí — retrucou Luxemburgo.

O repórter explicou que a data se repetia em todos os documentos que examinara.

11 Gols de Placa   181

A essa altura, o jornalista Carlos Lemos, assessor de imprensa da CBF, entrou na conversa:

— Ele está querendo saber a tua idade, e eu disse que tu era "gato" — disse Lemos em tom de brincadeira.

O repórter ponderou que, se Luxemburgo tem 48 anos, não pode ter nascido em 1955, mas em 1952, como informava o site. Luxemburgo ficou silencioso, com o olhar perdido em um ponto imaginário.

— Houve alguma divergência? — insistiu o repórter. — Você se registrou depois?

— Não.

— Então, por que essa diferença?

— Não tem diferença! — exclamou Luxemburgo. — Deve ser o Flamengo que está certo. Com certeza. O meu site deve estar enganado.

O repórter reagiu com surpresa.

— Deve ser, não sei — hesitou o técnico.

— Então, você não tem 48? Tem 45?

— Com certeza.

Luxemburgo entrou no vestiário e em seguida chamou Carlos Lemos. Pouco depois, o assessor voltou, à procura do repórter.

— A idade que consta dos documentos do Flamengo é a certa — disse.

Luxemburgo apareceu e sentou-se numa cadeira. O repórter de *Época* se aproximou e ouviu a informação:

— Olha, eu já liguei e mandei corrigir o site. O Flamengo está certo.

Por que motivo Luxemburgo teria aumentado a idade quando entrevistado? Luxemburgo não respondeu: Como é possível alguém como o técnico da seleção desconhecer quantos anos de vida tem?, estranhou o repórter. Luxemburgo permaneceu calado.

A carteira de identidade do treinador, emitida pelo Instituto Félix Pacheco em 1973 e anexada ao processo trabalhista que Renata Alves move contra Luxemburgo, assinala a mesma data registrada no Flamengo:

182 Gatos em campo

1955. A lógica leva a crer que o técnico esteja mais próximo dos 50 anos. O ex-lateral Júnior, um de seus grandes amigos, hoje comentarista de futebol, está com 46 anos e recorda que, ao chegar ao time juvenil do Flamengo, Luxemburgo já estava entre os profissionais. Júnior não conhece os documentos encontrados no Flamengo. Mas forneceu, involuntariamente, mais um indício de que há algo errado com a idade do técnico. Se Luxemburgo chegou ao time principal antes dele, imagina-se que seja mais velho.

Se a idade do treinador foi efetivamente alterada — por ele próprio ou por algum cartola —, sempre que exibir algum documento em que conste o ano de nascimento adulterado, ele estará cometendo um crime. A pena: um a cinco anos de prisão por falsidade ideológica. No passaporte a ser apresentado à Polícia Federal no Aeroporto do Galeão, a caminho de Sydney, no domingo, 3, consta o ano inventado. Convém não esquecer ainda que no país do futebol o cargo de técnico da seleção brasileira pode ser tão valorizado quanto o de presidente da República. Costuma garantir a quem o ocupa bastante poder, notoriedade nacional e muita cobrança. Os mesmos torcedores que se proclamam felizes com vitórias resultantes de pênaltis inexistentes marcados no último minuto exigem que cartolas e treinadores ajam corretamente. E Luxemburgo pecou.

No ano passado, o jogador Sandro Hiroshi, do São Paulo, foi suspenso por ter falsificado a idade. "A CBF tem de ser rigorosa nesses casos", concordou Luxemburgo, quando se decretou o afastamento do jogador. "Vamos pesquisar os documentos dos jogadores da seleção olímpica", disse, austero.

Com problemas de sobra fora dos gramados, é improvável que eventuais vitórias da seleção beneficiem o treinador. Na semana passada, as únicas boas notícias que emergiram da Granja Gumary se deveram a lances habilidosos da dupla formada por Ronaldinho Gaúcho e

Romário. O primeiro já foi chamado por Luxemburgo de "gordo". O segundo só foi convocado em consequência das pressões dos torcedores.

Em Tinguá — lugarejo de Nova Iguaçu, nas cercanias do Rio, onde nasceu —, Luxemburgo não tinha fama de gato, mas de rato. Seu apelido era Gabiru, um roedor peludo que os índios chamavam em tupi de *wawi'ru*, "aquele que devora o mantimento". O pequeno Gabiru tinha fama de fominha — não trocava nada por uma pelada de futebol. Na paupérrima casa em que nasceu, ainda vivem alguns primos em segundo grau. "Depois que se levantou, não nos procurou mais. Por mim, podia sair da seleção. Sou mais o Felipão", reclama Marco Antônio Bragança Pedro, referindo-se a Luiz Felipe Scolari, técnico do Cruzeiro. O primo pobre faz biscates em construções e ganha R$ 180 por mês.

Gabiru estrearia no time principal do Flamengo em 1972. Se não teve a idade alterada nos documentos, o lateral de futebol hoje descrito como limitado começou a carreira como uma promessa. Envergou a camisa amarela da Seleção de Novos em 1973 com alegados 17 anos, idade da estréia de Pelé na Seleção principal. Foi bicampeão do Torneio de Cannes, em abril de 1973 e 1974.

Apesar de menino, destacou-se como líder, a ponto de se tornar o capitão de um time que tinha o talento de Cláudio Adão. Mas, se nasceu em 1952, a estréia com a amarela aconteceu aos 20 anos — e não aos 17. "Não era um craque, mas era dinâmico", avalia o primeiro treinador de Wanderley no Flamengo, Joubert Luiz Meira, de 65 anos. Reserva de Rodrigues Neto e depois de Júnior, Luxemburgo só alcançou a fama mais tarde, já como treinador. Na função, conquistou títulos importantes e chegou, em agosto de 1998, à Seleção. Dois anos depois, vive uma crise às vésperas de iniciar a luta pelo ouro olímpico.

Os problemas começaram com as derrotas vexaminosas para o Paraguai (2 a 1) e Chile (3 a 0). Até então, a seleção só havia perdido uma partida na história das Eliminatórias. O presidente da CBF, Ricardo Teixeira, reuniu-se com a comissão técnica e ficou estabelecido que ne-

184 Gatos em campo

nhum jogador com mais de 23 anos faria parte da equipe olímpica. No time principal, nomes como Dida e Roberto Carlos foram afastados.

O clímax da crise foi a notícia de que a Receita Federal estaria fazendo uma devassa na vida do treinador. Luxemburgo foi condenado em primeira instância a pagar os R$ 257 mil por sonegação de impostos na declaração de 1994 e terá de depositar a quantia ou apresentar bens em penhora se quiser recorrer da decisão das 2ª e 4ª Varas de Execução Fiscal, no Rio. Na sexta-feira, uma reportagem do *Jornal do Brasil* anunciou que o total da dívida do treinador com a Receita, além do que já foi condenado a pagar, é de R$ 1,9 milhão.

Um inquérito da Polícia Federal Fazendária instaurado em 1997, depois que Renata Alves foi convocada para dar explicações à Receita sobre bens em seu nome, põe ainda mais lama na confusão em que se meteu Luxemburgo. Renata justificou-se dizendo que trabalhava como secretária e tinha procuração do patrão, desde 1993, para arrematar em leilões judiciais linhas telefônicas, automóveis e imóveis em nome do técnico. Enviado à Justiça Federal em julho de 1997, o inquérito foi analisado pela 8ª Vara Federal Criminal do Rio de Janeiro, que o encaminhou ao Ministério Público Federal, em julho deste ano. Houve quebra do sigilo bancário de Luxemburgo, e, por isso, o processo está correndo em segredo de justiça.

Ricardo Teixeira declarou que só demite Luxemburgo se comprovadas as denúncias de que o técnico negocia jogadores. A prática não é ilegal, mas antiética. Luxemburgo nega as acusações e entrou na Justiça com seis interpelações judiciais e duas queixas-crime contra a ex-secretária. Na semana passada, surgiu a suspeita de que um dos sócios do técnico na compra e venda de jogadores seria o advogado paranaense Sérgio Malucelli, presidente do Iraty Clube e sócio de Luxemburgo em uma fábrica de bebidas isotônicas. "Não negocio jogadores, muito menos em parceria com o Wanderley", afirmou. "O máximo que eu fiz foi comprar três carros para ele em um leilão, para ele revender depois."

Renata Alves não é a primeira mulher a levar escândalo para a folha corrida do treinador. Em maio de 1996, a manicure Cláudia Cavalcanti acusou Luxemburgo de assédio sexual. Ele teria solicitado seus serviços no hotel em que estava hospedado com o time do Palmeiras, em Campinas. Quando Cláudia entrou no quarto, Luxemburgo estava enrolado numa toalha e teria tentado agarrá-la. Cláudia registrou queixa, mas a Justiça absolveu o treinador. "Não falo mais sobre o assunto", diz ela.

Quando estava deixando o Santos, no final de 1997, Luxemburgo acertou um acordo prévio com o empresário Francisco Monteiro, o Todé, de 57 anos, representante do Deportivo La Coruña. Na última hora, Luxemburgo assinou com o Corinthians. Todé ameaçou levar o caso até a última instância na Justiça. Desistiu, ao receber a visita de homens armados. Sob intimidação, o empresário entregou o contrato.

A mulher de Luxemburgo, Josefa, há dias não aparece no apartamento da Barra da Tijuca. A irmã, Leocádia Luxemburgo da Silva, que a esta altura já não se sabe se é a irmã mais velha ou mais nova, foi proibida por ele de atender a imprensa. A mãe, Rosa, evita falar sobre o filho. Nada que surpreenda os que se aventuram a falar com o técnico ao telefone. Quem liga para Luxemburgo costuma ouvir uma mensagem insólita. A primeira frase é emblemática: "Quem me incomoda?"

Uma Nicéa no futebol

Renata Alves dispara acusações sérias contra Luxemburgo, mas ainda não apresentou provas

A estudante de Direito Renata Carla Moura Alves, autora das denúncias que puseram Wanderley Luxemburgo na berlinda, é a Nicéa Pitta do treinador da Seleção. Ela invadiu as manchetes dos jornais ao acusá-lo de sonegar o Fisco e de usar a influência do cargo para valorizar o passe de jogadores vendidos a clubes do exterior. O treinador, diz a acusadora, ganharia parte do dinheiro desses negócios inchados. Feitos os disparos, ela passou a marcar entrevistas coletivas quase diárias e aceitou reiterados convites para participar de programas de televisão. Virou estrela e, assim como a ex-primeira dama da cidade de São Paulo, transformou-se em plataforma de acusações.

A bordo de promessas de depoimentos "exclusivos e bombásticos", Renata só provocou frustrações com declarações fundamentadas apenas em testemunho próprio. E, pior, começou a se contradizer. Afirmou que recebia comissão de 10% sobre os lucros obtidos na venda de bens arrematados por Luxemburgo em leilões públicos — que lhe rendiam R$ 20 mil mensais —, para depois dizer que o percentual incidia somente sobre o valor dos arremates. Contou que teria mantido romance com o técnico até 1997, afirmando em seguida que só fora amante de Luxemburgo entre 1989 e 1992. Renata aguarda convocação da Polícia Federal e garante que manterá as acusações. "Vou me retratar do quê?", indaga. "Mostrarei as provas na hora certa."

A moça conta que conheceu Luxemburgo em 1989, num sinal de trânsito. Dali seguiram-se os contatos telefônicos, a amizade e o romance. O advogado Roberto Carlos Baptista Alves, pai da estudante, relatou no programa de TV de Adriane Galisteu detalhes do relacionamento da dupla: "Minha filha foi apaixonada pelo Luxemburgo. Ela não gosta que eu diga isso, mas é verdade." Roberto Alves é advogado trabalhista e já defendeu o técnico numa ação contra o Flamengo, em 1995. Na área criminalista, representou José Carlos dos Reis Encina, o traficante Escadinha.

A acusadora diz não guardar mágoa de Luxemburgo. "Não tenho nada pessoal contra o Wan. Só defendo meus direitos", diz a estudante, que pede indenização trabalhista de R$ 1,1 milhão. "Eu fiz o Wanderley.

Antes de me conhecer, ele se vestia mal. Eu dei um banho de loja nele", vangloria-se. "Só não consegui livrá-lo do Azzaro. Ele tem mania de se perfumar demais."

De jogador discreto a treinador campeão

O primeiro time em que Luxemburgo jogou foi o desconhecido Colégio Futebol Clube, na Baixada Fluminense, que desativou a equipe em 1996.

1972

Depois de rápida passagem pelo Botafogo, no qual foi tricampeão juvenil, Wanderley se profissionalizou no Flamengo. Defendeu o clube de 1972 a 1978.

1980

Uma contusão no joelho encerrou a carreira do lateral-esquerdo, quando ele jogava pelo Botafogo, do Rio. Atuara também no Internacional de Porto Alegre

1990

A carreira de treinador começou no Campo Grande, do Rio, em 1983, mas a fama veio no Bragantino, com os títulos de campeão brasileiro da série B, em 1989, e o paulista de 1990.

1993/1994

Depois de conturbada permanência no Flamengo, assumiu o Palmeiras. Conquistou dois bicampeonatos, no Brasileiro e no Paulista, pondo fim a 19 anos de jejum.

1997/1998

Com o Santos, venceu um torneio Rio-São Paulo. No Corinthians, foi campeão brasileiro.

Gatos em campo:
República Federativa dos Gatos
do Brasil

ANDRÉ RIZEK nasceu em 1975, em São Paulo. Formou-se em jornalismo pela PUC-SP no ano de 1996. Foi repórter de esportes do *Jornal da Tarde*, repórter do *Lance!*, editor de esportes do Último Segundo (portal iG), editor especial das revistas *Placar* e *Veja* e atualmente é editor-chefe do canal Sportv em São Paulo. Conquistou por duas vezes o Prêmio Abril na categoria Esporte, uma delas com a reportagem, "República Federativa dos Gatos do Brasil".

Balaio de Gatos

André Rizek

Assim que estourou o escândalo da "Máfia do apito", divulgado pela revista Veja *em setembro de 2005 (reportagem de minha autoria e de Thaís Oyama), a Federação Paulista de Futebol decidiu que arbitragem era também um caso de polícia. Colocou um oficial, o coronel Marinho, reformado da PM, para ser o chefe dos árbitros. Outro ex-policial, Silas Santana, para ser corregedor de arbitragem, sendo o responsável por ouvir as reclamações dos clubes, jogadores etc. E um delegado aposentado, doutor Bento da Cunha, então com 70 anos, para fazer investigações sobre a vida dos juízes: com quem eles andam, se devem dinheiro na praça, se os empregos que alegam ter fora do futebol são verdadeiros.*

Eu estava retornando à revista Placar, *depois de fazer a matéria da "Máfia do apito" (apenas mudei de andar na Editora Abril). Dizem que um problema da nossa imprensa é esquecer rapidamente os assuntos que cobrimos. Eu estava determinado a cobrir as sequelas do escândalo envolvendo o ex-juiz Edilson Pereira de Carvalho e fui conhecer essa turma de policiais que agora deveriam dar um jeito na arbitragem paulista. Doutor Bento foi o que mais me chamou a atenção. Parecia um daqueles personagens de filme: o típico policial aposentado que começa a investigar tudo e todos à sua volta. Uma figuraça. Papo vai, papo vem, ele contou que investigava, além dos juízes, os casos de "gatos" no futebol paulista, aqueles jogadores meni-*

192 Gatos em campo

nos que adulteram certidões de nascimento para ficar mais jovens e, assim, levar vantagem nas categorias de base.

— Olha só que interessante. Nove moleques com documentos emitidos na mesma região do Pará, na mesma época (2005/2006), trazidos pelo mesmo empresário, um tal de Marabá, para o Corinthians. Recebi essa denúncia e imediatamente cassei estes registros, até obter maiores explicações.

Estava claro que havia gato nesse balaio! Tive meu trabalho facilitado desta vez. Doutor Bento já havia feito boa parte da apuração: descobriu que cinco deles tinham certidões (na verdade segundas vias) emitidas na cidade de São João do Araguaia, no Pará, por um cartório que foi incendiado em 2000. Uma cidadela com menos de cinco mil garotos consegue emplacar, de uma vez só, cinco garotos no Corinthians? Bastou uma ligação para lá e entendi tudo. Como o fogo destruiu todo o arquivo do cartório, um juiz da região, agindo de boa-fé, determinou que o estabelecimento (agora em novo endereço) deveria expedir qualquer documento (para facilitar a vida das pessoas), bastando um testemunho simples, do tipo, "olá, nasci aqui, preciso de uma segunda via da minha certidão de nascimento". É um procedimento padrão. E também um prato cheio para os empresários de má-fé, que ganham a vida colocando "pé de obra" adolescente nas categorias de base de grandes clubes brasileiros. Podiam transformar, com certidão de nascimento teoricamente legítima, um garoto de 17 anos em um promissor moleque de 15. Isso faz uma diferença danada nessa idade...

Naquela época, estourava mais um caso de gato no futebol brasileiro: o volante Carlos Alberto, do Figueirense, que depois viria a jogar no Corinthians. Se contássemos bem a história de Marabá e seus nove gatos, poderíamos contar, de certa forma, a história de todos os gatos brasileiros. Em vez de ficar vomitando números (o Brasil tem "x" casos de adulteração em "x" anos), pensamos na Placar, *"vamos contar com profundidade uma única história, do começo ao fim, a história definitiva de como se fabrica um gato neste país". E lá fomos eu e o repórter fotográfico Daryan Dornelles ao Pará.*

11 Gols de Placa 193

No cartório de São João do Araguaia, pedi a segunda via das cinco certidões emitidas dos gatos corintianos — qualquer pessoa pode pedir tais documentos, pagando pelo serviço. Um deles havia nascido em Poá, em São Paulo, mas sua certidão de nascimento estava registrada, desde 2005, em São João do Araguaia. Era o que constava no documento! O "esquema" era dos mais amadores: o empresário Marabá deveria ter a certeza de que jamais seria pego — quem liga para as categorias de base dos nossos clubes? Quantas linhas se vê sobre isso na nossa imprensa? Quem cobre os assuntos envolvendo esses garotos?

Com as certidões na mão — e sempre em contato com o Doutor Bento por telefone (ele estava orgulhoso da gente, de termos ido tão longe para prosseguir uma investigação que havia começado em São Paulo) —, faltava agora localizar esses garotos, já que na pequena cidade ninguém conhecia nenhum deles, ou seus pais, pelo nome — o que seria natural, caso tivessem nascido ou vivido lá, um lugar com menos de cinco mil habitantes.

Costumo dizer que a lista telefônica é o melhor amigo do repórter. Localizei uma das famílias aliciadas pelo empresário, na cidade de Marabá, onde eu estava hospedado, e fui até lá tentar convencer o pai do garoto a me contar como foram aliciados pelo empresário. O argumento que usamos foi o de que iríamos publicar a reportagem, com eles falando ou não. E que teriam a chance de, pelo menos, mostrar a versão deles — no caso, eram claramente as vítimas da história, vendendo a honra em troca da promessa de uma vida melhor.

O empresário Marabá e o dono do cartório não me atenderam. Não consegui saber se os dois eram cúmplices ou se Marabá apenas descobriu um cartório incendiado nesse Brasilzão de meu Deus. Foi o que faltou na reportagem. Mas era um detalhe.

Marabá me telefonou depois de a reportagem ser publicada. Pedi uma entrevista, seria uma bela suíte, já que não consegui falar com ele antes de escrever o texto da Placar. *Mas ele estava mais interessado em me ameaçar de processo criminal. Como todo culpado que se preze, preferiu se calar. E sumiu.*

Aposto que, passados alguns anos, Marabá continua produzindo gatinhos por aí, aliciando famílias pobres do Pará na promessa de uma vida melhor. Tanto que, vim a saber na sequência, tentou emplacar um desses gatos na Portuguesa, assim que o garoto foi expulso do Corinthians. Telefonei para vários clubes grandes do Brasil. Muitos deles trabalhavam com Marabá — e não pareciam dispostos a, diante da denúncia da Placar, encerrar essa "parceria".

É assim que começam as histórias de grandes astros, que, quando já estão crescidinhos, assumem terem adulterado documentos. A gente da imprensa esportiva faz piada dos times africanos, que claramente escalam adultos em seleções sub-17, sub-15... E por isso obtêm tanto destaque nessas competições. Mas não enxergamos que a África é aqui...

Indústria de gatos

André Rizek

Placar, dezembro 2006

No mês passado, conhecemos mais um jogador de futebol que adulterou a idade para levar vantagem nas categorias de base. Cinco anos mais novo no documento, Carlos Alberto, volante do Figueirense, foi campeão mundial com a Seleção brasileira sub-20 em 2003. A farsa foi revelada pela *Folha de S. Paulo*.

Geralmente, jornalistas descobrem histórias como essa porque alguém que se sente prejudicado (um empresário que foi passado para trás num negócio, por exemplo) resolve abrir o bico. O jornalista corre atrás da documentação e desmascara o felino. O assustador é pensar quantos gatos existem por aí, miando livremente pelos gramados brasileiros, sem que ninguém ainda tenha desconfiado, descoberto ou denunciado. A história que se contará a seguir mostra que a situação chegou a um nível alarmante.

Só neste ano, um empresário conhecido no mercado como "Marabá" conseguiu a proeza de emplacar, numa tacada só, nove garotos com documentos adulterados em um único clube. E não é qualquer clube. Trata-se do Corinthians. Podem ser os futuros Carlos Albertos, Sandros Hiroshis, Anaílsons e Vanderleis Luxemburgos do futebol brasileiro.

196   Gatos em campo

Marabá atua no leste do Pará, perto da cidade que batiza seu apelido, nas margens do rio Araguaia. Trata-se de uma região muito pobre, como centenas no país, onde os jovens têm poucas perspectivas. Marabá e seus olheiros ganham a vida observando garotos em escolinhas de base ou campinhos da periferia. Aproximam-se de seus pais e garantem que, em troca de uma quantia em torno de 450 reais, conseguem "ajeitar a documentação" do garoto, colocá-lo num ônibus e desembarcá-lo "remoçado" como atleta de um grande clube brasileiro.

Foi o caso do menor W.A.S. (*Placar* preserva sua identidade) e de mais oito garotos com certidões de nascimento emitidas por cartórios de municípios de Marabá e arredores. O pai de W.A.S., serralheiro em Marabá, uma cidade de 250 mil habitantes, endividou-se para ver o filho realizar o sonho. "Sabia que iriam fazer alguma coisa diferente com os documentos do menino, mas não sabia o que era exatamente", afirma o pai de W.A.S., com lágrimas nos olhos.

O sonho começou em abril, quando W.A.S. deixou o Pará e viajou até São Paulo para fazer uma "peneira" no time sub-13 do Corinthians. "Tinha sete garotos no meu ônibus, que eu conheci ali na hora. Eram todos aqui da região, do mesmo empresário. Eu e mais um moleque fomos fazer teste no Corinthians, e os outros foram para o Santos", diz o menino. W.A.S. foi aprovado.

No total, mais oito atletas "agenciados" por Marabá tiveram a chance de virar astros do clube mais popular de São Paulo, graças ao empresário que cobrava 450 reais de cada um.

Os meninos se beneficiaram do fato de atuarem entre garotos que tinham menos idade que eles. Nas divisões de base, um atleta que joga com garotos entre dois ou três anos a menos de idade leva grande vantagem física e até mesmo técnica.

Os bichanos agenciados por Marabá estavam inscritos normalmente na Federação Paulista de Futebol (FPF), começando a jogar com a camisa alvinegra. Até que, no fim de agosto, a FPF recebeu uma denúncia por telefone: todos os atletas cedidos pelo empresário Marabá eram gatos. A denúncia, conforme *Placar* apurou, partiu de pais de outros atletas do clube, desconfiados de que seus filhos estavam jogando com colegas em condições desiguais.

O Esquema

Desde que viu estourar o escândalo na arbitragem paulista em 2005, envolvendo os ex-árbitros Edílson Pereira de Carvalho e Paulo José Danelon, a Federação Paulista criou uma corregedoria para investigar juízes. E colocou como seu encarregado um delegado aposentado: Bento da Cunha, 70 anos. Contratado para investigar juízes, Bento começou a investigar também os gatos.

Dos nove atletas denunciados, cinco deles tinham certidões de nascimento expedidas por um cartório de uma cidadezinha muito pobre, com pouco mais 12 mil habitantes, a 53 quilômetros de Marabá (10 deles por uma estrada de chão): São João do Araguaia, um dos palcos da guerrilha contra a ditadura militar nos anos 70.

Todas as certidões eram assinadas pelo mesmo escrivão e com segundas vias expedidas entre 2005 e 2006. Seria no mínimo inusitado que essa cidade tivesse tido a sorte de revelar, de uma tacada só, cinco atletas para o clube do Parque São Jorge. Para o delegado, havia alguma coisa muito estranha no ar.

Bento descobriu que um incêndio em 2000 destruiu todo o arquivo do cartório. A Justiça, então, determinou que bastava apresentar uma prova testemunhal ou documentos como uma cópia simples da certidão original (uma folha de papel de fácil falsificação) para que o cartório restaurasse os registros de nascimento dos cidadãos de São José do Araguaia. A decisão judicial visava facilitar a vida de pessoas que precisavam de uma segunda via de suas certidões de nascimento e não tinham

198   Gatos em campo

culpa pelo incêndio do cartório. O que o juiz não esperava era que alguém se aproveitasse da situação para fabricar certidões de nascimento — 100% legais aos olhos da lei —, diminuindo a idade de atletas para que estes pudessem levar vantagem no futebol. O cartório virou o paraíso dos felinos. De 2000 para cá, mais de 3 mil novos registros já foram restaurados no cartório da cidade.

Placar foi até São João do Araguaia para conhecer o tal cartório, que o delegado Bento suspeitava nem existir mais. Trata-se de uma casa de pintura gasta, sem forro no teto, onde trabalham três pessoas. Há uma folha colada na porta de entrada, rasgada, onde se lê apenas "Registro Civil". Não tem telefone nem fax. Internet, nem pensar. São duas funcionárias e um único escrivão.

Como era de se esperar, não encontramos ninguém que conhecesse os cinco garotos que viraram jogadores do Corinthians. "Se alguém tivesse ido jogar em São Paulo, todo mundo ia saber, ia ser o acontecimento do ano", disse um morador. E as duas funcionárias que hoje tocam o cartório alegam que é difícil controlar as restaurações de certidões. "A pessoa chega com documento ou testemunha dizendo que nasceu tal dia, em tal lugar, e a gente tem que emitir, né?", afirmou uma delas.

Os registros dos cinco garotos foram restaurados entre 2005 e 2006. Um deles (R.L.I.S.), por incrível que pareça, declarou ter nascido em Poá, no estado de São Paulo, no dia 30 de maio de 1992. Por que, então, foi tirar certidão em São João, a cidade do cartório incendiado?

Dos nove atletas que o empresário Marabá colocou no Parque São Jorge, cinco deles vinham com certidão de São João do Araguaia, e os demais tinham registros em Marabá e adjacências. O empresário ainda foi "muito descuidado", como diz o delegado Bento da Cunha. Forjou histórico escolar falso de quatro desses nove atletas em uma escola de Jacundá, também na região. Ele precisava dos documentos, porque é necessário estar matriculado para ser inscrito na FPF, e Marabá usava esses históricos falsos para colocar seus atletas em escolas de São Paulo.

Era preciso estar matriculado em uma série de acordo com a "nova idade". Mas bastou à FPF fazer uma ligação para Jacundá para descobrir que nenhum deles jamais havia estudado lá. O próprio Corinthians poderia ter tomado esse cuidado antes de aceitar os garotos, mas não o fez.

Com outro garoto, F.S.S., o empresário Marabá foi além. F.S.S. nasceu na casa de sua família, perto da cidade de Marabá, mas o empresário conseguiu um laudo falso de uma maternidade da cidade, atestando que ele havia chegado ao mundo no dia 7/5/91. Com o laudo, conseguiu uma certidão num cartório da cidade. O garoto só foi registrado em 2001, quando supostamente teria 10 anos. F.S.S. já havia passado pelo Vitória, da Bahia, antes de Marabá colocá-lo no Corinthians em 2006. Sempre foi um jogador de muito destaque em suas categorias, um atacante forte e goleador.

Marabá: Zona proibida

Assim que cassou a inscrição dos nove garotos com documentação adulterada, a Federação Paulista proibiu que jogadores com documentos de São João do Araguaia, Marabá e outras cidades da região fossem inscritos. E se surpreendeu ao ver o mesmo F.S.S. com pedido de inscrição pela Portuguesa de Desportos, na categoria sub-15. "O Marabá veio aqui com dois garotos para o sub-15. Um deles tinha até barba na cara e não aceitamos. Mas ele jurou que com o F.S.S. estava tudo em dia e aceitamos o jogador, sem pagar nada", diz o supervisor de futebol da Lusa, Luís Roberto Lino.

"Ele deixou o atleta aqui, disse que voltaria com sua documentação legalizada e nunca mais apareceu." O paraense F.S.S., que não tinha roupas nem dinheiro para comer, estava de repente sozinho numa cidade como São Paulo. Passou a morar no alojamento do clube, e, como era bom de bola na categoria sub-15, um outro empresário, de nome Marcone Cesário de Lima, resolveu "adotá-lo".

200   Gatos em campo

Por mais de um mês, a Portuguesa brigou para que a Federação Paulista aceitasse a inscrição de F.S.S. Houve então um acordo: o jogador faria um exame ósseo para provar que sua idade não estava adulterada. O exame, feito em um grande laboratório paulista e ao qual *Placar* teve acesso, revela que F.S.S. "tem aproximadamente 204 meses". Traduzindo: pelos exames, ele teria 17, e não 15 anos, como diz a sua documentação. A Federação então, deu o registro a F.S.S., 15 anos na certidão de nascimento, mas na categoria juvenil, sub-17.

"No juvenil, ele não é o mesmo craque que era no sub-15. Mas ainda assim mostra qualidade e pode ser aproveitado", diz Lino. A Lusa tenta, para 2007, fazer uma nova certidão para F.S.S., atestando que nasceu em 1989 e não em 1991, como diz a sua documentação.

A conexão Marabá-São João do Araguaia é apenas uma das muitas que existem no reino da gataria. Sabendo que só nas categorias de base de um clube como o Corinthians foram descobertos nove gatos em 2006, é fácil imaginar que pelo menos um deles poderia, no futuro, decidir um campeonato mundial sub-20 para o Brasil. Quantos de nossos atletas são felinos? Se fosse possível fazer essa conta, a resposta seria de arrepiar os pelos...

Balaio de Gatos

Uma galeria dos mais ilustres felinos do futebol brasileiro

Anaílson, meia (ex-São Caetano) — Jogou o Mundial sub-17 de 1997 dois anos mais jovem do que realmente era.

Carlos Alberto, volante (Figueirense) — Ficou cinco anos mais jovem (um recorde) e disputou o Mundial sub-20 de 2003. Na sua certidão falsa, consta que nasceu em uma cidade que nem existe (São Matheus-RJ).

11 Gols de Placa   201

Clayton, zagueiro (ex-seleção da Tunísia) — Adulterou documentos no Maranhão, onde nasceu, mas nunca fez sucesso no Brasil. Naturalizado tunisiano, jogou as Copas de 1998 e 2002 pelo país africano.

Luciano, atacante (Chievo-ITA) — Jogava com identidade falsa e o nome de Eriberto, três anos mais jovem do que realmente é. Hoje, voltou a ser Luciano.

Oliveira, atacante (ex-seleção belga) — Adulterou documentos quando atuava nas categorias de base no Brasil. Naturalizou-se belga e disputou a Copa de 1998.

Rodrigo Gral, atacante (ex-Grêmio) — "Remoçou" dois anos e disputou o Mundial sub-20 de 1999.

Sandro Hiroshi, atacante (ex-São Paulo) — Ficou um ano mais jovem e disputou o Sul-Americano sub-17 de 1995.

Wanderley Luxemburgo, treinador — Nasceu em 1952, e não em 1955, como constava em seus documentos, usados para se beneficiar quando era jogador.

Henrique, lateral direito (ex-São Paulo) — Dois anos mais moço, disputou o Sul-Americano sub-17 de 1999.

Sistema antigatos

Exames podem ajudar os clubes a se proteger dos felinos

Uma simples radiografia do punho, da coluna vertebral ou da bacia pode estimar a idade biológica de um jogador. Por meio desse exame, é possível enxergar linhas de crescimento nos ossos que permitem calcular, de maneira aproximada, a idade de uma pessoa. A partir dos 18 anos, essas linhas começam a sumir, e os resultados ficam cada vez menos precisos.

É prática comum entre os clubes grandes realizar os exames sempre que desconfiam de um possível gato em suas categorias de base. Se a desconfiança quanto à idade persistir, os clubes podem estender as investigações sobre a origem e os documentos do atleta.

Os exames, embora inconclusivos, são uma importante ferramenta para caçar gatos. Porém, eles não são aceitos como prova. Sequer são reconhecidos pela Fifa, porque as pessoas crescem com velocidades diferentes, uma variação natural entre seres humanos que poderia maquiar o diagnóstico.

Um jogador que passou por esses exames foi o baixinho Élton, ex-Corinthians, hoje no São Caetano. Sua documentação atesta que nasceu em 7 de abril de 1986, em Palmeira dos Índios, Alagoas. *Placar* localizou a certidão no cartório da cidade. Mas o Corinthians, desconfiado, submeteu-o ao exame quando estava sendo observado nas divisões de base. "Élton tinha idade biológica superior à cronológica", diz o fisiologista corintiano Renato Lotuffo. Ou seja: aparenta naturalmente ser mais velho do que de fato é.

Élton ainda pertence ao Corinthians, mas a mesma sorte não teve outra jovem revelação alvinegra que recentemente chegou a jogar no time principal. A reportagem de *Placar* apurou que o clube teve receio de que o jogador fosse flagrado como gato e, com isso, resolveu negociá-lo rapidamente para o exterior, ainda que não houvesse provas de adulterações.

Desemprego Futebol Clube

DIOGO OLIVIER MELLO nasceu em 1968, em Porto Alegre. Em 1991, formou-se em jornalismo pela Universidade Federal do Rio Grande do Sul e desde então trabalha no jornal *Zero Hora*. Por oito anos, foi repórter de política, vestindo, em seguida, a camisa da área de esportes. Atualmente é repórter especial e colunista on-line. Ao longo da carreira, conquistou cinco prêmios da Associação Riograndense de Jornalismo (1997, 1999, 2001, 2002 e 2007), um prêmio do Movimento de Justiça e Direitos Humanos (1995) e um Prêmio Esso (Regional Sul — por equipe — 2005). Tem ainda no currículo uma menção honrosa da Sociedade Interamericana de Imprensa (2003).

Em campo com a miséria

Diogo Olivier Mello

Quando decidi dar uma guinada vertiginosa de vida, lá por meados dos anos 90, queria provar para mim mesmo o inverso do que está dito no começo desta frase. Não seria revolução, mas continuidade. No máximo, alteração de rotina.

O problema é que ninguém acreditava nisso. Ou quase ninguém, para não ser determinista demais. O certo é que abandonar quase dez anos de reportagem política para mergulhar no mundo do futebol parecia algo próximo a implodir um castelo com metade das torres já erguida. Fiquei um bom tempo com as nuvens dessa dúvida a anunciar chuvas e trovoadas, mas o sol se abriu justamente na apuração desta série de reportagens que a Associação Brasileira de Jornalismo Investigativo gentilmente escolheu para fazer parte deste livro.

É possível exercer reportagem comprometida com as questões sociais em qualquer área de um jornal. Na política, no esporte, na gastronomia, nas palavras cruzadas, em qualquer lugar. Por um motivo singelo: toda atividade no Brasil sofre a ação, direta ou indireta, de mazelas históricas como fome, pobreza, desemprego. Sempre acreditei nisso. Portanto, migrar da Editoria de Política para a de Esportes nada tinha de absurdo, a não ser o desafio pessoal de montar um novo caderninho de telefones.

206   Desemprego Futebol Clube

Assim, quando Décio Neuhaus, advogado ligado a questões trabalhistas da área esportiva, deixou escapar em uma conversa trivial a existência de um time formado só por jogadores desempregados, o sinal de alerta acendeu. Ali devia estar um universo à parte, embaçado pelas Ferraris, mulheres deslumbrantes, roupas de grife e fama instantânea do futebol globalizado. Se havia demanda para se montar uma equipe só com jogadores sem clube, imagine o tamanho da meada quando o fio recebesse o primeiro puxão. A nebulosidade da dúvida acerca da demanda social no futebol começava a ceder diante dos primeiros raios de sol.

Logo no começo da apuração, o tema ganhou contornos dramáticos. Bastou levantar e analisar os números da Confederação Brasileira de Futebol (CBF). Dos 800 clubes registrados na CBF no alvorecer do novo milênio, apenas 50 funcionavam o ano inteiro, o que indicaria batalhões de demitidos a cada semestre. Dos 22 mil jogadores inscritos na entidade, 20 mil ganhavam até um salário mínimo. Na hora de ir a campo para ver como tais números se relacionavam com a vida real, emergiram as histórias contadas por Zero Hora durante cinco dias. Uma, especialmente, tornou-se emblemática.

Foi quando aceitei o meu primeiro presente — e que será o único, bem entendido — de uma fonte. Lá estava eu na casa de Claudiomiro de Lima Kershner, na periferia de Cruz Alta, município do interior do Rio Grande do Sul onde nasceu o escritor Erico Verissimo e que se orgulha de ter contribuído com batalhões de voluntários para a Guerra do Paraguai. Era uma casa pequena, humilde, praticamente reduzida a uma peça, calculada em R$ 5 mil, cujas prestações um leitor, sensibilizado com a história a seguir, tratou de saldá-las.

Claudiomiro era o capitão do Riograndense, clube local, e havia liderado um mutirão para reformar o estádio Siqueira Borges. Só seria possível disputar a terceira divisão gaúcha após dois anos de completa inatividade do departamento de futebol se as exigências da Federação fossem atendidas. Era preciso ceifar a grama convertida em mato, desenferrujar o alambrado, construir novas instalações hidráulicas, erguer muros mais altos. Comandados por Claudiomiro, os próprios jogadores tocaram as obras, com dinheiro arrecadado de casa em casa. Em tempos difíceis, foi o jeito de garantir emprego.

Depois de alguns dias em Cruz Alta para contar a incrível história dos jogadores-operários, era hora de ir embora. Eu estava quase na porta da casa de Claudiomiro, preparando-me para as despedidas, quando ele estaqueou e disse:

— Ah, espera aí um pouco. Tenho uma coisa que gostaria que levasse.

Voltamos e paramos diante de um baú, nos fundos do casebre. O capitão do flamante Riograndense meteu a mão na caixa de madeira, revirou um punhado de panos e tirou de lá uma camiseta listrada nas cores vermelho, verde e branco, surrada, o distintivo quase apagado. Era o uniforme do Riograndense.

— Só tenho esta camisa do time aqui em casa — disse Claudiomiro.

Como se sabe, jornalistas não devem aceitar presentes de fontes. No caso do futebol, vale dizer: camisetas, ingressos e afins. Então, minha primeira reação foi recusar a oferta.

— Não, obrigado. Não precisa. Te agradeço, mas não tem necessidade.

Percebi que ali não havia nenhuma intenção de gerar algum tipo de comprometimento em relação ao que seria publicado. Sendo assim, tentei me desvencilhar do constrangimento sem ferir suscetibilidades. Claudiomiro insistiu.

— Faço questão. Não vou mais precisar dela — retrucou ele, referindo-se ao sétimo lugar do Riograndense na Série C do Campeonato Gaúcho daquele ano e ao fim do sonho de alcançar, ao menos, a segunda divisão.

— Não há necessidade — devolvi, mantendo minha posição.

Foi nesse instante que Claudiomiro disse a frase que me fez mudar de ideia.

— Sei que não é uma camiseta tipo Grêmio, Inter ou Flamengo. É de um time pequeno, mas que representou muito para a gente. Mas tudo bem...

208   Desemprego Futebol Clube

Naquele instante, percebi a grosseria que estava prestes a cometer. Não se tratava de presente, mas do símbolo do orgulho de um brasileiro capaz de driblar todos os obstáculos possíveis para garantir ocupação. Uma singela lembrança de uma realidade esquecida e sem o glamour associado ao mundo da bola. Para Claudiomiro e seus jogadores-operários, aquela camiseta era o troféu pela conquista de um título. Nada mais natural que ficasse nas mãos de um "jornalista da capital", em melhores condições de difundir a sua bela história de cidadania. Em resumo: disputo até hoje as peladas das terças-feiras, em Porto Alegre, devidamente fardado de Riograndense. E, a cada dividida, carrego a certeza de que o exercício da reportagem tem mesmo esse compromisso: o de dirigir as luzes para a escuridão. Na política, no esporte ou no caderno de gastronomia. É quase certo que, ali, onde ninguém procura, estará uma realidade capaz de nos fazer compreender um pouco mais do Brasil.

O drama social do mundo da bola

Diogo Olivier Mello

Zero Hora, 21/10/2001

Torcedores de todos os matizes aprenderam a ouvir que certas mazelas sociais brasileiras não se aplicam ao mundo mágico da bola. É um erro. O desemprego no futebol é ainda maior do que em outras profissões. Só este ano, nove clubes do interior fecharam as portas. Assim como há metalúrgicos, bancários, metroviários e professores desesperados atrás de ocupação, jogadores sem clube compõem um batalhão crescente.

Como qualquer brasileiro sem emprego, moram de favor, pagam contas graças à boa vontade dos amigos, recorrem a bicos para sobreviver. Sem glamour, sem lindas mulheres, sem autógrafos, sem fotos no jornal, sem as luzes da TV. Desvendar os meandros deste drama social desconhecido é o objetivo da série de reportagens Desemprego Futebol Clube, que começa hoje e vai até quinta-feira em Zero Hora.

Dados oficiais da CBF enviados ao Tribunal Superior do Trabalho (TST) revelam a existência de 22 mil jogadores contratados por cerca de 800 clubes no Brasil. Destes, apenas 12 mil têm camisetas para vestir e partidas a disputar.

Os outros 10 mil padecem do mesmo mal que assola 1 milhão de brasileiros só nos grandes centros urbanos — 245 mil na Grande Por-

210 Desemprego Futebol Clube

to Alegre — e desafia políticos de todas as ideologias na entrada do milênio: o desemprego.

Os indícios apontam para o agravamento de um quadro já suficientemente preocupante. Segundo *Zero Hora* apurou nesta reportagem, a parte pobre e majoritária do futebol percebe a Lei Pelé como um debate longínquo, de magistrados, cujo eco nunca chegará ao seu cotidiano. Algo assim como uma conversa entre milionários e ricos: para os pobres, não afeta nem mais nem menos. Para estes, não há "antes" ou "depois" da Lei Pelé. O desemprego não passa por ela, porque suas raízes são mais profundas.

À medida que o tempo passa, o espaço já espremido encolhe. Um rápido exame nos números da CBF abre uma luz sobre os afluentes desse imenso rio caudaloso. Dos 800 clubes brasileiros, apenas 50 têm atividades o ano inteiro. O resto funciona três, quatro, no máximo seis meses. Vivem enquanto durar o campeonato em seus estados. Depois, despejam times inteiros na rua e só reabrem no ano seguinte. Apenas 1,5 mil jogadores exercem a sua profissão o ano inteiro.

Dos 22 mil registrados na CBF, só 1,5 mil trabalham o ano todo

De outra parte, o sonho de virar astro e ganhar fortunas na Europa segue embalando o sono de garotos pelo país afora. Em 1999 e no ano passado, 12.678 buscaram inscrição na CBF, sem dar importância ou, talvez, sem saber das notícias cada vez mais frequentes de clubes em vias de fechar as portas. Esse é o mundo real do futebol, à margem das discussões acadêmicas.

Na hora de deixar um clube, não há pagamento de salários atrasados, fundo de garantia, direito de arena. Luvas e bicho por vitória fazem tão parte do cotidiano como arroz, bife e feijão na mesa dos refugiados afegãos. Dos 22 mil jogadores existentes, 20 mil ganham até R$ 360 reais (dois salários mínimos). Isso, claro, no papel. Pagamento é sempre uma surpresa. Só 750 andam de carro importado e ganham dezenas de milhares de reais. Na prática, a teoria é outra.

Assim, o desemprego vai empilhando histórias comoventes, tristes, humilhantes. Ex-promessas com passagem pela seleção brasileira hoje correm sozinhas na rua para manter a forma. É o caso de Odair, ex-Inter. Por não servirem mais ao atingir a idade de se profissionalizar, ex-campeões recebem, numa prática antiga, passe livre dos mesmos dirigentes que hoje discursam contra a Lei Pelé, sendo obrigados a se oferecer para jogar. É o caso de Funé, ex-Grêmio. Ou de Claudiomiro, com passagem por uma dezena de equipes do interior gaúcho e brasileiro.

Aos poucos, sindicato ganha força e enfrenta dirigentes

Não bastassem o calendário malfeito e a barbárie gerencial a alimentar o desemprego, há ainda as artimanhas dos cartolas de grandes clubes que integram a bancada da bola no Congresso Nacional. Muitos jogadores, alguns conhecidos até, são afastados do time, mas proibidos de procurar emprego. Em linguagem popular, ficam de castigo, à mercê do humor de alguns dirigentes feudais. É o pouco conhecido "passe preso".

Aí, uma novidade. Duas, aliás: o Sindicato dos Atletas Profissionais do Rio Grande do Sul e a Federação Nacional dos Atletas Profissionais, ambos presididos pelo gaúcho Ivo Amaral e sob a batuta jurídica do advogado Décio Neuhaus. O conceito de sindicalismo no futebol ainda está longe de alcançar o nível de unidade dos argentinos, capazes de parar o campeonato em defesa do interesse de seus afiliados.

Entretanto, no contexto de alienação histórica do jogador brasileiro, o avanço é consistente. O Rio Grande do Sul é o único estado da

212　Desemprego Futebol Clube

Federação com piso definido em convenção coletiva, no valor de R$ 246,79. O número de jogadores que admite entrar na Justiça para defender os seus direitos aumentou. Hoje, existem 200 ações ajuizadas na Justiça Trabalhista.

São as muitas facetas do Desemprego Futebol Clube, a fratura exposta e, ao mesmo tempo, escondida do país tetracampeão mundial.

10 mil jogadores estão sem clube

FAIXA	ATLETAS EM 1999	% EM 1999 EM 2000	ATLETAS	% EM 2000
1 salário	10.581	51,60	10.145	44,91
De 1 a 2 salários	6.787	33,20	9.401	41,63
De 2 a 5 salários	1.528	07,50	1.315	05,82
De 5 a 10 salários	474	0,230	629	02,79
De 10 a 20 salários	351	01,70	339	01,50
Mais de 20 salários	765	3,70	756	03,35
TOTAL	20,496	100,00	22.585	100,00

Fonte: Confederação Brasileira de Futebol (CBF Tribunal Superior do Trabalho (TST). Estudo sobre a Lei Pelé e os desafios para a Justiça do Trabalho (advogado Décio Neuhaus).

Claudiomiro, o capitão e operário

Claudiomiro de Lima Kershner tinha um futuro promissor. Surgiu no Guarani, de Cruz Alta, quinto lugar no Gauchão de 1994. Num piscar de olhos, estava no Grêmio. Foi colega de Danrlei, Arílson e Emerson no time finalista de torneios importantes como a Taça Belo Horizonte de juniores. O técnico Luiz Felipe recomendou que o jogador não fosse negociado, talvez surgisse uma chance logo ali.

Mas quando ele se viu sem aproveitamento imediato, deu ouvidos aos amigos errados e preferiu o passe livre. Paga pelo erro até hoje.

Tem conseguido trabalho, mas paga-se tão raramente e mal, que fica difícil festejar cada nova vitória sobre o desemprego. Apucarana, Londrina (Paraná), Inter e Riograndense (Santa Maria), Riograndense e Guarani (Cruz Alta), Avenida, Gaúcho, Pradense, São Paulo-RG, CRB (Alagoas): com exceção dos seis meses no Nordeste, para onde foi levado pelo ex-jogador Tonho, hoje treinador das divisões de base do Grêmio, em nenhum destes times Claudiomiro alcançou R$ 1 mil mensais. Os salários vão do mínimo a R$ 500, quando muito. Não há sequer como guardar economias.

Claudiomiro é o legítimo exemplo do capitão dentro e fora do campo, em versão desprovida de glamour. Em 1999, protagonizou uma das mais comoventes histórias de luta contra o desemprego do futebol gaúcho. O Riograndense, de Cruz Alta, planejava retornar aos gramados após dois anos de inatividade. Tinha três probleminhas: não havia time, estádio ou dinheiro.

O advogado José Portinho e o ferroviário aposentado Catarino Ajalla (morto em maio de complicações no coração) resolveram reviver o Riograndense. Nos bares, nas esquinas, nos campos de várzea de Cruz Alta, a notícia se espalhou. Quem não dava dinheiro ajudava com lâmpadas, argamassa, cimento. Claudiomiro festejou a possibilidade de arrumar vaga no mercado sem sair da cidade onde tenta terminar de pagar uma minúscula casa no valor de R$ 5 mil, na periferia de Cruz Alta. Só que o estádio Siqueira Borges parecia aquelas cidades fantasmas dos filmes de faroeste. Então, comandados por Claudiomiro —— capitão do time —, os próprios jogadores tornaram-se operários.

214   Desemprego Futebol Clube

Pegavam no batente às 8h e paravam só para o carreteiro do almoço. Treinavam à tarde e iam embora à noite, em ônibus de linha. Em 100 dias, cumpriram as exigências da Federação Gaúcha de Futebol: ergueram um alambrado novinho, reconstruíram as casamatas, substituíram as instalações hidráulicas e pintaram o pavilhão social. O time alcançou o octogonal final e terminou em sétimo lugar.

— Valeu a pena. Arrumamos trabalho para um grupo inteiro naquele semestre — sorri o volante, sentado no sofá de casa, observado pela sogra.

Dois anos depois, o estádio está abandonado. A crise obrigou o clube a fechar as portas.

Mas a luta dos jogadores-operários de Cruz Alta contra o desemprego nunca mais será esquecida.

Procura-se time. Mas por telefone

Sentado nas paupérrimas arquibancadas de madeira rachada do estádio do Riograndense, de Santa Maria, Claudiomiro é o retrato emblemático do desemprego no futebol gaúcho. Eliminado da terceira divisão, o seu ex-clube só voltará às atividades no segundo semestre do ano que vem.

Só restou ao volante de 26 anos implorar para receber algum dinheiro do salário atrasado de R$ 400, acomodar umas poucas peças de roupa na mochila e voltar para a periferia de Cruz Alta, onde mora com a mulher e a sogra. Está começando o momento mais deprimente na vida de um desempregado da bola: o de se oferecer para jogar.

A sina dos sem-trabalho no futebol tem muitas facetas. Pode-se dizer que é preciso talento de Garrincha para driblá-la e seguir em frente.

11 Gols de Placa   215

O misto de humilhação e constrangimento experimentado na hora de telefonar para dirigentes implorando emprego é um soco na boca do estômago de um sonho. No imaginário da gurizada nos campinhos de várzea, seu destino será entregar o futuro na mão de empresários engravatados, guiando Cherokee, com celular desligado e ar enfarado para não ouvir mais uma proposta milionária pelo seu pupilo. Mas o sonho vira realidade só para 1%. Não há espaço para todos neste universo. Para cada Ronaldinho, há centenas de Claudiomiros.

— Cara, nem me fala dessa hora. É brabo. A gente ouve cada coisa. Os dirigentes sabem que a gente tá na pior, e muitos jogam com isso. Pô, é só não, não e não. Bate um desânimo — desabafa Claudiomiro.

As desculpas variam pouco. A mais comum é "ainda não contratamos treinador". Sem as indicações do técnico, não há mesmo como buscar jogadores. O problema é que, quase sempre, é mero despiste. Outra enrolação é a universal "deixa o telefone que quando a gente começar a formar o time eu te ligo". Mas Claudiomiro não desiste. Telefona até para clubes nos quais não tem contato assinalado na agenda surrada:

— Me apresento, digo os clubes por onde passei, dou a idade. Vou à luta. É chato, mas é o jeito.

Assim, vão surgindo as dificuldades próprias de qualquer desempregado, mas inverossímeis aos olhos dos torcedores acostumados a ver na TV seus ídolos entrando em carrões e cercados de louras esculturais. A conta telefônica de Claudiomiro em períodos sem trabalho salta de R$ 30 para cerca de R$ 100. Para quem está terminando de pagar uma casa humilde no valor de R$ 5 mil em 24 prestações, é caro. Até os R$ 10 da passagem de ônibus de Santa Maria até Cruz Alta pesam no orçamento:

— Teve uma vez que quase cortaram o meu telefone. Já recebi até rifa de carro como pagamento na hora de acertar as contas ao terminar um campeonato. Em vez de dinheiro na mão, tive de sair vendendo rifas.

Para não perder a forma, só resta correr num gramado esburacado e duro, ótimo para lesões.

Como sobreviver até março, quando recomeçam as competições da Série B, do Gauchão e da Segundona? E no caso de não conseguir clube até lá, como pagar as contas? A alternativa seria retomar o ofício de chapeador, atendendo aos apelos da mulher, cansada de ver o marido tanto tempo longe de casa com tão pouco resultado financeiro. O sonho de ser descoberto por um olheiro o faz continuar.

Claudiomiro acorda todos os dias por volta de 8h para correr sozinho em um campo de várzea perto do bairro Nossa Senhora de Fátima, periferia de Cruz Alta. Companhia, só a dos cavalos que pastam atrás das goleiras. Recheado de buracos e desníveis, o local de grama rala, cercado por eucaliptos, é o mais inadequado possível. O solo duro multiplica o impacto nas articulações e amplia as chances de tendinites, por exemplo. Claudiomiro sabe disso.

— É o melhor lugar que há por aqui. O outro é um areão puro em frente de casa — suspira.

O Felipão dos sem-trabalho

22/10/2001

Dos 22 mil jogadores registrados na CBF, 10 mil estão sem clube, e só 1,5 mil têm time o ano inteiro

Ele precisa escolher 11 entre 70 jogadores, não ganha nada para isso e ainda suporta a pressão dos que ficam de fora. Se Luiz Filipe enfrentasse metade da realidade de Mílton Pedroso da Silva, talvez encucasse menos com a celeuma nacional criada em torno da expressão "do tempo em que se amarrava cachorro em linguiça", cunhada numa entrevista sobre o futebol do passado. Aos 45 anos, Miltinho — é esse o seu apelido — lidera uma iniciativa pioneira no Brasil. É treinador de um time formado só por jogadores desempregados.

A história da seleção dos sem-clube dá a dimensão exata do tamanho do problema. Formado apenas por alguns gaúchos no início, em março, hoje há jogadores de todos os estados pedindo uma chance a Miltinho, ex-jogador que pintou com luzes cintilantes nos juvenis do Inter campeão gaúcho em 1975, mas seguiu carreira no interior.

Para um grupo sem preparação adequada, os resultados surpreendem. O time do Sindicato dos Atletas Profissionais do Rio Grande do

Sul (Siapergs) venceu o misto do Inter por 2 a 0 e empatou com o do Grêmio em 0 a 0. Com substancial dose de incentivo de Luís Carlos Winck, técnico do São José, que franqueou o Estádio Passo D'Areia para as reuniões iniciais, o projeto deu os primeiros passos. Em 12 jogos, os desempregados perderam só quatro vezes — justamente as quatro primeiras partidas, quando a experiência era ainda mais improvisada e aparentemente condenada a não sair do papel.

A vitória do dia 10 de setembro sobre o Inter de Martinez, Juca, Jackson, Fábio Pinto, Eros Perez e Leandro Machado motivou um diálogo inusitado entre Miltinho e Carlos Alberto Parreira:

— Parabéns! Onde vocês treinam? — perguntou o cortês Parreira, cumprindo a tradição segundo a qual vencedores e vencidos se cumprimentam ao fim do confronto.

— Não treinamos — respondeu Miltinho.

— Como assim? — insistiu Parreira, espantado.

— Não treinamos. Ligo para o pessoal um dia antes e pronto — repetiu Miltinho, acrescentando detalhes que deixaram Parreira ainda mais estupefato.

Funciona assim.

Na véspera das partidas, geralmente jogos-treino contra equipes profissionais, Miltinho deixa de lado a sua casa lotérica na Avenida Assis Brasil e convoca os jogadores por telefone. Numa agenda vermelha, tem exatos 70 números de goleiros, zagueiros, volantes, meias e laterais. Ao lado de cada nome, rabisca informações adicionais, como ex-clubes e habilidades específicas. Se o jogo é em Porto Alegre, o deslocamento fica por conta do convocado. Se é no interior, o clube adversário banca hospedagem e transporte. A palestra ocorre dentro do campo, no aquecimento.

Há regras rígidas. Quem for contratado abre vaga para um companheiro desafortunado. Paulo Henrique, ex-Inter e Grêmio, era seu atacante. Um olheiro assistiu ao time do sindicato e o levou para o

Olaria-RJ. O ponteiro Almir perdeu lugar na equipe ao se acertar com o São Caetano.

— Sofro muita pressão. Mas não dá para todo mundo jogar. Fiquei surpreso com a procura. Primeiro, achei que só o pessoal do interior ia ligar, mas não: o desemprego está afetando jogadores com passagem por times grandes — revela Miltinho.

O próximo passo é fechar convênio com a Academia de Polícia Militar para uso do complexo esportivo da entidade. Se for possível patrocínio — aqui, fala-se de camisetas, chuteiras —, tanto melhor.

— Se não, tudo bem. O certo é que vamos continuar — avisa Miltinho, o Felipão dos desempregados.

A lenta agonia do futebol no interior

Não é difícil compreender as razões que levam Milton Pedroso da Silva ser obrigado a escolher entre 70 desempregados para escalar o time do sindicato. O futebol gaúcho está morrendo. Em 1999, 16 clubes disputaram a terceira divisão — batizada de "Segundona" pelos dirigentes. Este ano, restaram apenas sete. Os outros fecharam as portas. Em dois anos, portanto, o mercado do futebol gaúcho encolheu 47,3%. Levando-se em conta 11 titulares e cinco reservas por time, são 144 vagas a menos.

O público médio de série B deste ano foi de 1,2 mil pessoas, aí incluída a fase final. Na "Segundona", a Federação Gaúcha de Futebol (FGF) sequer teve como aferir o público, virtualmente inexistente. O Rio-grandense-SM, já sem chances no quadrangular final, cumpriu a última rodada, diante do Juventus, com 15 jogadores. Nem ônibus havia para levar o time até Santa Rosa. A saída foi enfiar todos numa van arrumada às pressas.

Mesmo os times vencedores não têm o que comemorar. O São Gabriel sagrou-se vice-campeão da Série B e retornou ao pelotão de elite após duas décadas. Houve até desfile em carro de bombeiro na cidade. Encerrada a Série B, só parte do time arrumou emprego na terceira divisão, cujo torneio ainda estava em andamento.

— Já recebi quatro telefonemas de jogadores nossos pedindo ajuda. Faço o que posso, dou um dinheirinho. É brabo deixar o pessoal sem pagar luz e aluguel — lamenta o presidente do São Gabriel, Roque Oscar Hermes.

Jovem, líder do Brasil. Mas desempregado

23/10/2001

"Tu não serve mais." A frase reverbera na cabeça do volante Odair desde uma certa sexta-feira de julho, final de tarde que tinha tudo para ser como tantos outros, não fosse o fatídico telefonema do então supervisor do Inter, Édson Prates. Era antevéspera da reapresentação para o segundo semestre de 2000.

De lá para cá, conta-se pouco mais de um ano. O suficiente para desmoronar sua vida. Vendeu carro e objetos pessoais para enfrentar o desemprego. Está sem clube desde julho. Deixou o orgulho de lado e aceitou dinheiro de amigos e familiares. Faltam R$ 5 para estourar o limite da conta no banco.

O drama social que atinge 10 mil dos 22 mil jogadores profissionais com registro na Confederação Brasileira de Futebol (CBF) deixou de ser uma realidade vinculada exclusivamente ao circuito do interior. Odair, 24 anos, é prova irrefutável disso. Seu caso faria Salvador Dalí, o mestre do surrealismo, ficar de queixo caído. De capitão de juniores do Inter e da seleção brasileira no Mundial da Malásia, caiu direto no poço do desemprego, sem escalas.

— Depois de ouvir aquele "não te apresenta, tu não serve mais", me dei conta que se colocar anúncio no jornal convocando jogador

222   Desemprego Futebol Clube

desempregado, aparecem 200 só no centro de Porto Alegre — alerta Odair.

Aconteceu assim com o garoto de Salete (SC), após 14 anos de Beira-Rio:

Cena I — Lá estava Odair viajando com a seleção brasileira sub-20 para todos os cantos do mundo. Jogava nos melhores estádios do planeta. Com a braçadeira verde-amarela, ganhou o Sul-Americano e o Mundialito, vergando uma certa Argentina de Pablo Aimar, Javier Saviola e Juan Riquelme. No Mundial da Malásia, os argentinos deram o troco. Voltou ao Inter e integrou o grupo campeão gaúcho de 1997. Em 1998, ainda em idade júnior, liderou a campanha do tetra na Taça São Paulo.

Corta.

Cena 2 — Depois de um empréstimo ao Fluminense, onde venceu a Série C com Carlos Alberto Parreira, retornou. Aí, o telefonema fatídico: o Inter o dispensara.

— Eu apenas recebia a lista de quem estava dispensado de se apresentar. O critério técnico não era meu — explica Édson Prates, hoje afastado pela direção.

Para Odair, foram três meses sem ser aproveitado, com o passe preso ao clube, e o salário rebaixado de R$ 5 mil para R$ 3 mil — até o empresário Luciano Cavalheiro comprá-lo por apenas R$ 54 mil. Zanzou pelo Veranópolis de Tite e América-RN buscando tão somente dinheiro para sustentar mulher, um filho e um enteado. Vendeu carro e objetos pessoais para sobreviver. O dinheiro dos atrasados parcelados do Fluminense, fonte única de sustento, secou.

— Cara, é muito difícil acordar de manhã e ter de correr sozinho. Os conhecidos me encontram e perguntam: "Onde tu tá, no Inter, no Fluminense?" E eu não estou em lugar nenhum. É horrível — desabafa Odair, com as mãos no rosto.

A explicação poderia estar na lesão contraída ao final do empréstimo ao Fluminense. Um estiramento nos ligamentos do joelho esquerdo obrigou-o a engessar a perna. Não houve operação. Antes de ser descartado, Odair já participava de recreativos normalmente. Hoje, corre de segunda a quarta-feira no Parque Marinha do Brasil, e, na quinta e na sexta, disputa até duas partidas de pelada por dia, indo de um lugar ao outro com o carro do sogro.

Tanto assim que foi dele, por ironia, o primeiro gol, de falta, na vitória por 2 a 0 do time do Sindicato dos Atletas Profissionais do Rio Grande do Sul sobre o Inter de Martinez, Juca, Jackson, Fábio Pinto e Leandro Machado, dia 10 de setembro. Só desempregados jogam no time treinado por Milton Pedroso da Silva, o Felipão dos sem-trabalho.

Apesar da melancolia e da depressão, Odair promete não se entregar

Para quem comandou a seleção brasileira ao redor do mundo, é difícil participar de jogos de sem-camisa versus com-camisa, como faz durante a semana. É inevitável uma ponta de melancolia ou depressão. Não virar um amargurado "jogador free-lancer", como são chamados nos bastidores do mundo da bola os que não param em clube algum, é uma meta de Odair.

— Não vou me entregar. Não quero pensar no Miranda e no Medina (Fernando Miranda e João Paulo Medina, presidente e coordenador técnico do Inter). Quero esquecer que me esqueceram depois de 14 anos de clube.

Ao tentar driblar a mágoa, Odair aprendeu com o desemprego. Aprendeu que, além dos problemas de sempre — calendário, recessão econômica, dirigentes autoritários, coronelismo político —, o futebol brasileiro enfrenta um agravante necessário e justo. As investigações das

224 Desemprego Futebol Clube

CPIs no Congresso amedrontaram os investidores. O desemprego não para de crescer e tornou-se perversamente democrático: afeta jogadores da capital e interior com ou sem currículo.

— Ao menos, esta situação está me ensinando. Em um ano, aprendi mais que em uma vida inteira — suspira Odair Hellmann, o volante que, em um ano, saiu da capitania da seleção de juniores para a angústia de não ter trabalho.

Campeão gaúcho corre na rua

24/10/2001

Em 1992, o Grêmio desembolsou por ele a pequena fortuna de US$ 30 mil, pagos ao América de Três Rios (RJ). Nada mau para um moleque de 16 anos. O nome de cartório é José Afonso da Silva, mas todos o conhecem pelo apelido que nasceu Cafuringa, evoluiu para Cafuné e, enfim, ganhou contornos definitivos: Funé. Sempre foi titular nas divisões de base. O técnico Luiz Felipe o convocou, aos 19 anos, para disputar o Brasileirão e ser campeão gaúcho de 1995 com o Banguzinho.

Seis anos depois, Funé amarga o sexto mês de desemprego no apartamento de 40 metros quadrados no Jardim Vila Nova, em Porto Alegre.

Aos 25 anos, procura clube, como 10 mil dos 22 mil jogadores brasileiros registrados na CBF. Entre o começo promissor e o limbo atual, Funé protagonizou o enredo de como empresários de futebol têm poderes para determinar o sucesso de um jogador ou condená-lo ao desemprego, independentemente da questão técnica. Magro (66 quilos), altura de 1m75cm, ele próprio reconhece não ser nenhum Romário. Mas não haveria de ser por trucidar a bola que Felipão o pinçou dos juniores para o eficiente Banguzinho. Como explicar, então, o desemprego? Funé ouviu o canto dos empresários. E se deu mal.

Nos tempos inesquecíveis de 1995, quando Luis Felipe o escalou em sete jogos no espaço de cinco dias, empresários travestidos de benfeitores o aconselharam a pedir passe livre — aqui, um parêntese:

226 Desemprego Futebol Clube

Em geral, empresários seguem à risca o estereótipo. Engravatados, armados de celulares minúsculos e caminhonetes incrementadas, grudam em talentos emergentes feito cola Superbonder. Aproveitam a cabeça cheia de sonhos de adolescentes ainda imberbes para lhes prometer o paraíso e, claro, lucrar muito com isso. Se der certo, restará algum dinheiro para o jogador, talvez uma boa soma. Do contrário, crescem as chances de surgir um novo Funé — fecha parêntese.

Então, a direção do Grêmio atendeu ao pedido do lateral, apesar de Felipão discordar, e liberou o passe.

— Diziam que eu ia ficar encostado, que não havia tempo a perder. Quando ganhei passe livre, sumiram todos e comecei a rodar por aí. Hoje, com outra cabeça, teria deixado meu passe preso ao clube. É o melhor para quem está começando — aconselha Funé.

Para alcançar o grupo principal da dupla Gre-Nal, o funil é estreito e cruel. Ficar vinculado ao clube pode ser a possibilidade de entrar em um negócio e tentar a sorte em outro lugar, no caso de não ser aproveitado no time de origem. Tinga rodou pela segunda divisão japonesa, retornou ao Grêmio com atuações opacas, passou cinco meses no Botafogo sem receber salários e, até ser descoberto como volante, não passava de reserva em vias de dispensa. Podia ter tido igual destino.

— Nada é pior do que ficar sem emprego. Nada mesmo. A Lei Pelé é benéfica para Edmundo, Romário, para quem é craque e tem mercado garantido. Para nós, está tudo como antes — analisa o lateral.

"Me dá um troço quando vejo gente como eu jogando bola na TV", desabafa Funé

Desde quando recebeu passe livre do Grêmio, Funé morou com a sogra, de favor. Parte do dinheiro que ganhava ia para a mãe comprar uma casinha no Rio. Há três meses, arriscou entrada de R$ 3 mil no apartamento onde mora com a noiva Rosimeri, funcionária do Grêmio. Os restantes R$ 22 mil serão repartidos em 36 vezes. Espera conseguir pagar. O desemprego acendeu o sinal de alerta. Vendeu por 8 mil um carro Pointer usado que valia R$ 12 mil. Os compradores perceberam a situação crítica e barganharam.

Se a sanha dos empresários desviou prematuramente a carreira do curso normal, o círculo vicioso do futebol aponta os algozes de ontem como única alternativa. Contrata-se mais pelo status do intermediário do que pela capacidade de marcar, driblar e fazer gols do jogador em questão. Só que o passado deixou-o desconfiado. Funé está sozinho hoje.

— Sei que sem empresário influente é impossível. Ligo a TV e vejo gente enchendo o bolso sem jogar mais do que muitos desempregados. Às vezes dá um troço por dentro e até desligo a TV — emociona-se.

Enquanto o emprego não chega, só resta a Funé manter a forma correndo no asfalto duro das ruas da Zona Sul, desviando-se dos carros, ouvindo motoristas neuróticos buzinarem e correndo o risco de tropeçar em algum buraco. Correr e esperar que ainda seja possível retomar o caminho desviado em 1995 pela realidade do Desemprego Futebol Clube.

Dos campos para os tribunais

25/10/2001

Ainda falta um longo caminho para os jogadores brasileiros atingirem níveis de organização como o dos argentinos e, assim, construírem instrumentos capazes de enfrentar o desemprego. Mas a criação da Federação Nacional dos Atletas Profissionais e o renascimento do Sindicato dos Atletas Profissionais do Rio Grande do Sul lançaram o estado à frente de um lento e gradual processo de conscientização em todo o país. Aos poucos, está indo embora o medo de enfrentar dirigentes.

As duas entidades são presididas pelo gaúcho Ivo Amaral e têm coordenação jurídica de Décio Neuhaus, um estudioso da legislação daqueles capazes de citar artigo, inciso, alínea de tudo. Os números gritam. Só este ano, foram ajuizadas 200 reclamatórias trabalhistas contra clubes. Trinta jogadores conseguiram passe livre na Justiça, a maioria por falta de recolhimento de Fundo de Garantia do Tempo de Serviço (FGTS) ou salários atrasados. A maior parte dos beneficiários ganha salários de fome.

Reaver nos tribunais o dinheiro não pago pelo trabalho executado é fundamental para garantir o sustento durante o período de desemprego. Os exemplos incluem jogadores famosos, de alguma notoriedade ou meros desconhecidos. A juíza da 58ª Vara do Trabalho do Rio de

Janeiro, Juliana Ribeiro, concedeu sentença em favor de Júnior Baiano, hoje no Shenshua, da China. Para conseguir o passe livre, o zagueiro da Copa de 1998 alegou que não recebia salários nem FGTS do Vasco havia oito meses. O presidente do clube, Eurico Miranda, recorreu da decisão. Antes dele, Juninho Pernambucano também conseguiu "alforria", mas não sem dura batalha nos tribunais. O meia venceu em primeira instância. O Vasco deu o troco e cassou a decisão com mandado de segurança, mas o ministro Francisco Fausto, do Tribunal Superior do Trabalho (TST), bateu o martelo em favor de Juninho. Livre, assinou contrato com o Lyon, da França.

O volante Rogério também se libertou do vínculo com o Palmeiras e, depois de um breve período desempregado, ganhou o direito de se transferir para onde bem entendesse: escolheu o Corinthians. O colombiano Aristizábal exerce sua profissão no América, de Cáli, através de mandado de segurança. Djair, ex-Grêmio, obteve passe livre graças à ação de Neuhaus, assim como Murilo, ex-Inter e desempregado. Alguns aceitam receber passe livre em troca do FGTS. É o caso do zagueiro Márcio Tigrão, ex-Inter e ex-Sturmgraz (Áustria), hoje sem clube. Não é o ideal, mas houve tempo em que a relação jogador-dirigente era tão democrática como as liberdades das mulheres em alguns países islâmicos.

— Aos poucos, o pessoal vai percebendo que entrar na Justiça com o objetivo de defender seus direitos é o normal de qualquer trabalhador. Não é nada contra o clube, contra a torcida — ensina o zagueiro Scheidt, do Corinthians.

Scheidt se surpreendeu ao constatar que o FGTS nos tempos de Grêmio não fora recolhido. Entrou na Justiça. No Parque São Jorge, fiscaliza mês a mês os depósitos.

Se, no Brasil, organizar uma greve de jogadores equivale a crer na paz entre judeus e palestinos a curto prazo, na Argentina é fato corriqueiro. Este ano, lá, o campeonato parou. As negociações terminaram por limitar a paralisação em dez dias, mas foram duas rodadas sem futebol aos domingos. Motivo: os 20 clubes da primeira divisão deviam US$ 60 milhões aos jogadores entre salários atrasados e premiações. O campeão era o River Plate: US$ 12 milhões, seguido pelos US$ 8 milhões do Boca Juniors. Somadas, as dívidas nas três divisões batiam em US$ 100 milhões.

Na Argentina, jogadores chegaram a fazer greve de futebol duas vezes em dois anos

Numa segunda-feira à noite, em maio, os capitães de todos os times profissionais do país — nenhum deles faltou — se reuniram com o presidente da União dos Jogadores Argentinos, Sérgio Marchi, no centro de Buenos Aires.

— Os dirigentes acreditavam que a festa nunca iria acabar. Mas acabou — afirmou Marchi, ao deflagrar a greve.

O pagamento de 40% da dívida e a promessa de parcelamento do restante encerrou o levante. A mediadora do acordo foi ninguém menos do que a ministra do Trabalho, Patrícia Bullrich. Um ano antes, na terceira divisão, torcedores do Excursiones invadiram o campo e agrediram jogadores do Communicaciones. Outra greve, desta vez por segurança nos estádios. O futebol no país só retornou depois de o presidente Fernando De La Rúa receber os líderes do movimento na Casa Rosada e declarar o assunto como "de Estado".

— Há muito ainda por fazer. Mas nossa semente está plantada. E já colhemos alguns frutos — resume o presidente do Sindicato e da Federação dos Atletas, Ivo Amaral.

O incrível mercado do desemprego

O desemprego no futebol atingiu tal dimensão, que começa a surgir uma espécie de mercado informal em torno do tema. Além do time do sindicato, que disputa jogos-treino com equipes profissionais e já conta com 70 nomes, há outras iniciativas.

É o caso do professor de educação física Renato Schmitt, 37 anos. Renato tem uma empresa que atua em várias frentes. O Inter contratou a Personal Soccer para fazer um trabalho menos cruel com as crianças que se submetem ao peneirão. Em vez do veredicto baseado em alguns minutos de pelada, os futuros talentos passam uma semana sob a supervisão de Renato, para qualificar os critérios de seleção. Com 10 anos de futebol, tanto no Inter quanto no Grêmio, os desempregados correram para Renato. Desorientados, procuram um porto seguro ligado ao meio futebolístico para não afundar.

Na prática, é uma ajuda sem contrapartida financeira alguma. Sem emprego, os jogadores prometem pagá-lo com o salário do próximo clube — se houver próximo clube. Renato não nega ajuda e nem cobra. O zagueiro Márcio Tigrão e os volantes Djair e Anderson são alguns dos que receberam o seu auxílio.

— Não pensei que a procura dessa fatia da realidade do futebol seria tão grande. Eles ficam perdidos. A cabeça vira um porongo. Talvez o mais importante seja a parte psicológica até. Acabam querendo opinião de tudo. É uma pressão sobre mim — espanta-se Renato.

Cézar Vargas se especializou em empresariar os sem-clube

Outro exemplo é o empresário gaúcho Cézar Vargas. Iniciante na profissão, especializou-se em arrumar clubes para jogadores sem emprego. Terça-feira, embarcou o volante André Vieira (ex-Grêmio) e o zagueiro Silvan (ex-Inter) para o Fortaleza, ambos do time do sindicato. A promessa dos dirigentes é R$ 6,5 mil mensais. O primeiro esteve no Lugano, da Suíça. O segundo andou pela Coreia do Sul. Haverá pagamento? Impossível prever. Luciano Dreher desembarcou para jogar no Atlético-GO feliz da vida pelo salário de R$ 6 mil. Ao chegar em Goiás, ainda no aeroporto, ouviu de um dirigente que se tratava, na verdade, de R$ 1 mil — nunca pagos, aliás.

— Já levei cada curva de empresário graúdo aí que foi uma beleza. Mas tudo bem. É ótimo ajudar o pessoal que está sem emprego. Na Europa, é mais complicado: eles pedem fita gravada com os melhores lances, e outra com um jogo inteiro — explica Vargas, um dos personagens do incrível mercado dos desempregados do futebol.

Empresa ligada a Pelé fica com US$ 700 mil do Unicef

MÁRIO MAGALHÃES nasceu no Rio de Janeiro em 1964. Formado em Jornalismo pela UFRJ, trabalhou na *Tribuna da Imprensa*, em *O Globo* e *O Estado de S. Paulo*. Hoje é repórter especial da *Folha de S. Paulo*, diário no qual ingressou em 1991 e do qual foi ombudsman (2007-2008). Entre os prêmios que recebeu, estão: Every Human Has Rights Media Awards, Inter American Press Association Awards, Lorenzo Natali Prize, Prêmio Anamatra (Associação Nacional dos Magistrados da Justiça do Trabalho), Medalha Chico Mendes, Prêmio Vladimir Herzog, Prêmio AMB (Associação dos Magistrados Brasileiros), Grande Prêmio Esso de Jornalismo, Prêmio Folha de Reportagem, Prêmio Direitos Humanos-RS, Prêmio Dom Hélder Câmara de Imprensa — Conferência Nacional dos Bispos do Brasil e moção de reconhecimento do Conselho Nacional de Arquivos. É coautor do livro *Viagem ao país do futebol* (DBA, 1998).

SÉRGIO RANGEL nasceu em Inhaúma, subúrbio do Rio, em 1971. Depois de trabalhar como balconista de farmácia, ele ingressou no jornalismo como estagiário da assessoria de imprensa do Maracanã em 1993. De lá, foi trabalhar na sucursal do Rio do jornal *O Estado de S. Paulo* em 1995, onde começou a fazer a cobertura da CBF e do futebol carioca. Em 1997, passou a ser repórter para a sucursal do Rio da *Folha de S. Paulo*. Desde então, já participou da cobertura de duas Copas do Mundo, trabalhou em mais de 20 países como enviado especial e ganhou três prêmios Folha com matérias sobre futebol.

Caso Pelé-Unicef: o rascunho premiado

Sérgio Rangel e Mário Magalhães

O porteiro não encarou o visitante que ele anunciava pelo interfone, tal a fixação com que olhava a fumaceira em Nova York, mostrada pela TV de parcas polegadas, no canto da mesa da recepção. Era o dia 11 de setembro de 2001, e as duas torres do World Trade Center acabavam de ser abatidas por aviões, no mais destruidor ataque terrorista já visto nos Estados Unidos.

Ainda não se sabia bem o que se passava, e Mário Magalhães lembrou-se de que naquela manhã seu pai desembarcaria no aeroporto novaiorquino John Fitzgerald Kennedy. O repórter afligiu-se, telefonou em busca de notícias, não as obteve, subiu pelo elevador e se sentou na sala para esperar o anfitrião com o qual nunca estivera — o pai, são e salvo, testemunhara ao vivo o impacto do Boeing contra a segunda torre.

O encontro em um bairro da Zona Sul carioca era para ter ocorrido com outro jornalista e meses antes, quando o homem que Magalhães aguardava pediu ajuda a um conhecido para conversar com alguém da sucursal da Folha de S. Paulo *no Rio. Seu interlocutor não teve dúvidas: o nome certo era o repórter de esportes Sérgio Rangel.*

O celular de Rangel tocou em Teresópolis, onde ele cobria os primeiros treinos da seleção brasileira sob o comando de um novo técnico, Luiz Felipe Scolari, que enfrentaria em poucas semanas o desafio da Copa América. No começo de um dia de junho, o time descansava na Granja Comary, e

238   Empresa ligada a Pelé fica com US$ 700 mil do Unicef

Rangel ainda não deixara a pousada em estilo suíço na qual se hospedava. Ele agradeceu o recado, transmitido por quem oito anos depois ainda optaria pelo anonimato. Em seguida, discou para a pessoa que o procurava.

Apesar da barulheira vinda do quarto vizinho, ocupado por um repórter que trombeteava o boletim radiofônico como se anunciasse o fim dos tempos, Rangel ouviu com nitidez o interlocutor. A dica era quente, em contraste com o frio que se insinuava na serra fluminense às vésperas do inverno: em uma contenda trabalhista, figurava uma empresa de Pelé. Talvez houvesse informações de interesse jornalístico acerca do mais notável jogador de futebol da história e ministro dos Esportes de 1995 a 98.

Contudo, a pauta teria de hibernar, alertou o repórter. Ele viajaria à Colômbia para acompanhar o torneio inaugural da era Felipão e só tocaria a investigação na volta. A seleção fracassou, eliminada por boleiros hondurenhos que de tão rechonchudos se assemelhavam mais a massagistas que a atletas.

Sérgio Rangel retornou ao Brasil, embrenhou-se em um sem-número de reportagens, e sua fonte apelou a outro jornalista da sucursal da Folha: *Mário Magalhães, antigo encarregado do noticiário esportivo que passara a cuidar também de outros temas. Ao saber que o colega fora informado antes, Magalhães ligou para se orientar. Sobrecarregado de pautas, Rangel tabelou: fariam a matéria juntos, e que Magalhães se encontrasse com o informante — ainda em agosto a dupla assuntou algumas fontes. Não seria a primeira investigação conjunta. Desde outubro de 1997, eles trabalhavam em dobradinha. Enquanto no dia 11 de setembro o homem discorria sobre o imbróglio judicial, Magalhães constatou que havia mesmo novidades. No entanto, teve a impressão de que o dono da casa não se dera conta do tamanho da notícia.*

Fontes sempre têm motivação. Do cidadão escrupuloso que zela pelo Estado de Direito ao crápula com propósitos sombrios, elas fornecem informações. A relevância jornalística do que contam se mede pelo interesse

11 Gols de Placa   239

público e pela veracidade. O caminho mais curto para a derrota do jornalista é considerar que um "garganta profunda" seja a apuração, e não o que é: o começo, o primeiro passo de investigação autônoma na qual cada versão será checada para compor o relato cujo responsável é o repórter. Fonte auxilia o trabalho do jornalista, não o substitui. Fontes têm causas diversas; a causa do jornalista é prestar um serviço público, o de informar. O ceticismo em relação a fontes não acarreta danos colaterais.

Rangel e Magalhães jamais escutaram de sua fonte original um só resmungo contra o negócio que seria o núcleo de suas reportagens. Apenas foram avisados de que, em virtude de um projeto beneficente na Argentina, o empresário Roberto Seabra recorria à Justiça do Trabalho contra a Pelé Sports & Marketing Ltda., companhia cujos sócios eram Edson Arantes do Nascimento, o Pelé, detentor de 60% das cotas, e Hélio Viana, de 40%.

Os três se associaram para promover um evento em favor da seção argentina do Unicef, o Fundo das Nações Unidas Para a Infância. Em contratos paralelos, o que era altruísmo transfigurou-se em empreitada para gerar lucro privado. O Move the World (Movimente o Mundo) não se realizou, e os US$ 700 mil amealhados com a sua preparação, em nome do amparo às crianças pobres do país de Maradona, foram embolsados por uma firma denominada Pelé Sports & Marketing Inc. Seabra reivindicou uma fatia. A fonte dos repórteres, cuja identidade não seria revelada, sugeria o foco na ação trabalhista. Para eles, o mais importante seria jogar luz sobre um lance ousado do trio: invocar solidariedade e, na contramão, permitir que a PS&M Inc. se apropriasse dos recursos.

No Tribunal Regional do Trabalho, a poucas centenas de metros do prédio da sucursal da Folha *no Centro do Rio, Rangel e Magalhães tiveram claro o que constituíra o empreendimento que se viria a conhecer como Caso Pelé-Unicef. Eles se dedicaram à análise compulsiva das 1.501 folhas dos sete volumes do processo 1.526, instaurado em 1997 na 18ª Vara.*

Na reta derradeira de esquadrinhamento dos autos, aos quais é assegurado acesso público, um funcionário graduado do TRT advertiu Rangel:

240   Empresa ligada a Pelé fica com US$ 700 mil do Unicef

se pretendiam citar o que leram, haveriam de possuir cópia, já que seria habitual o sumiço de documentos. O autor do alerta foi além: permitiu que os jornalistas não ficassem desprotegidos diante de eventuais desmentidos — e mais do que isso não se pode, nem é preciso, explicar.

O processo descortinava a triangulação de empresas cujo resultado foram os US$ 700 mil, todavia estava longe de elucidar toda a trama. Graças às regras de transparência do Estado da Flórida, cujos registros de corporações podem ser consultados na internet, os repórteres descobriram ser falsa a data do principal contrato para a promoção do evento do Unicef: o acordo incluía a Sports Vision Corp., firma americana que só foi fundada meses depois.

Proposital ou não, a troca de data escondia que, já ministro, Pelé continuava a operar no setor em que respondia pelo governo FHC. A teia empresarial exposta pelos papéis contradizia outras versões, e o cotejo de dados documentados com relatos dos envolvidos tomou mais tempo.

A primeira reportagem saiu em uma página e meia nos 495.725 exemplares do domingo, 18 de novembro de 2001. Na capa do caderno "Esporte", com o título "Empresa ligada a Pelé arma evento beneficente e fica com o dinheiro". Dentro, "O amigo das criancinhas". Em poucas semanas, a repercussão se espalhou por dezenas de países de todos os continentes. O ombudsman do jornal elogiou. A série conquistaria o Prêmio Folha de Reportagem. O episódio com Pelé e seus associados foi um dos pilares de matéria de capa da revista Veja *sobre bastidores do futebol.*

O que nunca se soube é que o texto principal veiculado era na verdade um rascunho, transmitido à redação em São Paulo mais de uma semana antes do fechamento. Por engano, editou-se o esboço, e não a reportagem encaminhada na sexta-feira, antevéspera da circulação. Como o raio não caiu duas vezes no mesmo lugar, restou um sopro de sorte: o "primeiro tratamento" não continha números ou afirmações fake *— era jornalisticamente correto. Escapou-se da catástrofe, mas os leitores perderam clareza:*

muitas passagens estavam longe da síntese que facilitava a compreensão e que acabou por ser impressa somente nas edições dos dias seguintes.

Uma das características essenciais das reportagens foi oferecer oportunidades ilimitadas de manifestação a Pelé, Viana e Seabra. Os dois últimos alternaram pronunciamentos lacônicos com o silêncio. O ex-ministro de início negou os fatos, e a seguir escudou-se no argumento de que ignorava o que ocorrera. Atacou o sócio Viana, com quem rompera. Existiam duas empresas Pelé Sports & Marketing: a Ltda., sediada no Rio, e a Inc., no paraíso fiscal das Ilhas Virgens Britânicas. Pelé dizia desconhecer a segunda.

Havia um trunfo particular da cobertura: a maioria dos documentos que a fundamentaram foi anexada ao processo 1.526 pelos três empresários — uma parte, os repórteres garimparam com fontes protegidas por sigilo. Nenhum papel foi questionado. Ou seja, todos reconheceram a autenticidade. Como consequência, a cada negativa sobrevinha uma nova reportagem esclarecendo os fatos, com base em papéis fidedignos.

Com o tempo, tornou-se uma espécie de jogo de gato e rato. Pelé disse que nunca cobrou por evento beneficente; reportagem exibiu contrato assinado por ele, Viana e Seabra prevendo lucro com o Move the World. Pelé e Viana contestaram manter relação com a PS&M Inc.; a Folha revelou procuração daquela companhia para a homônima brasileira. Pelé reafirmou nada saber de negócio em paraíso fiscal; novos furos trouxeram documentos com sua assinatura como "diretor-presidente" da firma das Ilhas Virgens Britânicas, não declarada ao Fisco.

Ele insistiu que não o haviam informado acerca do recebimento dos R$ 700 mil; um memorando evidenciou que o antigo jogador fora avisado sobre o dinheiro por seu advogado de confiança, o mesmo a declarar em carta que a PS&M Inc. pertencia a Pelé. O ex-ministro especulou que haviam falsificado suas assinaturas; mas elas constavam dos papéis que ele mesmo apresentou à Justiça para se defender no processo trabalhista. E assim por diante. Em 2003, Rangel e Magalhães produziram outras matérias sobre negócios ocultos de Pelé e Hélio Viana em paraísos fiscais.

242   Empresa ligada a Pelé fica com US$ 700 mil do Unicef

Ainda em 2001, a Receita multou a PS&M Ltda. devido a problemas anteriores à série da Folha. *Pelé, Viana e Seabra jamais responderam criminalmente pela operação com o Unicef — a rigor, as reportagens tratavam de ética, não do Código Penal. A despeito da vigorosa repercussão midiática, um segmento do jornalismo não disfarçou o constrangimento em noticiar as jogadas de um herói nacional como Pelé, ainda que ele as tivesse desenvolvido quando ocupava a função de ministro de Estado.*

No calor da publicação, Pelé prometeu que, se confirmado o depósito de US$ 700 mil em uma empresa sua, ressarciria o Unicef. À época, Mário Magalhães tinha 37 anos, e Sérgio Rangel, 30. Em 2009, os cabelos do primeiro haviam embranquecido, e os do segundo, rareado. As transações do Caso Pelé-Unicef haviam sido exaustivamente comprovadas. Até então, não se tinha notícia da devolução de um só tostão ao fundo da ONU.

Empresa ligada a Pelé arma evento beneficente e fica com o dinheiro

Sérgio Rangel e Mário Magalhães

Folha de S. Paulo, 18/11/2001

No dia 19 de novembro de 1969, ao marcar no Maracanã o gol historicamente considerado como o seu milésimo, o então jogador de futebol Pelé ofereceu o feito às "criancinhas do Brasil". Desabafou sobre as mazelas que as afligiam e pregou que o país olhasse por elas.

Num projeto beneficente de 1995, a preocupação de Pelé estendeu-se, formalmente, à infância carente da Argentina. No final, nenhuma criança do país de Maradona ganhou um só tostão ou doação. Já uma firma com o nome do ex-atleta, transformado em empresário esportivo e à época ministro dos Esportes, ficou com US$ 700 mil.

No dia 31 de janeiro de 1995, num contrato com a assinatura pessoal de Pelé, uma empresa localizada no paraíso fiscal das Ilhas Virgens (Antilhas) se comprometeu a organizar de graça, num gesto de generosidade, uma partida de futebol e um show, ambos com jogadores e cantores de renome mundial, para a seção argentina do Unicef (Fundo das Nações Unidas para a Infância). Pelé participaria sem nada cobrar.

O evento, batizado de Move the World (Movimente o Mundo), não foi realizado. O Unicef-Argentina nada ganhou. E a PS&M Inc. (Pelé

244   Empresa ligada a Pelé fica com US$ 700 mil do Unicef

Sports & Marketing Inc.), que recebeu US$ 700 mil para promover a festa, não repassou dinheiro algum ao órgão da ONU.

O amigo das criancinhas

Investigação da *Folha* nos últimos três meses descobriu outros fatos no caso da empresa de paraíso fiscal ligada a Pelé, 61, que ficou com US$ 700 mil destinados a uma festa do Unicef que não ocorreu·

1) A Pelé Sports & Marketing Inc. assinou contrato com uma empresa de Miami (EUA), a Sports Vision. No documento, Pelé se comprometeu a convencer jogadores e cantores a doar seus cachês e ceder os direitos de imagem ao Unicef.

Com cláusula de confidencialidade, que obriga as partes a guardar segredo, definiu-se que a PS&M Inc. receberia US$ 3 milhões para organizar o evento, em Buenos Aires. A presença de Pelé, que divulgaria a festa em até 25 viagens, seria obrigatória.

2) No dia 20 de novembro de 1994, quando a PS&M Inc. assinou o contrato com a Sports Vision, esta firma não existia, conforme registra certificado obtido pela *Folha* no Departamento de Estado da Flórida. A Sports Vision só foi criada em 19 de janeiro de 1995.

3) Em 20 de novembro de 1994 também não fora assinado o contrato da PS&M Inc. com o Unicef, firmado mais de dois meses depois. O documento no entanto contém, numa aparente adivinhação, referências minuciosas ao compromisso de 1995 entre a PS&M Inc. e o Unicef.

4) Outra empresa de Miami, a Global Entertainment Organization, tomou um empréstimo de US$ 3 milhões do Banco Patricios Cooperativo, da Argentina, com o objetivo de financiar a organização do Move the World. O banco quebrou antes de fazer o repasse total.O endereço da Global é o mesmo da Sports Vision em Miami. E o valor do emprés-

11 Gols de Placa   245

timo é igual à quantia a ser entregue à PS&M Inc., que recebeu US$ 700 mil enquanto o Patricios não fechou.

5) Em 1999, num processo trabalhista movido por um ex-funcionário (ou ex-sócio, dependendo da versão), uma empresa nacional de Pelé, a Pelé Sports & Marketing Ltda., anexou uma carta do presidente da Global Entertainment, Guillermo Bassignani, endereçada à PS&M Ltda.

A carta se referia ao projeto Move the World e favorecia os interesses empresariais de Pelé e seu sócio Hélio Viana. Só que na data em que foi escrita, 7 de maio de 1999, a Global já estava fechada havia quase quatro anos — foi dissolvida em 25 de agosto de 1995, como também apurou a *Folha* no Departamento de Estado da Flórida.

6) Oficialmente, Pelé não é ligado a outras empresas envolvidas no projeto da Argentina, além da PS&M Inc. Curiosidade: em Buenos Aires, o endereço da PS&M Inc. informado no contrato com o Unicef é o mesmo de Guillermo Bassignani, da Global. Em Miami, o endereço da Global (existência de novembro de 1994 a agosto de 1995) é o mesmo da Sports Vision (janeiro de 1995 a agosto de 1996).

7) Embora Hélio Viana tenha dito, em abril, à CPI da Câmara (CBF-Nike) que investigou o futebol, que era apenas um procurador da PS&M Inc., ele e Pelé tratam em documentos oficiais dos US$ 700 mil como dinheiro seu.

Num documento entregue à Justiça trabalhista e assinado por Pelé e Hélio Viana, a PS&M Inc. e a PS&M Ltda. são tratadas como se fossem a mesma coisa. O registro comercial em paraísos fiscais como as Ilhas Virgens, sede da PS&M Inc., impede que se conheçam os donos das empresas.

246 Empresa ligada a Pelé fica com US$ 700 mil do Unicef

Sócios rompem

Os contratos da PS&M Inc. com o Unicef-Argentina e a Sports Vision e a carta do presidente da Global Entertainment estão anexados ao processo 1.526/97, da 18ª Vara do Tribunal Regional do Trabalho, da 1ª Região, no Rio. Em sete volumes, os autos já somam 1.501 páginas.

Trata-se de uma reclamação trabalhista do empresário Roberto Diniz Seabra contra a Pelé Sports & Marketing Ltda. Ele se diz ex-funcionário da empresa, enquanto Pelé e Viana afirmam que Seabra é ex-sócio, o que invalidaria o pleito de caráter trabalhista.

Em 1996, ao sair da PS&M Ltda., Seabra assinou um pacto ("instrumento particular de pactuação de obrigações") com os dois principais sócios da empresa, Édson Arantes do Nascimento (o verdadeiro nome de Pelé) e Hélio Viana.

Seabra teria a receber 50% do lucro líquido de quatro contratos vigentes da empresa, destacadamente o Move the World.

Como não recebeu o que pensa ter direito — é contestado —, foi à Justiça, em 1997. Sem a disputa, não haveria hoje acesso público aos documentos relativos ao projeto na Argentina, juntados ao processo.

Vários aspectos chamam a atenção no contrato da PS&M Inc. com o Unicef-Argentina. Pela empresa, assinam duas pessoas — Viana e Seabra. Pelé assina como "interveniente".

Como no contrato com a Sports Vision e no pacto da ruptura com Seabra, Pelé assina pessoalmente — muitas vezes, ele usa procuradores. Ou seja: não só Viana e Seabra conheciam os detalhes do Move the World. Presente na celebração dos documentos, Pelé sabia de tudo.

Redigido em espanhol, em 17 páginas, o contrato com o Unicef repetidamente informa que a PS&M Inc. nada ganharia, assumindo eventual prejuízo com a realização do evento. Renunciaria "a receber alguma comissão que poderia lhe corresponder como organizador do evento em benefício do Unicef".

Pelé se compromete a jogar e a cantar uma música de sua autoria. Ele doa ao Unicef os direitos (filmagem, publicações etc.) relativos à iniciativa.

Já no contrato da PS&M Inc. com a empresa norte-americana Sports Vision — sete páginas escritas na língua inglesa —, Pelé volta a se comprometer a jogar. Promete até levar o filho, o então goleiro Edinho.

O texto não informa onde foi firmado o compromisso. Desta feita, a PS&M Inc. passa a ter direito a receber US$ 3 milhões da Sports Vision, que assegura lugar de destaque a Pelé na divulgação: "Sua participação será enfatizada como a figura cativante, principal e central do evento."

Por sua vez, Pelé prometeu "empenhar todo o esforço para convencer os jogadores e cantores reunidos a participar do evento e doar seus ganhos e ceder ao Unicef os direitos de transmissão e reprodução relacionados à sua participação".

Meses depois, ele visitou Diego Maradona em Buenos Aires. Falou com entusiasmo das ações do Unicef, como registram reportagens da época. Na Argentina, o órgão da ONU divulgou as ideias do evento beneficente, destacando a generosidade dos futuros participantes, inclusive Pelé, que nada cobrariam.

Ou seja: Pelé tentaria convencer astros do esporte e da música a atuar de graça, em nome da solidariedade, enquanto a empresa ligada a ele receberia US$ 3 milhões pela sua presença e pela organização da festa.

No contrato com o Unicef-Argentina, Pelé renunciou "em favor do Unicef ao recebimento de alguma soma de cachê profissional, direitos de filmagem e publicação por qualquer meio da sua imagem, assim como da reprodução de sua assinatura, de sua voz e toda participação artística e exploração comercial de seu nome e imagem que esteja relacionada com o evento".

No contrato com a Sports Vision, o ex-jogador deu a essa firma "o direito de usar a imagem, fotografias, vídeos, anúncios de televisão (...) de Pelé em todo o mundo com objetivos relacionados ao evento".

248 Empresa ligada a Pelé fica com US$ 700 mil do Unicef

Em suma: depois de se comprometer a organizar o Move the World de graça, a PS&M Inc. e Pelé firmaram contrato com outra empresa para ganhar US$ 3 milhões pelo trabalho.

A PS&M Inc. recebeu US$ 700 mil antes que o Banco Patricios fechasse. Nada foi organizado para o evento. O contrato com o Unicef foi extinto em abril de 1996. Os US$ 700 mil não foram devolvidos nem à Sports Vision nem ao banco (que requisitou a devolução) nem ao Unicef.

Na introdução do contrato com o órgão da ONU, assinado por Pelé, está escrito: "a Pelé Sports manifestou sua vontade de colaborar com a missão que o Unicef-Argentina leva a cabo no país, concedendo prioridade absoluta à proteção da vida e do desenvolvimento da infância".

Pelé se cala; sócio afirma 'inocência'

Procurado desde a última segunda-feira, o empresário e ex-jogador de futebol Pelé não se manifestou sobre os negócios envolvendo o projeto de 1995 com o Unicef-Argentina.

Foram deixados cinco recados em seu escritório de São Paulo. Num dos telefonemas, um assessor, José Fornos Rodrigues, o Pepito, foi avisado sobre as informações recolhidas para a reportagem.

Uma secretária disse que, horas depois, ainda na segunda, Pepito conversaria com Pelé.

Apesar de informado sobre os telefones, o fax e o e-mail do jornal, Pelé não respondeu. Por fax, foram-lhe enviadas 15 perguntas, não respondidas.

O empresário Hélio Viana, seu sócio na Pelé Sports & Marketing Ltda., fez breve declaração, na quarta-feira: "Prefiro não me pronunciar sobre esse assunto. Até porque a Pelé Sports & Marketing Ltda. e o Pelé

11 Gols de Placa   249

estão totalmente inocentes nessa história. Jamais recebemos qualquer recurso ou qualquer dinheiro. O máximo que posso dizer é isso."

Apesar de divergências que os têm afastado nos últimos meses, Pelé e Viana continuam formalmente como sócios na PS&M Ltda., uma das maiores agências de marketing esportivo do Brasil.

O empresário Roberto Seabra afirmou na terça-feira que só quer falar sobre o projeto Move the World nos autos do processo aberto com a reclamação trabalhista dele contra a PS&M Ltda. "Por enquanto, falo apenas na Justiça", disse.

O advogado Arnaldo Blaichman, defensor da PS&M Ltda. no processo trabalhista, afirmou: "A matéria está sub judice. Eu não posso falar sobre ela. Há um juiz, um pedido de comissões do Dr. Roberto nesses eventos. Não posso falar nada."

Pelé, Viana e Seabra assinaram o convênio com o Unicef. O contrato com a Sports Vision, que pagaria US$ 3 milhões à PS&M Inc., foi assinado por Pelé e Viana. A *Folha* não conseguiu localizar em Miami os diretores das extintas Sports Vision e Global Entertainment.

Em 1999, o argentino Guillermo Bassignani, que de 1994 a 1995 foi o presidente da Global, enviou carta à PS&M Ltda.

Escreveu, no documento juntado aos autos pela empresa de Pelé e Viana: "Informamos que o projeto Move the World, idealizado por nossa empresa em associação com a Sports Vision e o Unicef-Argentina, jamais se realizou em função da quebra do Banco Patricios, que pretendia investir no projeto. Como nenhuma outra empresa se interessou, o evento foi cancelado, e os valores contratados com V. Sa. [PS&M Ltda.] não foram pagos."

De acordo com documentos anexados ao processo, o dinheiro prometido era para a PS&M Inc., das Ilhas Virgens, e não para a PS&M Ltda., do Brasil. A PS&M Inc. reconhece que recebeu US$ 700 mil.

O Unicef na Argentina afirmou desconhecer que alguma empresa tenha recebido dinheiro pelo projeto frustrado. Julio Hurtado, coordenador de programas, disse que "efetivamente se firmou um convênio, mas não se realizou a atividade". Por telefone, afirmou: "Não se levou o evento a cabo porque não se deram as condições. Essa é a notícia que temos. O Unicef nada recebeu."

Sobre o recebimento de US$ 700 mil pela PS&M Inc., Hurtado falou: "Não sabemos disso. Para nós, até que vocês nos chamassem, não havia nenhum problema."

Acordo de Pelé pró-Unicef tem data falsa

19/11/2001

É falsa a data do principal contrato relativo ao evento beneficente Move the World (Movimente o Mundo), da seção argentina do Unicef (Fundo das Nações Unidas para a Infância), planejado para 1995 e que nunca ocorreu.

O ex-jogador de futebol Pelé e as empresas PS&M Inc. (Pelé Sports & Marketing Inc.) e Sports Vision Corp. dataram o contrato como tendo sido assinado em 20 de novembro de 1994. É o que se lê na página 7 do acordo, que foi redigido em inglês.

Na verdade, porém, o contrato foi celebrado em fevereiro de 1995. O objetivo da antecipação da data, conforme duas pessoas que tomaram conhecimento do projeto ainda em 1995, teria sido esconder a atividade empresarial de Pelé, 61, ministro do Esporte de Fernando Henrique Cardoso desde janeiro daquele ano.

Ao divulgar o evento no mundo inteiro, Pelé poderia dizer que se tratava de compromisso assumido antes de tomar posse no governo de Fernando Henrique.

Empresa fantasma

O documento previa o pagamento de US$ 3 milhões à PS&M Inc. para organizar o evento e, principalmente, assegurar a presença de Pelé.

Já ministro, ele assinou o contrato, comprometendo-se a fazer até 25 viagens internacionais de promoção da festa e a recrutar atletas e cantores de fama mundial para atuar de graça.

Além dos depoimentos obtidos pela *Folha*, com o compromisso de não identificar as pessoas, há duas evidências de que a data do contrato foi falsificada:

1) A Sports Vision, empresa sediada nos Estados Unidos, só foi criada em 19 de janeiro de 1995, conforme certificado obtido pelo jornal em agosto passado na Divisão de Corporações do Departamento de Estado da Flórida.

O documento informa o endereço da empresa (1450, N.W. 82nd Ave., Miami), que em fevereiro de 1995 de fato já existia. Em 1994, data *fake* do contrato, a Sports Vision era fantasma.

2) O contrato assinado por Pelé e as duas empresas "em 1994" faz referência ao "já celebrado" convênio entre a PS&M Inc. e o Unicef-Argentina em 31 de janeiro de 1995.

Generosidade

Conforme a *Folha* revelou ontem, Pelé assinou pessoalmente o convênio de 31 de janeiro de 1995. Nele, a Pelé Sports & Marketing Inc., empresa com sede no paraíso fiscal das Ilhas Virgens (Antilhas), prometeu ao Unicef-Argentina organizar de graça o evento beneficente Move the World.

A receita da festa, em Buenos Aires, seria revertida para o Unicef. Preocupado com as dificuldades das crianças pobres argentinas, Pelé participaria sem cobrar cachê, comissão ou qualquer tipo de remuneração.

O evento não foi realizado. O Unicef nada ganhou. E a PS&M Inc., que recebeu US$ 700 mil originários de um banco para montar a festa, ficou com tudo e não repassou nenhum dinheiro para o órgão da ONU.

Depois de assinar o convênio com o Unicef para trabalhar gratuitamente, Pelé e a PS&M Inc. firmaram o contrato com a Sports Vision para fazer exatamente a mesma coisa, só que ganhando US$ 3 milhões.

Outra empresa de Miami, a Global Entertainment Organization, tomou um empréstimo de US$ 3 milhões do Banco Patricios Cooperativo, da Argentina, com o objetivo de "financiar a organização do Move the World".

Mas o banco quebrou antes de fazer o repasse total.

A Global faria o pagamento à Sports Vision, que depois pagaria a PS&M Inc. Antes de o banco fechar, US$ 700 mil chegaram à PS&M Inc.

Justiça trabalhista

Os documentos relativos ao Move the World encontram-se acessíveis ao público no processo 1.526/97, da 18ª Vara do Tribunal Regional do Trabalho, da 1ª Região, no Rio. No total, os autos do processo acumulam 1.501 páginas em sete volumes.

É uma reclamação trabalhista do empresário Roberto Seabra contra a Pelé Sports & Marketing Ltda., empresa sediada no Rio de Janeiro, cujos sócios são Édson Arantes do Nascimento (o verdadeiro nome de Pelé) e Hélio Viana. Pelé tem 60% das cotas, enquanto Viana detém 40%.

Os dois afirmam que Roberto Seabra, que se diz ex-funcionário da PS&M Ltda., é ex-sócio, o que invalidaria a reivindicação de cunho trabalhista.

Em 1996, ao deixar a PS&M Ltda., Roberto Seabra assinou um pacto com Pelé e Hélio Viana. Seabra teria a receber 50% do lucro líquido de quatro contratos vigentes da empresa, em especial o Move the World.

No documento que formaliza o pacto (série de compromissos mútuos), Pelé, Viana e Seabra falam em "lucro líquido" do projeto, que no convênio com o Unicef seria uma ação beneficente do ex-atleta e da PS&M Inc.

Como não recebeu aquilo a que pensa ter direito, Seabra foi à Justiça, em 1997. Quer US$ 350 mil da festa não realizada para o Unicef.

Ainda sócios

Embora tenham se afastado nos últimos meses, Pelé e Viana continuam legalmente como sócios na PS&M Ltda., uma das maiores agências de marketing esportivo do Brasil.

No convênio com o Unicef, todos os que hoje se confrontam estavam unidos.

Viana e Seabra assinaram pela PS&M Inc., empresa cujos donos são desconhecidos, já que o tipo de registro comercial em paraíso fiscal esconde a identidade dos proprietários.

Pelé assinou como pessoa física, assumindo os deveres de divulgação, organização e participação na festa.

No contrato com a Sports Vision, o representante da PS&M Inc. foi Hélio Viana. De novo, Pelé assinou pessoalmente, assegurando que cumpriria todas as exigências contratuais necessárias para a empresa das Ilhas Virgens que leva seu nome receber os US$ 3 milhões pela festa "beneficente".

Caixa único

Em abril, num depoimento à CPI (Comissão Parlamentar de Inquérito) da Câmara dos Deputados que investigou o futebol, Hélio Viana afirmou que nem ele nem Pelé são donos da PS&M Inc., mas apenas da PS&M Ltda. Não identificou os proprietários da firma das Ilhas Virgens.

Curiosamente, no pacto anexado ao processo trabalhista e reconhecido por Hélio Viana, Pelé e Roberto Seabra, o dinheiro do projeto Move the World é considerado receita da PS&M Ltda., a empresa brasileira.

O contrato para receber os US$ 3 milhões, no entanto, foi feito pela PS&M Inc., a empresa sediada no paraíso fiscal. Não há explicação de como as receitas de empresas diferentes mudam de beneficiário no pacto.

Crimes

Num parecer de maio de 1999, a procuradora regional do Trabalho Heleny F. A. Schittine, após analisar o processo, escreveu: "[Os autos] apresentam fortes indícios de crimes, inclusive na área fiscal."

Como crime fiscal "foge às atribuições" do órgão trabalhista, a procuradora não investigou a sua possível existência.

Documento derruba versão dada por Pelé

22/11/2001

Documento de quatro páginas reconhecido como legítimo na Justiça pelo próprio Pelé contradiz sua própria versão sobre seu papel na organização de um evento não realizado em benefício da seção argentina do Unicef (Fundo das Nações Unidas para a Infância).

Pelé afirmou em Nova York (EUA) que nunca cobrou remuneração por trabalhos em favor de crianças pobres. "Há 32 anos eu ajudo o Unicef. Quem me conhece sabe que eu não faria isso", disse anteontem.

No *Jornal da Globo* de segunda-feira, assegurou: "(...) Vocês sabem que eu trabalho com crianças, que eu peço para as crianças e que eu nunca cobrei nada. E não iria ser agora."

Mas, nas quatro páginas de um acordo assinado em 25 de abril de 1996 pelo ex-atleta, seu sócio Hélio Viana e o antigo colaborador Roberto Seabra, os três definem a divisão dos lucros com a operação relativa a uma festa do Unicef prevista para 1995 — e nunca realizada — e outros negócios.

A PS&M Ltda. (Pelé Sports & Marketing Ltda.), empresa de Pelé e Hélio Viana, ficaria com 50% de "todos os valores e remuneração contratual líquida". Seabra ficaria com a outra metade.

Detentor de 60% das cotas da PS&M Ltda., Pelé é apresentado no documento como "sócio majoritário e controlador" da empresa. Viana, dono de 40%, é "diretor-superintendente".

Além de faturar como empresário no projeto argentino, Pelé teria a possibilidade de também receber individualmente, como pessoa física. Sobre a festa para o Unicef, o acordo fala na perspectiva de "saldo positivo em favor da PS&M ou do interveniente em virtude das remunerações de toda a espécie recebidas por força de tais contratos".

O interveniente é Pelé. A remuneração seria recebida pela organização e participação no evento em Buenos Aires. O documento é um "instrumento particular de pactuação de obrigações, cessão de direitos, comodato de imóvel e outras avenças [acordos]". É o que se chama de pacto.

Foi assinado uma vez por Hélio Viana, como sócio da PS&M Ltda. Uma vez por Roberto Seabra, como pessoa física. E duas vezes por Édson Arantes do Nascimento, o nome de Pelé: uma como sócio majoritário da PS&M Ltda. e uma como pessoa física.

Conforme a *Folha* revelou domingo, em 1995 Pelé e uma empresa ligada a ele, a PS&M Inc. (Pelé Sports & Marketing Inc.), prometeram realizar de graça um evento beneficente para o Unicef-Argentina. Num contrato paralelo, passaram a cobrar pelo trabalho, a ser pago por uma empresa dos EUA (Sports Vision) com dinheiro de um banco argentino.

No final, o evento não foi realizado, a PS&M Inc. ficou com US$ 700 mil e não entregou nenhum tostão ao órgão da ONU.

Pelé assinou pessoalmente, sem intermediários, o convênio com o Unicef, o contrato com a Sports Vision e o pacto de 1996.

O pacto foi redigido na saída de Seabra da PS&M Ltda. Ele diz que era funcionário da empresa. Segundo Pelé e Hélio Viana, era sócio. O documento define a remuneração de Seabra em quatro negócios vigentes, inclusive o projeto para o Unicef — iniciativa na qual os três estavam juntos.

Como não recebeu o que considera seu direito, Seabra foi à Justiça trabalhista em 1997. Ainda não há sentença. No processo, a *Folha* descobriu o pacto que trata o evento filantrópico como empreendimento comercial com direito a partilha de lucros.

O trecho sobre pagamento a Pelé até como pessoa física conta que a PS&M (não informa se a Ltda., brasileira, ou a Inc., das Ilhas Virgens) tomou no Brasil um empréstimo bancário de R$ 1,45 milhão. Não diz se foi por conta do evento do Unicef e o que foi feito com o dinheiro.

Advogado avisou Pelé sobre US$ 700 mil

29/11/2001

O advogado do ex-jogador Pelé avisou-o no dia 23 de setembro de 1996 que a Pelé Sports & Marketing Inc. estava com US$ 700 mil oriundos do projeto de uma festa beneficente e aconselhou a empresa a ficar com o dinheiro, nada entregando ao Unicef (Fundo das Nações Unidas para a Infância).

O autor do texto, um memorando de cinco páginas, foi o advogado Sérgio Chermont de Britto. Os destinatários foram os donos da PS&M Ltda. (Pelé Sports & Marketing Ltda.): o "Atleta do Século" e Hélio Viana.

O conteúdo da mensagem contradiz a versão de Pelé de que antes do dia 18, quando o caso foi revelado pela *Folha*, ele ignorava a posse pela PS&M Inc. dos US$ 700 mil movimentados na preparação de um evento filantrópico a favor da seção argentina do Unicef, que não chegou a ocorrer.

No domingo à noite, Pelé afirmou: "Se usaram o nome do Unicef para ganhar dinheiro, o justo seria empregar esses US$ 700 mil no Unicef. Todos sabem da minha preocupação com as crianças. Nem que eu tenha que fazer isso tirando do meu próprio bolso, eu vou fazer."

A carta de Chermont de Britto informa justamente que a PS&M Inc. recebeu dinheiro em nome de um evento em prol do Unicef. E que, na

262 Empresa ligada a Pelé fica com US$ 700 mil do Unicef

análise do advogado, não era o caso de ceder a receita a ninguém, nem mesmo ao Unicef.

Chermont de Britto era advogado de Pelé, Viana e da PS&M Ltda. Com a recente ruptura dos sócios, ele ficou ao lado de Pelé.

A PS&M Ltda., empresa brasileira, tinha procuração para fazer negócios da homônima PS&M Inc., cuja sede fica no paraíso fiscal das Ilhas Virgens.

Memória

O "desconhecimento" de Pelé sobre o "uso do Unicef para ganhar dinheiro" também é contraditório com três documentos assinados pelo próprio ex-ministro do Esporte.

Em janeiro de 1995, Pelé e a PS&M Inc. assinaram um convênio com o Unicef-Argentina se comprometendo a organizar de graça um evento beneficente denominado Move the World (Movimente o Mundo).

Logo depois, Pelé e a PS&M Inc. assinaram um contrato com a empresa norte-americana Sports Vision para a PS&M Inc. receber US$ 3 milhões pelo trabalho pró-Unicef que prometera fazer gratuitamente.

Em 1996, Pelé, Hélio Viana e Roberto Seabra, antigo aliado dos dois, assinaram um pacto definindo a divisão dos lucros do Move the World, festa antes tratada como filantrópica.

Ou seja: Pelé assinou três documentos e seu advogado enviou uma carta a ele e Hélio Viana falando de valores em posse da PS&M Inc. Mesmo assim, afirma que não sabia do "uso do Unicef para ganhar dinheiro".

Durante todo o tempo (1995-96), Pelé era ministro do Esporte do governo Fernando Henrique Cardoso.

A Sports Vision receberia os US$ 3 milhões de outra empresa dos EUA, a Global Entertainment, que os tomou emprestados do Banco Patricios, da Argentina.

O banco quebrou antes de pagar tudo. O evento não foi realizado. US$ 700 mil chegaram à PS&M Inc., que ficou com o dinheiro e nada repassou ao Unicef.

Pelé e Hélio Viana, hoje rompidos, mas ainda legalmente sócios, trocam acusações.

O ex-atleta afirmou que "parece que Hélio Viana teve envolvimento com o que aconteceu". Seus advogados afirmaram que os US$ 700 mil passaram por contas bancárias em Nova York e acabaram em contas particulares de Viana.

Já Hélio Viana sugere que Pelé usou o dinheiro do Move the World para comprar o passe do jogador Giovanni, ex-Santos.

Multa

A *Folha* descobriu o memorando de Chermont de Britto num processo trabalhista — de acesso público — em que o empresário Roberto Seabra cobra da PS&M Ltda. direitos que lhe julga devidos, inclusive US$ 350 mil do Move the World.

Foi Roberto Seabra quem anexou a carta de Chermont de Britto ao processo. Um advogado seu recebeu cópia do advogado de Pelé, quando ainda inexistia o confronto que motivou a reclamação trabalhista.

O documento é endereçado à PS&M Ltda., em atenção ao "ministro Édson Arantes do Nascimento" (o nome de Pelé) e ao "Dr. Hélio Viana".

Há dois números de fax para envio: um no Rio e outro em Santos, cidade onde Pelé mora e tem um escritório controlado por parentes e amigos próximos.

A pedido de Hélio Viana, Chermont de Britto analisou no memorando o que fazer com o projeto interrompido na Argentina.

264   Empresa ligada a Pelé fica com US$ 700 mil do Unicef

O advogado afirma que o banco Patricios "ameaçou" cobrar os US$ 700 mil da PS&M Inc., mas lembra que não houve contrato direto entre a instituição financeira e a empresa das Ilhas Virgens ligada a Pelé.

A PS&M Inc. não precisaria, na sua opinião, pagar o dinheiro ao banco Patricios.

Também não deveria, para Chermont de Britto, devolvê-lo à Sports Vision, empresa contratualmente responsável pela entrega do dinheiro à PS&M Inc.

O memorando revela que houve uma alteração do convênio entre a PS&M Inc. e o Unicef no dia 28 de fevereiro de 1995.

De acordo com o novo texto, a PS&M Inc. deveria indenizar o Unicef em US$ 500 mil se o evento "fosse cancelado pela responsabilidade exclusiva da Pelé Sports".

Chermont de Britto não aconselha o pagamento da indenização: "Para o Unicef poder cobrar a multa de US$ 500 mil prevista (...), precisa provar que o evento não se realizou por responsabilidade exclusiva de Pelé, o que não me parece fácil."

Não consta do texto a avaliação sobre a legitimidade de o dinheiro, obtido com o propósito alegado de montar uma festa para ajudar a infância pobre, ficar com a PS&M Inc., e não com o Unicef.

Advogado não é encontrado para comentar carta

A *Folha* tentou falar desde anteontem nove vezes com o advogado Sergio Chermont de Britto no seu escritório, em sua casa e no telefone celular. Não conseguiu.

Sua secretária disse ontem que o advogado, residente no Rio, estava em São Paulo, mas que não o localizou. O celular de Chermont de Britto, disse ela, ficou no Rio, sendo impossível entrar em contato com ele.

O advogado Nélio Machado, um dos representantes de Pelé no confronto jurídico com Hélio Viana, foi procurado três vezes. Uma secretária disse que ele havia viajado do Rio para Brasília. De acordo com a funcionária, Machado recebeu o recado da *Folha*. Até as 19h não ligou de volta.

Pelé está viajando, com compromissos no Reino Unido, na Coreia do Sul e em Cingapura. O jornal tentou ouvir sócios e assessores seus na Pelé Pro, nova empresa do ex-ministro em São Paulo. Dois recados não foram respondidos.

O empresário Hélio Viana afirmou, sobre o memorando enviado a ele e Pelé em 1996: "Eu me recordo do documento. Eu e Pelé o solicitamos para conhecer o risco jurídico [das atitudes a tomar em relação ao projeto Move the World]."

Viana criticou os advogados de Roberto Seabra por anexar a um processo trabalhista um documento enviado por um advogado da PS&M Ltda. a um defensor de Seabra.

"Não acho ético por parte dos advogados de Roberto Seabra juntar ao processo um comunicado dessa natureza", disse.

Seabra afirmou que só se pronuncia nos autos do processo em que pede da PS&M Ltda., empresa na qual trabalhou, pagamentos que julga lhe serem devidos.

Documentos contradizem a defesa de Pelé

14/12/2001

Documentos e fatos contradizem a versão de Pelé sobre o evento beneficente não realizado Move the World (Movimente o Mundo). Alguns exemplos:

1) O ex-jogador afirma que parte dos US$ 3 milhões a serem recebidos pela PS&M Inc. serviria para "pagar artistas". Como, se Pelé se comprometia em contrato a recrutar astros dispostos a atuar de graça?

2) Pelé disse que, "na sua ótica", a organização do evento e o lucro seriam da PS&M Ltda. (empresa brasileira), e não da PS&M Inc. (Ilhas Virgens). No convênio com o Unicef e no contrato com a Sports Vision (firma dos EUA), contudo, estava escrito, no começo, no meio e no fim, que a empresa seria a PS&M Inc. O ex-ministro assinou os dois documentos.

3) "Só há pouco tempo eu soube que a Global [empresa dos EUA] tinha dado US$ 700 mil para a PS&M Inc.", diz Pelé. Em 23 de setembro de 1996, porém, seu advogado Sérgio Chermont de Britto informou-o, por carta, de que a PS&M Inc. estava de posse de US$ 700 mil e que não era o caso de entregar a quantia a ninguém, nem ao Unicef.

Além de enviada para a sede da PS&M Ltda., no Rio, a carta foi transmitida por fax para uma empresa de Pelé em Santos, onde pa-

268 Empresa ligada a Pelé fica com US$ 700 mil do Unicef

rentes de confiança dirigem os negócios e recebem e entregam a correspondência para Pelé.

4) Pelé afirma que, para o Move the World, deu procuração a seu então sócio na PS&M Ltda., Hélio Viana. Ocorre, no entanto, que o ex-jogador assinou pessoalmente o convênio, o contrato e o pacto para a divisão de lucros relativo ao evento não realizado — não foi representado por Viana em nenhum desses atos.

5) O ex-ministro insinua que sua assinatura possa ter sido falsificada nos documentos fundamentais relativos ao Move the World. Esses papéis, contudo, não tiveram a autenticidade de assinaturas ou texto questionada por advogados fiéis a Pelé em diversos processos judiciais em curso no Rio. Esses advogados ficaram ao lado de Pelé, e não de Viana, quando os dois romperam.

6) Pelé afirma que está comprovado que Viana ficou com "todo o dinheiro". A única comprovação, conforme relato de 1996 do advogado de Pelé, Sérgio Chermont de Britto, é de que a PS&M Inc. recebeu o dinheiro. Não se sabe de quem são as contas para as quais ele foi drenado. Reservadamente, um dos atuais parceiros de Pelé admite que uma conta antes citada como sendo de Viana é de um doleiro do Rio.

7) O argentino Guillermo Bassignani, que mandou uma carta para Pelé falando de depósitos no caso Move the World, é o mesmo que em 1999 assinou um documento anexado a um processo trabalhista dando a entender que a empresa Global Entertainment, fechada em 1995, continuava ativa.

8) Pelé e Hélio Viana polemizam sobre o destino do dinheiro — cada um afirma querer sua parte "desviada". Mas não falam em ressarcir a entidade filantrópica em nome da qual foram arrecadados US$ 700 mil para um evento não realizado.

Pelé fechou outro contrato da PS&M Inc.

29/12/2001

O ex-jogador Pelé, 61, não assinou em 1992 apenas um contrato como diretor-presidente e único responsável pela PS&M Inc. (Pelé Sports & Marketing Inc.): foram pelo menos dois.

Além do documento arquivado com o número 307728, o 3º Ofício de Registro de Títulos e Documentos, no Rio, microfilmou e autenticou outro contrato no dia 11 de novembro de 1992: o de número 307727.

Anteontem, a *Folha* revelou a existência do contrato 307728, da PS&M Inc. com a International Sports Ltd., das Bahamas.

Pelé o assinou como diretor-presidente da PS&M Inc., como responsável (único) da empresa, como pessoa física (espécie de fiador dos compromissos da PS&M Inc.) e rubricou as páginas.

O outro contrato, o 307727, reúne as mesmas empresas: a PS&M Inc. e a International Sports Ltd.

Pelé repetiu a qualificação "diretor-presidente". Assinou sozinho pela empresa, fez o mesmo como fiador e rubricou as folhas.

Desta vez, a PS&M Inc. cedeu o seu presidente para aparecer como autor de um livro sobre os grandes estádios do mundo. A PS&M Inc. recebeu US$ 20 mil de adiantamento e teria direito a 20% do preço de capa em todos os países onde o livro fosse editado.

270 Empresa ligada a Pelé fica com US$ 700 mil do Unicef

Para isso, Pelé teria que se deixar fotografar em cinco estádios de diferentes países (Brasil, México, Itália, Reino Unido e Uruguai). Viajaria pelo mundo para divulgar a obra. Daria acesso a seus arquivos pessoais.

Pelé diz que não tem "ligação empresarial, societária e financeira" com a PS&M Inc. A empresa se localiza no paraíso fiscal das Ilhas Virgens (América Central).

A PS&M Inc. é a empresa que se apropriou em 1995 de US$ 700 mil movimentados em torno de um evento beneficente nunca realizado a favor da seção argentina do Unicef (Fundo das Nações Unidas para a Infância).

A afirmação de que a empresa das Ilhas Virgens que leva o seu nome e é homônima de firma sua com sede no Rio (a PS&M Ltda.) nada tem a ver com o ex-atleta é um dos pilares de sua versão no caso: Pelé diz que não sabia que US$ 700 mil ficaram em mãos privadas, e o Unicef, sem nada.

Segundo Pelé, se a PS&M Inc. não era sua, e ele não mantinha relação alguma com a empresa, seu nome não poderia ser associado à operação na qual a companhia das Ilhas Virgens ficou com todo o dinheiro levantado em nome de uma festa filantrópica.

O contrato 307727 é mais um documento a contradizer Pelé. Sua assessoria afirma que ele foi induzido a erro pelo antigo sócio Hélio Viana, que teria feito o ex-atleta assinar pela PS&M Inc. quando acreditava que fosse pela brasileira PS&M Ltda.

Desde a revelação do caso Pelé-Unicef pela *Folha*, em 18 de novembro, o ex-ministro do Esporte tem renegado diversos documentos que assinou. Em 1995, Pelé e a PS&M Inc. celebraram convênio com o Unicef comprometendo-se a organizar de graça o evento beneficente, composto de jogo de futebol e show musical.

Num contrato paralelo, com a empresa norte-americana Sports Vision, a PS&M Inc. passou a ganhar US$ 3 milhões pelo trabalho pró-Unicef que antes faria de graça. Pelé assinou esse contrato.

O dinheiro sairia do banco argentino Patricios, que quebrou antes de fazer todo o repasse. Não houve o evento. A PS&M Inc. ficou com os US$ 700 mil que chegou a receber por conta da festa.

Hoje, Pelé diz que foi enganado: afirma que imaginava ser a PS&M Ltda. (Pelé Sports & Marketing Ltda.) a empresa envolvida no negócio. O convênio com o Unicef e o contrato com a Sports Vision, assinados pessoalmente por Pelé, eram claros: a firma era a PS&M Inc., das Ilhas Virgens.

Em 1996, o advogado Sérgio Chermont de Britto, representante de Pelé, enviou-lhe uma carta contando que a PS&M Inc. estava com os US$ 700 mil e que não via motivo para devolver esse dinheiro ao banco do qual provinha nem entregá-lo ao Unicef.

Outro documento indicando a ligação de Pelé com a PS&M Inc. foi uma carta escrita por Chermont de Britto em 1998, dizendo a advogados do ex-jogador nos EUA que a PS&M Inc. era de Pelé.

A carta pedia uma procuração da PS&M Inc. para a PS&M Ltda., empresa da qual Pelé tinha então 60% das cotas — 40% eram do então sócio Hélio Viana.

Os dois romperam há um mês. Pelé expulsou Viana da sociedade carioca. Eles trocam acusações, dizendo que o outro é o único proprietário da empresa das Ilhas Virgens cuja movimentação financeira no exterior não é declarada no Brasil à Receita Federal.

Em 1993, Hélio Viana assinou como vice-presidente da PS&M Inc. um contrato com a federação de futebol da Bolívia. O fato contradiz sua versão de que era apenas um procurador da empresa.

Viana assinou como procurador da PS&M Inc. o convênio com o Unicef e o contrato com a Sports Vision em 1995. E continuou como sócio de Pelé até o fim de 2001, 18 anos após começarem a fazer negócios juntos.

Problema sempre foi assinar sem ler, diz assessor

A *Folha* tentou ontem seis vezes entrevistar o consultor financeiro Luiz Carlos Telles, destacado pelo grupo empresarial de Pelé para se pronunciar sobre o caso Pelé-Unicef.

No escritório do ex-jogador em São Paulo, informaram que Telles estava em reunião. Os recados não foram respondidos.

Na quarta-feira, ao comentar outro contrato assinado por Pelé como diretor-presidente da PS&M Inc., Telles havia informado que o ex-jogador fora induzido a erro pelo então sócio Hélio Viana.

"Pelé foi vítima de ingenuidade empresarial", disse Telles. "Ele desconhecia o termo 'Inc.' Conhecia a 'Ltda.' Pelé assinou sem ler, por confiar em Viana."

Segundo Telles, Pelé assinou o contrato por achar que se tratava de um compromisso da empresa brasileira PS&M Ltda., e não da PS&M Inc., das Ilhas Virgens.

Para dar ideia de como seria o comportamento de Pelé, Telles contou a seguinte história: há alguns dias, diante de um repórter, o assessor fez um teste. Levou um papel a Pelé.

"Assina para mim, por favor", teria pedido Telles. "Ele assinou sem ler. Confiou em mim. Gerei um documento que ele assinou." Isso mostraria, na opinião de Telles, a confiança que Pelé tem nas pessoas que trabalham com ele.

A considerar o relato do assessor, Pelé, aos 61 anos, seguiria mantendo a suposta atitude que lhe teria provocado tantos problemas: assinar sem ler.

O empresário Hélio Viana, ex-sócio de Pelé na PS&M Ltda., não foi encontrado ontem pela reportagem da *Folha*. Na quarta-feira, ele reafirmou sua versão de que não tem participação na PS&M Inc.

Viana diz que assinou um contrato em 1993 como vice-presidente da empresa por um erro da federação de futebol da Bolívia, que vendeu à organização das Ilhas Virgens os direitos de TV de jogos das eliminatórias da Copa dos EUA, que seria realizada no ano seguinte.

Ele nega que tenha induzido Pelé a erro quando o ex-atleta e ex-ministro do governo FHC assinou contratos da PS&M Inc. Conforme Viana, Pelé sabia o que fazia.

Profissão na marca do pênalti

MARCO SENNA é carioca nascido em 1965. Formou-se em Comunicação Social pela Universidade Estácio de Sá, em 1991, e tem pós-graduação em Comunicação Empresarial. Nas funções de repórter e redator passou pela TV Educativa, pela Agência Noticiosa Sport Press e pelo jornal *O Dia*. Em 1997, ganhou o prêmio Bola de Ouro de jornalismo esportivo, e, em 2004, foi finalista do Prêmio Embratel, categoria reportagem esportiva. Desde 2005, atua na área de assessoria de comunicação, tendo sido subcoordenador da assessoria de imprensa da Prefeitura de Nova Iguaçu.

As desigualdades do futebol

Marco Senna

A série de reportagem "Profissão na marca do pênalti" é, sem dúvida, uma das mais importantes que eu produzi ao longo dos meus quase 20 anos de carreira — grande parte dos quais dedicados ao jornalismo esportivo. Mais do que ter me proporcionado a oportunidade de ser um dos finalistas do Prêmio Embratel, ela desnudou para a opinião pública a dura realidade em que vive a maioria dos jogadores que atuam no futebol do Brasil.

Publicada em junho de 2004, pelo caderno Ataque, do jornal O Dia, a reportagem abordou a desigualdade de renda no futebol brasileiro e a situação dos clubes, dirigentes e contratos. Revelou a cruel situação de 50% dos 18 mil jogadores profissionais que, na época, ganhavam um salário mínimo por mês, e mostrou as dificuldades do atleta de futebol, sempre cercado de um falso glamour: contas bancárias milionárias, carrões, mansões etc. — realidade restrita à minoria dos jogadores registrados na Confederação Brasileira de Futebol (CBF), seja na primeira, segunda ou terceira divisões.

Quadro que, seguramente, não deve ter mudado muito. O futebol é mais um setor que reflete o que acontece na sociedade de um modo geral: concentração de renda nas mãos de poucos, e a grande massa ganhando salário mínimo.

Normalmente, a matéria de repercussão inicia-se com uma boa informação obtida (ou não) junto à sua fonte. Foi exatamente o que aconteceu

278 Profissão na marca do pênalti

comigo. Tive acesso a dados, segundo os quais a maior parte dos jogadores inscritos na CBF, na ocasião, ganhava salário mínimo. Uma prova inequívoca de que o milionário mundo do futebol, em que se esbanja dinheiro, era para poucos, ao contrário do que se imaginava. Para a maioria, ser jogador de futebol não significava sinônimo de riqueza, fama, vida próspera, mulheres bonitas... Pelo contrário. O dia a dia era o mesmo de qualquer trabalhador que luta para sobreviver.

Diante disso, a necessidade de ir a campo e mostrar essas duas realidades diametralmente opostas dentro do mesmo habitat (o futebol) surgiu quase que de maneira compulsória. Nascia, então, o embrião da pauta que viria a resultar na reportagem.

O primeiro passo foi descobrir personagens interessantes e que pudessem refletir a real situação daqueles jogadores cuja vida passa ao largo do glamour reservado apenas aos astros da bola, que eram uma pequeníssima parte do universo de atletas do futebol em atividade no Brasil. Missão árdua, mas facilitada em função da valiosa colaboração do Sindicato dos Atletas Profissionais do Rio de Janeiro, por meio do qual consegui encontrar protagonistas de histórias que tornaram a matéria exequível.

Depois, foi arregaçar as mangas e conhecer de perto cada personagem e suas duras rotinas para manter o sonho de viver do futebol, mesmo enfrentando todos os tipos de dificuldades: chuteiras rasgadas, falta de dinheiro para pegar a condução e ir treinar, alimentação precária (inadequada para um atleta), aluguel atrasado, casa extremamente humilde. Durante quase um mês, fiquei fora da pauta diária (cobertura dos principais clubes do Rio de Janeiro) para me dedicar à matéria especial.

A cada entrevista, uma história de superação, fé, força de vontade, perseverança em vingar no futebol, apesar de tudo conspirar contra. Se o talento com a bola nos pés não era suficiente para guindá-los a um time grande do futebol carioca, os anônimos da bola tinham a virtude de jamais desistir ante as adversidades. Um dia ou outro, até poderia baixar um certo desânimo por conta da dureza financeira e do emocional fragilizado. Mas o amor pelo esporte falava mais alto e servia de combustível para levá-los adiante em busca de redenção; do dia em que seriam "descobertos" por um olheiro de uma equipe de ponta e mudariam de realidade. Esse dia, porém, nunca chegava. O mundo milionário de Ronaldo Fenômeno, Romário, Ronaldinho Gaúcho, Roberto Carlos... representava para eles um conto de fadas inatingível, apesar de serem colegas de profissão. É claro que talento não é algo que se adquire — nasce-se ou não com ele. Contudo, os entrevistados acreditavam ter potencial, o que lhes faltava era oportunidade.

A reportagem evidenciou, ainda, que os dissabores no futebol não se restringem aos jogadores que passam uma vida tentando vencer na profissão e jamais conseguem. Há aqueles que já sentiram o gosto da fama, dos salários astronômicos, do assédio dos fãs ávidos por um autógrafo, e de ouvir um estádio lotado gritando seu nome, mas que perderam tudo. Caso do ex-atacante Marinho (atuou no Bangu, Botafogo, Atlético Mineiro, seleção brasileira e América de Rio Preto), cuja trajetória de ascensão e queda foi retratada na matéria.

A entrevista com Marinho foi inesquecível, pela forma sincera com que ele contou o drama vivido desde que sua carreira começou a entrar em declínio, por conta da trágica morte de um filho pequeno, bebida, drogas. No terraço da modesta casa onde morava com sua mulher, Liza Minelli, em Padre Miguel (subúrbio do Rio), o ex-ponta abriu seu coração e chegou a chorar ao relatar que foi ao fundo do poço, a ponto de um dia ter saído pela rua para se tornar mendigo. Acabou salvo por sua esposa, que o resgatou para a vida.

Sua situação financeira era tão precária, que ele sequer dispunha de dinheiro para pagar uma passagem de trem. Tinha de pedir à sua companheira. Marinho pensou até em virar motorista de ônibus. Para quem já teve dois Mercedes na garagem, mansão em Jacarepaguá, salário invejável, a situação lhe causava uma enorme sensação de humilhação.

Marinho aceitou contar sua experiência profissional para servir de exemplo para as novas gerações de jogadores de futebol. Desempregado e

280 Profissão na marca do pênalti

abandonado pelos amigos, quando da realização da reportagem, ele começou a enxergar uma luz no fim do túnel após a publicação da matéria. Sensibilizados com a situação do ex-atacante estampada no jornal, os dirigentes do Ceres (time de futebol da Segunda Divisão do Rio) convidaram Marinho para trabalhar com as divisões de base do clube.

Um telefonema de Marinho contando a boa nova nos fez acompanhá-lo no seu primeiro dia de trabalho com a garotada do Ceres. Emocionado, o ex-jogador já parecia outra pessoa — remoçou uns 10 anos. Afinal, voltara a experimentar sentimentos que há muito não vivia: autoestima, orgulho de si próprio, alegria, alívio. Ele estava de volta ao mundo do futebol.

O longo período de apuração, as horas à frente do computador lapidando os textos, a preocupação em fazer com que a reportagem retratasse, com fidelidade, o tema da pauta que a originou; e a expectativa em relação ao resultado final (layout da matéria na página) foram plenamente compensados pelo prazer de produzir um trabalho que ganhou uma importância maior do que eu poderia supor.

Concentração de renda nas mãos de poucos e mais da metade ganhando salário mínimo: a cruel realidade do jogador brasileiro

Marco Senna

O Dia, 6/6/2004

Róbson e Romário têm a mesma profissão. Mas as semelhanças param por aí. Aos 22 anos, o lateral-esquerdo do Arraial do Cabo, da Segunda Divisão, ganha salário mínimo e completa o orçamento, muitas vezes, com dinheiro emprestado de vizinhos e amigos. Já o tetracampeão mundial, aos 38 anos, está rico e atingiu o topo da categoria. Os dois fazem parte do universo de 17.913 jogadores profissionais em atividade no Brasil e com contratos registrados na CBF.

A perversa realidade social brasileira não poupa o futebol. A imensa maioria dos profissionais — 15.118 atletas, correspondente a 84,4% — ganha até dois salários mínimos. A casta de privilegiados (2,83% ou 507 jogadores) recebe acima de 20 mínimos. E, no meio, uma classe média achatada, com profissionais que encontraram algum espaço em clubes brasileiros, mas não sonham mais com transferência para o exterior.

A partir de hoje, o Ataque apresenta uma série de reportagens desvendando o universo do futebol brasileiro. Um minucioso mergulho na realidade de jogadores, clubes, dirigentes e contratos, mostrando que nem sempre a imagem dos "craques midiáticos" — tão difundida pelos meios de comunicação — representa o autêntico rosto do boleiro brasileiro.

"Não é mais possível um jogador ganhar um salário irrisório e ficar entregue à própria sorte. Chegou a hora de criarmos um piso para a categoria, a exemplo do que acontece nas demais profissões. É preciso dar dignidade aos atletas", protesta Alfredo Sampaio, presidente do Sindicato dos Atletas Profissionais do Rio e vice da Federação Nacional.

As duas entidades vão propor ao recém-criado Sindicato Nacional dos Clubes, comandado por Mustafá Contursi (presidente do Palmeiras), a implantação de um piso salarial escalonado. E projetam os seguintes valores: na Primeira Divisão, piso de seis salários mínimos (R$ 1.560,00); na Segunda, três mínimos (R$ 780); e na Terceira, dois mínimos (R$ 520).

Caso não haja acordo, a Federação dos Atletas partirá para um dissídio coletivo, no Ministério do Trabalho, em Brasília. "Um acordo via convenção coletiva, com representantes de jogadores e clubes, é a solução menos traumática. Mas podemos buscar um dissídio coletivo", disse o sindicalista.

Um mínimo de dignidade

O par de chuteiras rasgadas, sujas de lama, é a principal arma em busca do sonho: viver do futebol. Mas, até chegar lá, é preciso driblar muitas armadilhas. Mesmo tendo concluído o segundo grau, Marcos Vinícius Castro dos Santos, de 19 anos, atacante do Clube da Paz (Terceira Divisão), não se desfaz do uniforme da escola pública. Afinal, é a sua garantia de andar de ônibus sem pagar passagem. Do contrário, não teria como sair de Realengo, onde mora, para treinar em Marechal Hermes.

Marcos nem se inibe: insiste em jogar futebol por pura teimosia. Ao lado da mãe, Dona Rita, e do irmão Matheus, de 3 anos, ele acha que, um dia, sua hora vai chegar. "Minha realidade é muito dura, mas não desisto. Não quero ser um Ronaldo. Desejo apenas poder viver do futebol; ajudar minha família, que vem se sacrificando por mim", disse.

Como não recebe salário nem ajuda de custo, o atacante sobrevive à custa do pai, Seu Nilton (trabalha como segurança), e da mãe, que montou uma vendinha na porta da casa para aumentar a renda familiar. Quanto ao velho par de chuteiras, Marcos diz não ter como comprar um novo (o clube não fornece material esportivo). "Já o remendei diversas vezes", resigna-se.

Dona Rita apressa-se em explicar: "Um par novo custa R$ 60, dinheiro que serve para pagar a conta de luz", justificou, diante de um Marcos constrangido. "Eu me sinto culpado por não ter trabalho regular, com salário fixo, para colaborar nas despesas. Já pensei em largar tudo, mas não consigo. Algo me diz que vou vencer", acredita.

Bruno, do Olaria, tem de vender roupas em Vilar dos Teles

• A perspectiva de criação de um piso salarial no futebol dá esperança de um futuro melhor para jovens como Bruno Leonardo Molino dos Reis. Aos 20 anos, ele ganha R$ 260, no Olaria, e está pensando em abandonar seu sonho por total falta de condições financeiras.

"A dificuldade é muito grande. A cada campeonato, digo para mim mesmo que será o último; que depois vou deixar o futebol e buscar uma outra maneira de sobreviver. Por ganhar muito pouco, acabo sobrecarregando meus pais (Jurandir e Sônia), que me ajudam como podem", desabafou Bruno.

284 Profissão na marca do pênalti

Bruno mora na Vila da Penha, treina em Olaria e vende roupa numa loja em Vilar dos Teles. Grande parte do dia, ele passa no ônibus 350 (Irajá-Passeio). "Como o Olaria treina às segundas, quartas e sextas-feiras, pela manhã, no período da tarde estou na loja. Não me envergonho disso, porque trabalho honestamente", disse.

Bruno já dá sinais de desilusão. Ele lamenta a desunião da classe. "Os jogadores que ganham muito não estão preocupados com a maioria que luta com dificuldade", observou o lateral, que começou no Bonsucesso, passou por Tamoio, Maricá e se profissionalizou no Olaria, com contrato até 2006.

Mas a possibilidade de ter um piso renovou a esperança do lateral direito de seguir jogando. "Teremos remuneração mais decente", torce, desde já.

Anderson vive de favor nos fundos do terreno da sogra

• Em 1996, recém-promovido aos profissionais do Fluminense, o volante Anderson passou a integrar um elenco de estrelas, com Renato Gaúcho e Vampeta. Hoje, esquecido, adotou o sobrenome Ortega e torce por dias melhores. Aos 28 anos, ele está no Mesquita (Segunda Divisão), onde ganha R$ 500, mas não recebe há três meses. Tem vivido de vales de R$ 100 dados pela direção do clube.

Para quem ganhava R$ 2,3 mil só de prêmios, na época do Fluminense, a queda de Ortega foi brutal. No ano passado, chegou a largar o futebol para trabalhar com refrigeração.

"Caí num ostracismo danado. O futebol é uma fraude. Quem não tem bom tráfico de influência, paga um preço alto. É o meu caso. Desde que deixei as Laranjeiras, fui sendo ludibriado por empresários. Eu era ingênuo: acreditava nas pessoas", penitencia-se.

Ao lado da mulher, Paula, e da filha do casal, Júlia, de 7 anos, Ortega mora no bairro Sargento Roncale, em Belford Roxo (Baixada Fluminense). Com dificuldade, ele tenta construir uma casa nos fundos do terreno de sua sogra, onde vive, de favor. "O meu padrão de vida despencou, mas não perdi a dignidade", comentou o jogador.

Ortega chegou a procurar ajuda com os colegas de começo de carreira, mas não encontrou apoio. "Estive nas Laranjeiras, pedi uma força ao Roger, com quem joguei nos juniores, e não aconteceu nada", lamentou.

Hoje, ele trabalha três meses para receber um. "O restante tenho de buscar na Justiça", emendou. Como o Mesquita vai mal na Segundona, Ortega sabe que, logo, vai voltar a fazer parte da legião de desempregados no País.

Salário de Róbson não paga os gastos com passagem

• Na modesta casa da Vila do João, em Queimados, na Baixada Fluminense, cuja obra teve de ser interrompida por falta de dinheiro (tijolos, vigas e vergalhões estão expostos), o lateral do Arraial do Cabo (Segunda Divisão), Róbson Moraes do Patrocínio, o Robinho, de 22 anos, enfrenta uma batalha diária para não abandonar o futebol. O salário mínimo mal dá para pagar a passagem de ônibus para ir treinar: seu gasto mensal com transporte é de R$ 210.

No aperto, Róbson garante que não se envergonha de pedir dinheiro aos comerciantes que têm lojas próximas à sua casa. "Eles me dão R$ 7, R$ 10", admitiu.

Se não fosse a paixão que nutre pelo futebol, o lateral já teria desistido. "Nas minhas andanças atrás de uma chance para me firmar, passei até fome. Fui muitas vezes enganado por empresários com falsas promessas", revelou.

Uma dramática passagem pelo Ivinhema, de Mato Grosso do Sul, fez Róbson largar o futebol. "Houve momento em que só tinha arroz

286 Profissão na marca do pênalti

com berinjela para comer. Precisei arrumar uma namorada para poder me alimentar na casa dela. Uma situação humilhante", descreveu.

Como o sonho virara pesadelo, Róbson voltou ao Rio (a família arrecadou dinheiro para trazê-lo de lá) e foi trabalhar numa padaria, no Centro. O destino, porém, o colocou frente a frente com Valquir Pimentel (presidente do Arraial do Cabo, onde atuara em 2002). "Ele me convidou para retornar ao clube e resolvi aceitar", contou.

Cansado de tantos problemas, Róbson desabafa: "futebol é injusto. Hoje, estou empregado, mas amanhã não sei se terei como me sustentar. Todos falam para eu parar, mas o sonho de ser jogador vem do coração."

O último levantamento feito pela CBF (dezembro de 2003) apresenta os seguintes números em relação ao nível salarial dos jogadores de futebol, no Brasil. São 17.913 atletas em atividade, com contratos registrados na entidade.

54,31% 9.729 jogadores ganham até um salário mínimo (R$ 260).	30,8% 5.389 jogadores recebem de um a dois salários mínimos (entre R$ 260 e R$ 520)	8,62% 1.545 jogadores ganham de 2 a 5 salários mínimos (entre R$ 520 e R$ 1,3 mil)
2,60% 484 jogadores recebem de cinco a dez salários mínimos (entre R$ 1,3 mil e R$ 2,6 mil)	1,56% 279 jogadores recebem de dez a 20 salários mínimos (entre R$ 2,6 mil e R$ 5,2 mil)	2,83% 507 jogadores ganham mais de 20 salários mínimos (acima de R$ 5,2 mil)

*Valores calculados com base no novo salário mínimo (R$ 260) instituído pelo Governo Federal no dia 1º deste mês.

*1.058 clubes profissionais estão em atividade no futebol brasileiro.

*842 transferências de jogadores para o exterior foram registradas em 2003.

CUIDADOS PARA NÃO SER ENGANADO PELOS DIRIGENTES

• O presidente da Federação Nacional de Atletas Profissionais, Ivo Amaral, elaborou cartilha para alertar os atletas sobre como proceder na hora de assinar contrato

CONTRATOS EM BRANCO — Jogador deve evitar assinar documento em branco, principalmente contrato de trabalho e termo de rescisão.

MULTAS — Nenhum atleta pode ser multado em dinheiro. Um jogador somente poderá sofrer descontos se for suspenso.

PAGAMENTO POR FORA — Quando o clube pagar salário por fora, o atleta deve tirar cópia autenticada do cheque que lhe foi dado.

EMPRESAS — Clubes exigem que jogadores virem pessoas jurídicas. O atleta deve contratar contador independente e não deixar isso a cargo dos clubes. Sobre cada nota fiscal emitida incidem impostos a serem pagos (ISSQN, PIS, Cofins, IR e INSS). Há outros encargos que chegam a 15%. Além disso, os atletas não terão direito a férias, 13º salário e fundo de garantia (FGTS) sobre os valores recebidos pela empresa.

CLÁUSULA PENAL — O jogador deve admitir, no máximo, cláusula penal com valor igual ao que receberia ao longo do contrato. Jamais deve aceitar valores milionários.

CATEGORIA ESPECIAL NO MINISTÉRIO DO TRABALHO

• A profissão de jogador de futebol é regulamentada no Ministério do Trabalho como categoria especial.

288   Profissão na marca do pênalti

CARTEIRA DE TRABALHO — Todas as carteiras cuja série é 600 pertencem a um atleta de futebol. Foi a forma que o Ministério encontrou para padronizar o registro profissional da categoria. A lei trabalhista que rege o esporte é a de número 9.615/98, denominada Lei Pelé (editada em 1998). Desde a sua criação, sofreu duas alterações com enfoque nos contratos trabalhistas, por intermédio das leis 9.981, de 2000, e 10.672.

CONTRATO DE TRABALHO — Assim como no caso de qualquer simples mortal, quando o jogador de futebol assina um contrato de trabalho (não se trata de prestação de serviço) o empregador (no caso, o clube) é obrigado a assinar sua carteira de trabalho, emitir contracheque mensal e pagar todos os direitos trabalhistas.

DESCONTOS — "Alguns patrões descontam o INSS, não recolhem e atrasam salários, o que origina ações de jogadores contra clubes, requerendo o dinheiro devido. Será uma questão a ser tratada com os presidentes de clubes", explica Alfredo Sampaio, vice-presidente da Federação Nacional dos Atletas e responsável pelo Sindicato do Rio.

Pés no chão e longe do sonho

7/6/2004

Na classe média da bola, jogadores rodam o Brasil em busca de clubes

Espremida entre a casta de privilegiados que recebe acima de 20 salários mínimos (507 profissionais num universo de 17.913, ou 2.83%) e a imensa maioria (15.118, ou 84%) que ganha até dois mínimos, está a classe média do futebol brasileiro. Jogadores que já conseguiram algum espaço em clubes da Primeira Divisão — alguns até em equipes de ponta —, mas que, por causa da idade e até pela baixa qualidade técnica, tiveram de se conformar com essa faixa salarial.

No capítulo de hoje da série que mostra a dura realidade do boleiro brasileiro, o Ataque apresenta a classe média do futebol. Jogadores que tiveram de arquivar o sonho de contratos milionários e transferências para o exterior. Em vez disso, rodam o país como ciganos, em busca de clubes. Sem espaço em grandes clubes e longe dos bons salários, são obrigados a conviver com outro fantasma: o desemprego. No Rio, essa ameaça já é uma realidade.

"A CBF estipulou que 64 equipes participarão da Série C do Campeonato Brasileiro, limitando em quatro as vagas do Rio. Vai desenca-

290 Profissão na marca do pênalti

dear um brutal processo de desemprego não apenas dos atletas, incluindo-se nesse quadro técnicos, preparadores físicos, médicos, roupeiros. Serão mais de duas mil pessoas sem ter uma fonte de renda", lamentou o supervisor de seleções da Federação de Futebol do Rio, Bris Belga.

Times como Olaria, Bangu, São Cristóvão, Mesquita, Serrano e Goytacaz estão fora da Terceirona. Americano, Friburguense, América e Portuguesa representarão o Estado na Série C. Ele estima que 400 jogadores ficarão desempregados.

Bibi, neto de Didi, dirige táxi para completar a renda

Apoiador do Boavista (ex-Barreira), da Segunda Divisão do Rio, Helton Soares Pereira, o Bibi, de 29 anos, luta, obstinadamente, para se manter no futebol. Como ganha um salário de R$ 1,5 mil, ele se transforma em taxista nas horas vagas para completar a renda familiar. Bibi seria mais um entre tantos outros anônimos jogadores, não fosse um significativo detalhe: é neto do lendário Valdir Pereira, o Didi, bicampeão mundial pela seleção brasileira nas Copas de 58 e 62 (disputou, ainda, o Mundial de 54).

Como não herdou a genialidade do avô, Helton tem uma história bem diferente. E olha que seu pai, Adílson Pereira (de quem adquiriu o apelido), também foi jogador, tendo atuado na década de 70. "O talento foi diminuindo de geração para geração", admitiu Bibi, o filho.

A necessidade fez Helton virar nômade do futebol. "A carreira de jogador de futebol é uma grande ilusão. Quando eu era amador, no Flamengo, achava que iria ficar milionário. Hoje, nas folgas, faço ponto de táxi no aeroporto para aumentar a renda familiar", contou Bibi.

Semelhanças com o avô craque de bola? Só na posição — é também apoiador: "Nas poucas vezes em que estivemos juntos, o Didi [morreu em 2001] contava suas histórias no futebol. Ele foi genial", atestou.

Aos 32 anos, Cadão esperava chegar a um grande clube

A prova de quanto é dura a caminhada dos chamados andarilhos do futebol é o caso de Cadão. Aos 32 anos, ele foi um dos destaques do surpreendente Friburguense que chegou às semifinais da Taça Rio (segundo turno do Campeonato Estadual deste ano). Como "prêmio", o zagueiro despencou da Primeira para a Segunda Divisão do Rio. Está jogando no Boavista, onde ganha R$ 3 mil, mas seu contrato já termina no mês que vem.

Acostumado às andanças pelas equipes consideradas pequenas, aos contratos por competição (com duração de no máximo quatro meses), o zagueiro já mudou quatro vezes de time em apenas uma temporada: foi em 2001, quando atuou no Friburguense, Osnabruk (da Segunda Divisão da Alemanha, por apenas dois meses), Friburguense e Cabofriense. Uma vida de cigano, sem ponto de parada.

"Conviver com a incerteza de futuro já passou a ser uma rotina. Achei que a campanha do Friburguense no Estadual iria me levar a um grande clube brasileiro. Mas ainda não foi desta vez", lamentou-se Cadão, que gasta o mínimo que pode para ter alguma reserva financeira quando parar de jogar.

"Sou casado e tenho uma filha. Minha mulher é balconista de uma loja em Três Rios, onde moro, e procuro guardar grande parte do meu salário pensando no futuro. A única coisa que sei fazer é jogar futebol", acrescentou.

Cadão já perdeu as contas das vezes em que não recebeu salário nos diversos clubes pelos quais jogou. "Trabalhava seis meses e só ganhava dois. Já deixei R$ 23 mil para trás, porque não entrei na Justiça contra os times que não me pagaram direito", contabilizou.

Nilberto é o patinho feio numa família de muito talento

Patinho feio entre irmãos famosos — Nélio (ex-Flamengo) e Gilberto (no São Caetano) —, Nilberto, de 30 anos, vagueia de clube em clube atrás de sua tão desejada afirmação no futebol. Atuando no Boavista, ele tenta sobreviver do seu talento.

"Eu poderia ter sido um jogador conhecido, assim como o Nélio e o Gilberto, mas faltou gente que acreditasse no meu potencial. Comecei no Fluminense e fui mal aproveitado. Não é fácil estar hoje numa equipe e não saber se daqui a quatro meses terei emprego", disse Nilberto, que recebe R$ 1,5 mil de salário.

Outro problema foi a comparação com Nélio: "Senti o peso das cobranças. O meu irmão era destaque no Flamengo."

Os nomes esquecidos pelo tempo

8/6/2004

Jovens promessas que ficaram pelo caminho

Muitas carreiras são abortadas antes mesmo de os jogadores conseguirem algum sucesso. No terceiro capítulo da série que mostra a dura realidade dos jogadores de futebol, o Ataque fala das dificuldades de levar adiante uma profissão que exige sacrifícios por parte de garotos que começam cedo e, muitas vezes, não têm estrutura emocional para conviver com a fama ou o fracasso.

Obter êxito na carreira depende de sorte e competência. Em 1985, Romário era mais uma anônima promessa na Seleção que conquistou, no Paraguai, o Sul-Americano sub-20. Sua vitoriosa trajetória contrasta com a de muitos que estiveram com ele na competição: Taffarel, Silas e Neto — todos daquele time — foram longe. Mas não se pode dizer o mesmo de jogadores como os meias Balalo e Tosin, o lateral-direito Luciano e os atacantes Rudnei e Antônio Carlos.

Frustração de quem não chegou ao sucesso

O time que jogou a final contra o Paraguai, em janeiro daquele ano, entrou em campo com a seguinte formação: Taffarel (então chamado apenas de Cláudio); Luciano, Henrique, Luís Carlos e Dida; Silas, João Antônio e Neto; Rudnei, Romário e Antônio Carlos. O Brasil venceu por 2 a 1, dois gols do Baixinho.

Ex-jogador de América, Flamengo, Fluminense e Botafogo, o meia Renato Carioca fez parte daquele time e acha que poderia ter ido mais longe. "Sinto uma sensação de frustração. Tive chances de estourar na carreira, mas a sorte não esteve ao meu lado. Algumas pessoas já nascem predestinadas ao sucesso, têm estrela. Não foi o meu caso. Mas não posso reclamar, pois atuei em grandes clubes e tive a oportunidade de jogar cinco anos na Europa (Servette, da Suíça)", resigna-se Renato.

Da seleção de juniores campeão no Paraguai, Renato se recorda, saudoso, da vitoriosa campanha. "Aquela equipe revelou muita gente boa, casos de Romário, Taffarel, Silas, Neto, Henrique, Luciano... Mas futebol é como uma loteria: uns acertam os 13 pontos, enquanto outros ficam a vida inteira tentando e não conseguem", comparou, à espera de um time para dirigir — Renato se tornou treinador.

Ao lado da criançada da sua escolinha de futebol (franquia do Flamengo), no Cachambi, Renato admitiu que se deixava abater facilmente. "Fiquei muito mal em duas ocasiões: quando não fui convocado para a Olimpíada de 88, pois estava em grande fase, e para a seleção principal, em 91, época em que meu nome era sempre cotado para estar nas listas do Carlos Alberto Parreira. Fui ao fundo do poço emocionalmente e demorei para me reerguer", revelou.

Jovens têm de decidir cedo

Técnico da seleção campeã no Paraguai, em 1985, e responsável pelo lançamento de Romário, Jair Pereira tenta explicar a razão de muitas promessas acabarem não vingando. Para ele, a soma da pouca idade com a transição dos juniores para os profissionais nem sempre resulta em futuros craques.

"É em torno dos 18 anos que começa a ser decidido o destino de um jovem. Não adianta ter só talento. É preciso ser perseverante, determinado; estar psicologicamente preparado para enfrentar as dificuldades e superá-las. Muitos garotos acabam sucumbindo por não ter esse tipo de pensamento. Aparecem bem nas divisões de base, mas somem quando passam para os profissionais", diagnosticou.

A equipe bicampeã sul-americana de juniores, em 85, foi um exemplo disso. "Lancei o Romário na Seleção, e já nessa época dava para perceber no seu comportamento que ele seria, de fato, um craque. Outros, no entanto, davam pinta de que não iriam muito longe.

O Balalo (ex-Internacional) foi um deles. Era um jogador dotado de boa técnica, mas não demonstrava vontade nos treinamentos. Acabou ficando pelo meio do caminho", contou.

"Se você não estiver preparado para cair, não terá forças para se levantar", filosofa o treinador. Ele mesmo vive experiência semelhante.

Dono de um respeitável currículo como treinador, Jair está há algum tempo na geladeira. "Não sei por que os clubes não lembram mais de mim. Devem achar que estou no exterior ou que passei por cirurgia recente. Coloquei safena, mas foi há dois anos. Ainda tenho muito a contribuir para o futebol brasileiro", reivindica.

296 Profissão na marca do pênalti

Gravata em vez do meião e da chuteira
Desiludido com a profissão, Edmilson largou a carreira e virou rodoviário

Camisa social, gravata, caneta e papel nas mãos. São várias horas de trabalho pelo salário de R$ 600, mas Edmílson Pereira de Souza, de 31 anos, não se incomoda. O figurino atual não tem o charme do uniforme de um time de futebol, profissão que ele teve de abandonar para conseguir sobreviver.

Fiscal rodoviário da Breda, ele é mais um dos que se aventuraram no futebol e viram seu sonho se transformar em desilusão. No ponto final da linha 484, em Olaria, Edmílson revelou ter vivido dura experiência no tempo em que trabalhava de camisa esportiva, calção, meião e chuteiras.

"No começo de carreira, achei que dava para viver do futebol, mas Deus não quis assim. Sem demagogia alguma, vejo vários jogadores em atividade que jogam menos do que eu jogava", comparou, tendo parado em 2000, no Grêmio da Jaciara, de Mato Grosso.

Edmílson contou ter jogado ao lado de Iranildo, em 95, no Madureira, atuou com Dimba (na Ponte Preta), teve em Mazolinha (ex-Botafogo) e Richardson (ex-Vasco) companheiros na sua estada no Rubro, em 97. Passou, ainda, pelo Kaburé (Tocantins) e Everest, do Rio.

O que seria o ápice da trajetória do então cabeça de área, virou seu maior drama: em 99, ele se transferiu para o Ancara, da Turquia, e foi abandonado pelo empresário que o levou à Europa, identificado pelo ex-jogador como Miranda. "Fui largado na Turquia por esse senhor e passei sérios apertos nos seis meses em que fiquei no país. Não falava outro idioma, e minha salvação foi a diretoria do clube ter me dado, ao menos, moradia e alimentação", relatou.

Como seus pais morreram quando ainda era criança, Edmílson ressentiu-se de alguém para melhor orientá-lo.

"Apesar de tudo, não sou uma pessoa rancorosa, amargurada com a vida. Aceito o destino reservado para mim. Tenho uma família maravilhosa [referia-se à sua mulher, Alcione, e ao filho do casal, Gustavo, de 3 anos]", diz.

Hoje, Edmílson integra o time da Breda: "Como amador, sou mais feliz. Não tenho riqueza, mas me sobra dignidade para encarar a vida."

Benefícios não são respeitados

A relação trabalhista entre clube e jogador é sempre conflituosa. Pela lei, o atleta é considerado funcionário, a exemplo de qualquer outro trabalhador. Portanto, goza do direito de receber 13º salário, férias e Fundo de Garantia. Contraditoriamente, o mesmo raciocínio não se aplica a benefícios como plano de saúde (extensivo a mulher e filhos), seguro contra acidentes e vales transporte e alimentação. Os clubes alegam que contratos são diferenciados; de curto prazo.

"Essa é uma eterna briga do Sindicato dos Jogadores Profissionais do Rio. O atleta deveria receber todos os benefícios concedidos ao trabalhador dito comum, mas a negociação clube/jogador mudou muito nos últimos tempos. Os clubes não ajudam mais na alimentação e na locomoção dos atletas. Pior. Não pagam os salários em dia e não cumprem suas obrigações trabalhistas", afirmou a advogada do Sindicato, Yara Macedo.

O Sindicato, na condição de representante de jogadores ludibriados, move 130 ações trabalhistas contra clubes do Rio: casos de Fluminense (o campeão de reclamações), Flamengo, Vasco, Botafogo, América, Bangu, Olaria, Mesquita, Angra dos Reis e Cabofriense. As ações transitavam nos tribunais Regionais e Superior do Trabalho.

"As reclamações são sempre as mesmas: não pagamento de salário, férias, 13º e FGTS. A inadimplência dos clubes cresceu muito de três anos para cá. Há atletas que estão há cinco anos na Justiça para receber o que lhes é devido", detalhou Yara.

A difícil hora de largar a chuteira

9/6/2004

Poucos jogadores de futebol souberam guardar dinheiro para garantir a aposentadoria. Maioria sofre com problemas financeiros

Nada mais difícil para os jogadores de futebol do que saber a hora de parar. Muitos desafiam o tempo e tentam se manter na ativa — principalmente porque não conseguiram guardar dinheiro para uma aposentadoria tranquila ou porque não sabem fazer outra coisa.

O despreparo para encarar a vida fora das quatro linhas é o último capítulo da série que o Ataque apresentou, mostrando a dura realidade da profissão de jogador de futebol. Ídolos que conviveram com estádios lotados e a fama, e que não souberam se preparar para o fim de carreira.

A Fundação de Garantia ao Atleta Profissional (Fugap) é uma das poucas entidades a dar algum tipo de auxílio a esses ex-jogadores. A entidade fornece assistência a 18 ex-atletas, doando cesta básica e ajudando com R$ 200 por mês, sem os quais eles não teriam como viver.

"Apesar da falta de maior apoio, vamos tocando o barco, pois temos responsabilidade com as pessoas que dependem de nós", comentou Édson Souza, ex-jogador do Fluminense na década de 80 e há um ano à frente da entidade. Ele lembra que a situação da Fugap não é muito melhor que a da dos ex-atletas que ajuda.

300 Profissão na marca do pênalti

"Recebemos apenas 2% da renda líquida dos jogos no Maracanã. Enfrentamos problemas de repasse desse dinheiro, principalmente em jogos do Fluminense. A Federação empurra a solução para a Suderj, que faz o mesmo em relação à Federação. A alegação é de que o dinheiro foi penhorado pela Justiça", lamenta.

Ex-jogador do Botafogo precisa de cesta básica

Por determinação do departamento de assistência social da Fugap, seus beneficiados não podem dar entrevista, para evitar constrangimento. Mas não faltam exemplos de ex-jogadores que conheceram tardes de glória no Maracanã, e hoje precisam de auxílio para sobreviver.

"Há um ex-jogador do grande time do Botafogo, dos anos 60 e 70 (Nei Conceição), que tinha Afonsinho, Paulo César Caju, Carlos Roberto, Gérson, entre outros. Ele recebe a cesta básica da Fugap", conta Édson.

Um dos casos mais conhecidos e comoventes é o do ex-ponta-direita Marinho, que começou no Atlético-MG, mas conquistou fama e fortuna jogando pelo Bangu do bicheiro Castor de Andrade, na década de 80. Chegou, inclusive, a ser convocado para a Seleção por Telê Santana.

Depois de enfrentar o trauma da morte do filho e não se estruturar para encerrar a carreira, Marinho mergulhou no álcool e nas drogas, e por pouco não teve de mendigar. Hoje, encontra-se desempregado. Mas ainda sonha com dias melhores e espera voltar ao seu Bangu. Desta vez, como treinador. E sabe que, aos jovens, terá muito a ensinar. Especialmente, como se preparar para os dias de esquecimento e solidão.

O drama de quem conheceu dias de ídolo

Marinho, ex-jogador do Bangu, Botafogo e Seleção Brasileira, 47 anos

"Preciso trabalhar. Sem ocupação, perco a dignidade"

Mansão em Jacarepaguá, carros importados, muito dinheiro no bolso, noitadas... Todo esse luxo fez parte da vida do ex-jogador Marinho, de 47 anos, que brilhou no Bangu, Botafogo e seleção brasileira. Desempregado há três meses, ele contou seu drama: como se envolveu com drogas (cocaína) e quase virou mendigo. Em busca de emprego, Marinho faz um apelo: "Preciso trabalhar. Um homem sem ocupação perde a dignidade."

Como chegou a esse ponto?

Quando eu estava no auge, recebia 30 telefonemas por dia. Agora, ninguém me procura oferecendo ajuda. Só ligam quando precisam de você. Se não fosse a minha mulher segurar a barra... (os olhos de Marinho se enchem de lágrimas ao falar de Liza Minelli, secretária com quem está casado há 15 anos).

Qual é a sua fonte de renda?

Nenhuma. Trabalhei muito tempo no Bangu e nos últimos tempos estava no Ceres (2ª Divisão), onde ganhava R$ 800. A Universidade Estácio de Sá assumiu o clube e fui dispensado. Só vou suportar mais um mês parado. Depois, abandonarei de vez o futebol e procurarei emprego de motorista de ônibus e até de trocador.

302   Profissão na marca do pênalti

Você não se aposentou?

Faltam quatro anos. Tenho dependido até de médicos amigos para socorrer a mim e a meus parentes (mora em Padre Miguel, com Liza e os filhos do casal, Stevie Wonder, 13 anos, e Laiz de Minelli, 11).

Como é viver dessa forma, já tendo sido rico?

A sensação é de perda. Ganhava de salário o equivalente, hoje, a R$ 100 mil. Mas acabei me deslumbrando com o sucesso e esbanjei com bebida, noitadas e drogas.

Como foi que isso aconteceu?

A partir da morte do meu filho [Marlon, de um ano e meio], em 88. Tentei salvar o menino, que estava se afogando na piscina da minha casa, mas não consegui. Ele faleceu nos meus braços. Até hoje tenho a imagem dessa trágica cena dentro de mim. Depois, perdi o tesão pela vida.

E as drogas?

Fui na onda das más companhias, e a minha vida descambou. Cheirava cocaína, mas há dez anos me livrei do vício. Pardal que acompanha joão-de-barro amanhece pedreiro. (E riu, ironizando a própria desgraça.)

Em que momento você buscou ajuda?

No dia em que vagava pela rua, sob chuva, de camiseta, calção e chinelo de dedo, e estava a um passo de me tornar mendigo.

O que ainda espera do futebol?

O meu sonho é ser técnico do Bangu e ajudar o clube a voltar à Primeira Divisão do Rio.

Marco Antônio, herói no México, tem três empregos

Do ensolarado e festivo estádio Azteca, no México, em 1970, para o árido campo do Fazenda, em Vilar dos Teles, comandando a peneira do clube da Terceirona do Rio. Um dos heróis da conquista do tricampeonato mundial pela seleção brasileira, o ex-lateral-esquerdo Marco Antônio tem consciência, hoje, do quanto é importante fazer um pé-de-meia ao longo da curta carreira de jogador de futebol para garantir uma aposentadoria tranquila.

"Tive uma ascensão rápida. Cheguei a Portuguesa Santista com 16 anos, e aos 18 já me sagrei campeão do mundo. Não estava preparado para a fama repentina. Passei a chegar atrasado aos treinos, às vezes nem aparecia no clube, e gostava de ir aos barzinhos, à noite. Comportamento que prejudicou minha imagem. Mas sabia jogar bola. Eu era um mal necessário", reconheceu Marco, que só não consegue se livrar do cigarro, vício cultivado desde a época de jogador. Aos 53 anos, o ex-craque não está passando necessidade, mas precisa atuar em três frentes de trabalho para tocar sua vida: é um dos organizadores do Fazenda, coordena escolinhas de futebol para crianças carentes (projeto da prefeitura) e realiza partidas com o master do Bangu.

Contribuição para poder garantir aposentadoria

Para que possa se aposentar daqui a três anos, Marco Antônio paga a contribuição de R$ 266,06 ao INSS. Um futuro reforço na renda da família, que mora no bairro Cerâmica, em Nova Iguaçu.

O ex-jogador, porém, não se lamenta da sorte. Aproveita o contato com os garotos para alertá-los a não repetir os erros cometidos por ele na juventude. O ex-lateral atuou no Fluminense, Vasco, Bangu e Botafogo. Encerrou sua carreira, em 84, no alvinegro, aos 34 anos.

Saúde e trabalho na casa do atleta

Numa tentativa de atenuar o drama dos jogadores profissionais, em especial os mais necessitados, que exercem seu trabalho sem o mínimo de infraestrutura necessária e quando encerram suas carreiras ficam entregues à própria sorte, o Sindicato do Rio vem brigando para finalizar a obra da Casa do Atleta (dois prédios de quatro andares, na Tijuca). Já foi investido R$ 1,7 milhão, e o sindicato tenta levantar mais R$ 300 mil a fim de concluir o empreendimento.

Assistência Médica — Centro de Fisioterapia de 130 metros quadrados para auxiliar na recuperação clínica dos atletas. Também uma completa academia de musculação.

Educação — O empreendimento terá duas salas para cursos profissionalizantes e um auditório com capacidade para 70 pessoas. "Sem ter outra qualificação, o atleta acaba sofrendo um brutal achatamento social. Com os cursos técnicos, procuraremos minimizar isso", observou Alfredo Sampaio, presidente do Sindicato.

Ronaldinhos do Futuro

LEONARDO MENDES JÚNIOR nasceu em Curitiba, em 1979. Formou-se em jornalismo pela PUC-PR em 2000. Trabalhou como repórter esportivo e apresentador das rádios LBV, Clube Paranaense e CBN Curitiba. Desde 2001 está no jornal *Gazeta do Povo*, onde foi repórter dos cadernos Fun, Gazetinha, Paraná e Esportes, do qual hoje é editor. Mantém ainda o blog *Arquibancada Virtual*, do portal RPC. Foi finalista dos prêmios Ayrton Senna (Mídia Jovem e Infantil, em 2002) e Embratel (categoria Esportes, em 2005).

De onde vieram e onde estão?

Leonardo Mendes Júnior

Pedaladas, dribles humilhantes, chapéus, canetas, gols de dentro da área, de fora da área, encobrindo o goleiro, deixando o goleiro no chão, depois de driblar o goleiro, passando por três, quatro, cinco adversários... Tudo concentrado em um vídeo de cinco minutos embalado por Enya. Repertório raro para qualquer jogador consagrado no futebol mundial. Impensável para um piá de 9 anos, 1,37 metro, 35 quilos.

O dono da obra era Jean Carlos Chera, que reunia todas as características do perfil do craque de futebol deste século. Talento precoce, cujo extrato foi concentrado em um vídeo curto jogado na internet. Do site da Adap, de Campo Mourão, seu clube, para o YouTube foi um passo. E a partir dali a história se disseminou pela imprensa mundial como um vírus.

Era fevereiro de 2005 e lembro de ter chegado agitado à redação, ainda maravilhado e incrédulo com aquele punhado de lances que acabara de ver nos noticiários esportivos da hora do almoço. Nem bem larguei minhas coisas na mesa e já me ofereci para pegar a estrada até Campo Mourão e contar a história do prodígio.

Alguns minutos de conversa, uma breve consulta a orçamento, e o então editor de Esportes da Gazeta do Povo, *Renyere Trovão, determinou que eu e o fotógrafo Rodolfo Bührer seguíssemos para a cidade no norte do estado, a 460 quilômetros de Curitiba.*

308   Ronaldinhos do futuro

Partimos no dia seguinte. Assim como Curitiba, Campo Mourão tem um calçadão em que se discute de tudo, da política local às mazelas do mundo. Naquela semana, só se falava em Jean. Todos garantiam já ter visto o garoto em ação e que sua habilidade era muito maior do que aquilo que o vídeo exibia. Seria possível?

Antes que pudéssemos pensar nisso, tivemos de driblar o cerco da Adap. O vídeo de Jean estava no site do clube havia algumas semanas, mas só naqueles dias ele havia tomado a rede, tirando o sossego dos dirigentes do clube itinerante, criado em Jacarezinho, no Norte Pioneiro, depois levado para Ponta Grossa, nos Campos Gerais, então estabelecido em Campo Mourão, e que dois anos depois subiria mais ao norte, para Maringá. A ordem era expressa: Jean não daria entrevistas.

Por trás da preocupação em proteger o garoto, estava, na verdade, o desejo de salvar uma reportagem exclusiva da Rede Record. Roberto Thomé estava na cidade, produziria amplo material sobre o prodígio. Experiente, Thomé notou que um jornal estadual não ameaçaria sua reportagem de TV em rede nacional. Pelo contrário. Aumentaria a curiosidade sobre Jean. Intercedeu para que pudéssemos falar com o menino e seu pai.

Os dois tinham reações diferentes ao assédio repentino. Jean só queria brincar. Bastava colocar a bola na sua frente para um sorriso aparecer em seu rosto. Celso, o pai, começava a descobrir um novo mundo, o milionário mundo do futebol. Itália, Espanha, dólares, euros. Palavras que passavam a lhe soar como música.

Voltamos a Curitiba e garantimos um belo material dominical para o jornal, com fotos exclusivas e um box de opinião do ex-craque Tostão sobre o menino. Dias depois, do interior de São Paulo viria a notícia de que um menino de 14 anos, chamado Nikão, era capaz de fazer miséria com a bola nos pés. Na Argentina, todos ansiavam pela estreia no time principal do Barcelona de Lionel Messi, um garoto que havia trocado o seu país pela Espanha aos 12 anos para jogar futebol. Nos Estados Unidos, só se falava

11 Gols de Placa 309

na possibilidade de Freddy Adu, 15 anos, disputar a Copa do Mundo do ano seguinte, na Alemanha.

Notícias semelhantes de locais diferentes. "Coincidência" demais. Era claramente uma tendência do futebol atual. Buscar meninos talentosos, na mais tenra idade, capazes de deixar seu país por pouco dinheiro e dar lucro elevado a seus novos clubes por um longo período.

Mais do que os craques do futuro, eram os Ronaldinhos do futuro. Na época, o dentuço do Barcelona era o maior sinônimo de magia no futebol mundial. Ídolo de adultos e de qualquer moleque que calçasse chuteiras com o sonho de se tornar profissional.

Três meses depois da reportagem com Jean, começamos a série "Ronaldinhos do futuro". Dividimos o material em dois. Com maior disponibilidade, eu viajaria com o fotógrafo Rodolfo Bührer para contar a história dos meninos. Da redação, em Curitiba, o repórter Marcio Reinecken cobriria todo o lado teórico do material: a predisposição genética para jogar futebol, os entraves jurídicos para levar um garoto do Brasil para o exterior, como driblar esses obstáculos e o volume de dinheiro que poderia ser movimentado em marketing por essas revelações.

Fizemos a primeira parada exatamente onde começamos: com Jean Carlo Chera. A família já havia trocado Campo Mourão por Santos, em um negócio rumoroso. Como não se pode assinar contrato profissional até completar 16 anos, as transferências nessa idade são feitas muito mais na base da oferta de vantagens. No litoral paulista, a família Chera teria escola para os filhos, um apartamento em área nobre e uma ajuda de custo de R$ 5 mil por mês. Além disso, algo impossível de quantificar: Jean conviveria com Robinho, seu ídolo, craque do Santos. Campo Mourão ficou para trás. À Adap, restou ir à Justiça acusar o Peixe de aliciar sua joia.

Reencontramos um Jean totalmente alheio à badalação em torno do seu nome. Jogar bola para ele continuava sendo uma diversão, que começava logo cedo, na hora de pular da cama e ir para escola. O garoto arranca-

310 Ronaldinhos do futuro

va com a bola do seu quarto e saía driblando entre paredes e caixas com a mudança da família.

Para os Chera, a mudança foi mais profunda. Natural do Mato Grosso, a família já havia deixado parcialmente sua vida para trás. A ida para Santos criou uma ruptura definitiva. A madeireira administrada por Celso ficou nas mãos do irmão. Ele e a mulher, Loreci, viraram definitivamente pais de atleta. "Vamos aonde o sonho do Jean nos levar", confessou Loreci.

Não só os de Jean. Constantemente a entrevista era interrompida pelas diabruras do caçula Juan, de 2 anos. Loreci teve até que se desviar de um chute potente do menino, situação tão corriqueira que fez o casal descartar, nos anos seguintes, o uso de vasos e outros objetos quebráveis no apartamento.

Orgulhoso das crias, Celso se abaixa, pega uma bola de futebol, chama Juan. O menino se posiciona, o pai ordena "Chuta com a esquerda" e lança a bola, devolvida pelo piá com uma batida certeira de peito de pé. Celso sorri. Sente que a vida lhe dera duas chances de ter um craque dos gramados em casa.

A transformação na vida dos Chera provocada por Jean impressionava. Era uma família de classe média, vivia bem no Mato Grosso. Se Jean não der certo ou simplesmente preferir outra profissão, basta retomar a vida de madeireiro que o futuro de todos estará garantido.

Mais comum — e compreensível —, uma transformação tão profunda por causa do futebol nas histórias de Nikão e Dunguinha, os meninos de Mirassol, nossa escala seguinte. Com 14 e 13 anos, respectivamente, eles eram os astros do time juvenil do clube, mantido por um empresário. O objetivo ali é claro: formar e vender.

Carlos Roberto, o dono do time, arma um jogo-treino para que a gente possa ver os seus garotos em ação. Os dois pegam poucas vezes na bola, mas causam estrago. Nikão lembra um pouco Rivaldo. Enxerga o jogo melhor que os outros, estica bolas impensáveis para seus colegas, às vezes usa o drible para tirar o marcador, ganhar mais espaço para armar. Dunguinha é driblador. A bola não para quando cai nos seus pés. E os zagueiros sofrem.

11 Gols de Placa   311

Após a partida, encontramos os garotos no centro do gramado. Eles estão ansiosos, Carlos Roberto havia arrumado um teste para os dois no PSV, da Holanda. Dunguinha é falante como seu futebol. Não para um segundo, cutuca os colegas, ri por qualquer coisa. Nikão é o oposto. Introspectivo, mal olha nos olhos do entrevistador.

Sequela de uma infância sofrida, um clássico dos gramados. Menino pobre abandonado pelos pais e criado pela avó, consegue escapar do tráfico na região onde morava graças ao futebol. A cidade é Casimiro de Abreu, em Minas Gerais, e a crueldade do crime lhe deixou marcas visíveis, não só na personalidade.

Quando chegou a Mirassol, Nikão tinha uma série de pequenas queimaduras nas costas. Eram cigarros apagados pelos traficantes, que batiam na casa do garoto atrás de seu irmão mais velho, envolvido com atividades ilícitas. Como não encontravam o alvo, deixavam "recados" no corpo do caçula.

Outra herança dos tempos difíceis estava no seu estômago. Vermes que impediam qualquer alimentação saudável de parar na sua barriga. Nas crises mais sérias, chegava a vomitar sangue.

Tudo isso, porém, parecia ser pequeno diante da expectativa de fazer carreira na Europa. Um sentimento que fazia pulsar o coração de Carlos Eduardo Lourenço, o Rincon. Zagueiro júnior do São Paulo, ele contava os dias para completar 18 anos, idade mínima para transferências internacionais. Seu destino, o Manchester United, onde fizera um estágio meses antes. Em um treino, marcou Rooney e Saha, um sonho para qualquer garoto que passava horas "jogando" com esses craques no videogame.

E o que dizer, então, de quem joga videogame com um craque ao seu lado? Privilégio raro que Diego de Assis Moreira tinha pelo menos duas vezes ao ano, nas férias escolares. Sobrinho de Ronaldinho, o menino de 10 anos era a vedete da escolinha do Grêmio, em Porto Alegre, última parada do nosso roteiro.

312　Ronaldinhos do futuro

Combinamos com Assis, pai do garoto, irmão e empresário de Ronaldinho, para entrevistar Diego no Centro de Treinamento das categorias de base do tricolor gaúcho. A orientação era simples: "Aparece lá que não tem erro. Pode fazer foto e entrevista, no fim do treino eu apareço."

Seguimos o conselho. Aparecemos lá. Entramos, Rodolfo fez algumas fotos e... cartão vermelho. O técnico da categoria de Diego chamou o administrador do CT, que nos expulsou do local. A justificativa era que não havia orientação da assessoria de imprensa sobre a nossa visita. Contamos o trato feito com Assis, mas nada feito. "Aqui ele não manda", cortou o coordenador.

A situação só piorou quando o chefe da assessoria disse que teríamos de ir até o Estádio Olímpico falar com ele e depois voltar ao CT, na margem do Guaíba. Eu não conhecia Porto Alegre, mas sabia que esse deslocamento, se não nos fizesse perder Diego, no mínimo seria bastante para a luz natural acabar e as fotos serem prejudicadas.

Argumentamos que éramos jornalistas, o que revelou outra faceta desse novo mundo dos craques precoces. Meses antes, alguém, apresentando-se como repórter, assistiu a um treino das escolinhas do Grêmio, ficou impressionado com um garoto e o levou ao rival Internacional. Crime inafiançável para a rivalidade gaúcha, tenho que admitir.

Não abaixamos a cabeça. Argumentamos que a viagem havia custado caro ao jornal, que nem de Porto Alegre éramos para nos envolver na disputa entre os rivais. Após alguns minutos de bate-boca, conseguimos a autorização para fazer fotos e entrevistas.

Enquanto Rodolfo gastava o dedo registrando jogadas de Diego, eu conversava com a mãe do garoto, Karla. A preocupação dela era exemplar. A pressão já natural sobre um menino que se destaca no futebol aos 10 anos era, neste caso, multiplicada pelo parentesco. O pai, Assis, havia sido craque no Grêmio. O tio, Ronaldinho, era o maior jogador do planeta. No meio disso tudo, Diego só queria brincar. E Karla, protegê-lo de qualquer exposição excessiva. "Acho um absurdo esses pais que largam tudo para viver do sonho de jogar futebol de um menino que nem sabe o que vai ser na vida", disparou, em referência à mobilização dos Chera em torno de Jean.

Dois anos depois, Diego envolveu-se em uma polêmica que certamente deixou Karla de cabelos em pé. Infeliz na escolinha do Grêmio, trocou o tricolor pelo rival Internacional. O temor gremista que quase nos barrou à beira do Guaíba se confirmou.

Não sei se teve algum jornalista envolvido na história, mas Diego será o primeiro Assis Moreira a despontar para o futebol no Beira-Rio, e não no Olímpico. Hoje, aos 14 anos, ele prepara a transição do infantil para o juvenil. Por enquanto, ainda chama mais a atenção como sobrinho de Ronaldinho. Mas, diz o dentuço, Diego é o verdadeiro craque da família. Saberemos em alguns anos.

Também levará alguns anos para Jean Chera confirmar a expectativa criada em torno dos seus dribles. "Ele é diferenciado", disse-me no início de 2009 um dirigente ligado ao Santos. "Mas precisa crescer", alertou. Jean tem apenas 14 anos. Tem tempo para ganhar alguns centímetros. E talento para se tornar mais um gênio baixinho.

Rincon já é uma realidade no futebol. Ou seria vítima da dura realidade do futebol? O Manchester United foi apenas a porta de entrada no futebol europeu. Nem esquentou lugar e foi para o Sporting. Dali, para a Inter de Milão. Só foi jogar mesmo no pequeno Empoli, de onde foi emprestado para o menor ainda Ancona, time da Série B italiana.

Eu tinha perdido Nikão de vista. No início de 2009, liguei a TV para assistir a Mirassol x Cruzeiro, pela Copa São Paulo. A partida já estava no segundo tempo, e um menino com a camisa 16 do Mirassol barbarizava a defesa da Raposa com dribles, passes, lançamentos. Era Nikão.

Hoje, ele e Dunguinha estão no Palmeiras. Nikão já foi convocado até para a seleção sub-17. No ano que vem, quando completar 18 anos, deve voltar ao PSV. Afinal, na nova realidade do futebol brasileiro, a saída para a Europa é tão precoce quanto a descoberta dos talentos.

O adeus dos pequenos craques

Leonardo Mendes Júnior

Gazeta do Povo, 22/5/2005

Meninos de 10 a 14 anos são os novos alvos dos clubes europeus interessados na técnica e habilidade do futebol brasileiro. Nesta edição e nos próximos dois dias, a *Gazeta* apresenta uma reportagem especial sobre esses jovens que sonham em ser os Ronaldinhos do futuro — suas esperanças, os riscos que correm e os abusos que são cometidos para que a Europa tenha sua dose de samba football.

O Cinderelo tímido vai para a Holanda

Aos 13 anos, Nikão joga bola como gente grande e segue em agosto para o PSV

Uma ironia literária marcou a história de Nikão, nascido Maycon Vinícius da Cruz há 13 anos, em Minas Gerais. Ele morava em uma favela na cidade de Montes Claros, no norte do estado, e começou a treinar no Casimiro de Abreu, o timinho local. Abreu (o homem, não o time) foi um escritor fluminense do século 19, que tem como obra mais conhecida o poema "Meus oito anos": "Oh! Que saudades que tenho/

316   Ronaldinhos do futuro

Da aurora da minha vida,/Da minha infância querida/Que os anos não trazem mais!" Em sua própria aurora, Nikão jogava para se divertir e esquecer das dores da vida — que não era "um hino d'amor", como nos versos de Casimiro, mas um drama real em que os atores principais eram os traficantes da vizinhança —, mas logo o passatempo virou profissão. Com 11 anos, ele se transferiu para Mirassol, no interior de São Paulo, já rotulado como uma das grandes promessas do futebol adolescente. Em três meses, começará um processo de adaptação que o transformará em meia-atacante do PSV Eindhoven, da Holanda, no início de 2007.

Nikão tornou-se uma espécie de Cinderelo de chuteiras, numa trajetória que espelha os desejos de garotos que, como ele, batem bola em campinhos de terra e almejam jogar como Ronaldinho Gaúcho nos gramados da Europa. Casos como o dele estão se tornando comuns e, apesar de atiçarem os sonhos da garotada, incluem uma dose de abuso e de ilegalidade, que já chamou a atenção do Ministério Público do Trabalho. Por não mais que US$ 40 mil, os cartolas do Velho Mundo "contratam" crianças de 10 a 14 anos que demonstram algum potencial de serem grandes craques. Para as falidas equipes brasileiras, a negociação soa como uma salvação ante a asfixia financeira que se seguiu à implantação da Lei Pelé, para a qual não se prepararam. Para os europeus, o risco de perder pouco com um garoto que não se der bem como profissional é bem mais ameno do que os milhões jogados pela janela nos últimos anos com atletas consagrados no Brasil que não se adaptaram à vida do outro lado do Oceano Atlântico.

A trajetória de Montes Claros até a aventura europeia foi penosa. Maycon Vinícius é o quinto de seis filhos que sua mãe teve com cinco homens diferentes. Os mais velhos, gêmeos, foram levados para doação em São Paulo e Belo Horizonte. Os outros três — um menino e uma menina mais velhos, e um garoto mais novo — dividiam com ele e a avó um barraco em Montes Claros no ano de 2001 (quando a mãe morreu, aos 31 anos, vítima de câncer de colo do útero e anemia intensa) até a mudança para Mirassol. O pai, Nikão viu apenas uma vez.

E havia os traficantes. Os criminosos encostavam uma metralhadora nas costas do menino Nikão e perguntavam onde estava seu irmão mais velho, envolvido com drogas. Diante da resposta negativa — quase sempre em um movimento assustado de ombros —, os bandidos apagavam um cigarro nas costas dele e iam embora, em uma agressão que se repetiu mais de dez vezes.

Restava o consolo dos jogos pelo Casimiro de Abreu. Lá o menino surpreendia os companheiros e entusiasmava o técnico Wanilton Cézar, a ponto deste descrevê-lo a um conhecido — o empresário Carlos Roberto Carvalho, proprietário da CR Promoções, que administra o departamento de futebol do Mirassol desde 1998. "Os meninos aqui são bons, mas um deles é o bicho", disse o treinador, por telefone. Acostumado a ouvir diariamente histórias de "bichos", Carvalho sugeriu a Cézar que preparasse um resumo em vídeo das jogadas de Nikão e lhe enviasse. Em poucas semanas, a fita já estava na sua mesa. E lá ficou durante 20 dias, até entrar no videocassete e derrubar-lhe o queixo. O empresário rebobinou a fita, assistiu ao filme novamente para ter certeza de que não estava vendo miragens e viajou para Minas a fim de buscar o pequeno craque. "Ele é um Maradona negro", define Carvalho, que recentemente recebeu a guarda legal de Nikão.

As mesmas imagens conquistaram o representante do PSV no Brasil, Vlado Lemic, que ofereceu na hora um contrato para Carvalho. Os holandeses enviam uma ajuda mensal de US$ 500 para Nikão — seu companheiro e conterrâneo Dunguinha, também no repertório dos holandeses, passará a receber a bolsa ainda neste semestre. Até a transferência definitiva dos meninos, em 2007, o Mirassol receberá um valor a ser estipulado. A partir daí, cada clube terá 50% dos direitos financeiros (participação no lucro da venda do atleta) dos garotos.

Tratamento

Antes de cativar os holandeses, Nikão precisou se livrar de sequelas da infância. Alimentos sólidos eram vomitados com sangue poucos minutos depois de serem ingeridos. Levado a um hospital, o médico diagnosticou: a alimentação inadequada tinha provocado a atrofia do sistema digestivo do garoto, já deteriorado pela ação de vermes. Somente após um tratamento com vermífugo, o meia-atacante passou a se alimentar como os seus companheiros de time.

O outro desafio foi fazê-lo se abrir. Quase sempre calado e cabisbaixo, o garoto só começou a conversar com alguma desenvoltura depois de consultas com um psicólogo. "Ele não se enturmava, era uma criança desconfiada. Simplesmente o puseram no mundo e lhe deram comida", conta Rosane Carvalho, esposa do dono do time e principal conselheira de Nikão, com uma ressalva: "Ele não fala sobre o passado. É como se a vida dele não existisse antes."

O espírito arredio é comprovado em cinco minutos de conversa. Quase sempre de cabeça baixa e com um sorriso tímido, quase forçado, o pequeno craque fala pouco. Menos ainda quando o assunto é a sua infância. A muito custo, diz pensar na mãe sempre que faz um gol. "Ela sempre quis que eu fosse jogador", conta.

Nikão conhece pouco do país onde, se tudo der certo, vai se profissionalizar. Sabe apenas do frio intenso no inverno, mas não entende uma palavra sequer em holandês. Em junho, ele e Dunguinha começam a ter aulas particulares de inglês. O curso provoca calafrios no menino, mau aluno confesso. "Não gosto muito da escola. Se não fosse o clube exigir, eu não ia à aula", conta ele, ciente de que a exigência por um bom desempenho escolar continuará na Europa.

O garoto prefere, mesmo, levar a bola nos pés e fazer com os zagueiros o que ele define, sem a menor cerimônia. "Zagueiro nenhum me pega.

Quando eles chegam, eu já fui embora com a bola", resume, em uma espécie de aviso aos defensores europeus das próximas gerações.

"Estudar para não falar errado nas entrevistas"

Decidido, Dunguinha não quer perder a chance de jogar no exterior

O sorriso que custa a estampar o rosto de Nikão se desenha com facilidade nos lábios de Dunguinha. Basta ver a equipe de reportagem para o camisa 8 liso, de 12 anos, aproximar-se com os dentes largos à mostra, peito estufado e ginga boleira. Estica a mão direita, apresenta-se, põe banca de craque. "Quem é o melhor jogador do Mirassol?", pergunta o empresário Carlos Roberto Carvalho, responsável pelo clube, com ar de quem já sabe a resposta. "Eu", devolve Dunguinha, seco e rápido como seus dribles, em uma repetição do que o amigo Nikão diz quando é desafiado pela mesma questão.

A espontaneidade de Dunguinha é resultado de uma infância difícil, mas menos sofrida que a do companheiro. Filho de um camelô e uma dona de casa de um bairro pobre de Montes Claros, aproveitou o rastro de Nikão para aparecer no futebol. Saiu dos campinhos de terra da vizinhança para o gramado do Casimiro de Abreu. Esquentou lugar no time amador por pouco tempo. Logo desembarcou em Mirassol.

Quando um dirigente do PSV veio assistir Nikão, apaixonou-se também pelo futebol do amigo. Ofereceu casa, comida, ajuda financeira, emprego para os pais e uma oportunidade de ouro em Eindhoven. O pai titubeou, pensou na pouca idade do filho. O garoto acabou com a dúvida em menos de um minuto. "Pai, não sou novo, sei o que quero na vida. Meu sonho é jogar futebol, e pode não aparecer outra chance dessas", discursou, deixando o pai com cara de zagueiro driblado e encerrando a questão.

Ronaldinhos do futuro

A maturidade abusada de Dunguinha se reflete no gramado. Quando não está com a bola, pede por ela sem parar. Se ela chega ao seus pés, fica parada por pouco tempo. Sempre é utilizada para enganar um zagueiro ou deixar um companheiro na cara do gol. "É difícil tirar a bola dele", afirma Valdeir, 13 anos, companheiro de time, na mira do Barcelona (Espanha).

Na entrevista, mais lances de gente grande. Conhece quase nada da Holanda, mas não se intimida com o frio intenso, o idioma complicado e os zagueiros botinudos que vai encontrar por lá. Só pensa na chance de retribuir o apoio que recebeu dos pais, irmãos, amigos e técnicos. "Tenho de ajudar quem me ajudou até agora", afirma. Ao contrário de Nikão, não se incomoda de ir à escola. É bom aluno, tira algumas das melhores notas do time. Mas mesmo na sala de aula não esquece o futebol. "Tem que estudar para não falar errado nas entrevistas", diz. (LMJ)

Na CBF, registros em branco

Há três anos, a instituição não transfere jogadores menores de 18 anos

Marcio Reinecken

Há três anos a Confederação Brasileira de Futebol (CBF) não faz transferências de jogadores menores de 18 anos para o exterior. O motivo não é algum impedimento legal, mas sim a falta de pedidos para esse tipo de negócio. "São tantas exigências da CBF e do governo brasileiro, que esse tipo de negócio ficou inviável", afirma o diretor do Departamento de Registro e Transferência da entidade, Luiz Gustavo Vieira de Castro.

Contudo, a inexistência de transferências oficiais nos últimos anos, antes de exaltar o rigor dos órgãos responsáveis com o negócio, esconde a mudança de estratégia dos clubes estrangeiros. Eles passaram a garimpar talentos mais baratos, em vez de gastar dinheiro negociando com os clubes. Agora levam meninos com idades entre 10 e 16 anos, mas que não tenham vínculo com a confederação. Assim, os clubes também evitam problemas.

Para um atleta com registro na entidade brasileira se transferir para um time estrangeiro, é necessária a comunicação da transação do clube brasileiro à CBF, que, dessa forma, dará a liberação do atleta quando consultado pela entidade do país de destino. Sem a liberação, o jogador só poderá atuar após o aval da Fifa. "Só temos registro de jogadores menores de idade que sejam profissionalizados, tenham sido convocados pelas seleções de base ou se transferido de um clube para outro dentro do Brasil", explica Vieira de Castro.

Já em casos de atletas que não constam na CBF, a Fifa nem toma conhecimento da transação, e o clube estrangeiro fica apenas com o trabalho de registrar o jogador na confederação local.

"Não há como proibir uma pessoa de mudar de país. E, depois que ele está no clube, geralmente, se fica dois anos nas categorias de base, ganha o direito de atuar sem ser considerado estrangeiro, mas como residente", conta Antônio Galante, agente Fifa que há dez anos vive da negociação de jovens talentos para o exterior — recentemente ele abriu um escritório em Roma, em sociedade com um empresário italiano.

"Dessa forma, não há como impedir, pois não se trata nem de uma transferência, mas de um cidadão que está saindo do Brasil", concorda o diretor de registros da CBF.

Sem controle

Em 2000 e 2001, a CPI da Nike/CBF investigou, entre outros temas, o tráfico de jogadores menores para a Europa. Constatou-se que cerca de cem garotos entre 8 e 15 anos foram levados do Brasil para clubes europeus, principalmente Bélgica e Holanda.

O relatório final da comissão inclui exemplos de meninos que se confundiram ou não se adaptaram ao novo país e, descartados, acabaram por se tornar trabalhadores clandestinos.

Emile Boudens, consultor legislativo da CPI, diz que um fator torna quase impossível a solução do problema: a participação da família dos garotos no negócio. Só com o auxílio dela, o jovem consegue sair do país.

Na Hungria, sem clube nem comida

Marcio Reinecken

O ala-esquerda Leandro, do Atlético, é um dos muitos brasileiros que se transferiram para a Europa ainda menor de idade. Em 1999, com 17 anos, ele foi vendido pelo Londrina ao MTK, da Hungria, e o negócio foi feito legalmente, via CBF. Mas se Leandro é um caso de sucesso, as histórias que ele conta de seus colegas, não. No país, o jogador acabou dividindo o tempo entre a profissão e a solidariedade prestada a quase uma dezena de garotos mais novos que, ao chegar na Hungria, se viram sem clube, sem dinheiro e, muitas vezes, sem nem um lugar onde morar.

Uma história ocorrida há dois anos e meio e que não sai da cabeça de Leandro. Ele estava no shopping com os amigos e tomava café.

11 Gols de Placa   323

"Quando eu vi, um dos garotos estava guardando todos os saquinhos de açúcar que via nas mesas. Eu perguntei para que era aquilo, e ele me respondeu que era para comer em casa, porque não havia mais nada. Depois, toda vez que fazia feijão, eu o convidava. Mas era difícil ele aparecer, tinha vergonha." O rapaz, hoje com 17 anos, continua na Hungria.

De acordo com Leandro, as transferências de seus amigos ocorriam com a participação de dois empresários, um no Brasil e outro na Hungria. "O que ficava aqui descobria os meninos e convencia a família de que os moleques iam ganhar muito dinheiro lá fora. Daí, pedia US$ 3 mil dizendo que era para conseguir o visto permanente. Mas quando os moleques chegavam, ficavam num apartamento, muitas vezes sem ter o que comer. E nada do visto", relata.

Após contatos com a embaixada brasileira na Hungria, a reportagem da *Gazeta do Povo* descobriu Reginaldo de Oliveira, o empresário brasileiro que atua no país e que faria esse tipo de transferências. Por telefone, ele mostrou-se temeroso em dar entrevistas. A primeira pergunta que fez foi: "Essa reportagem é positiva ou negativa?"

Com uma resposta tranquilizadora, ele primeiro colocou em contato com a reportagem três supostos jogadores, e, só depois de receber elogios, voltou ao telefone. Negou realizar transferências de menores de 18 anos e justificou: "É proibido pela Fifa." Lembrado que em países vizinhos o negócio seria normal, Oliveira rebateu, rápido: "Mas aí precisa trazer a família do menino, arranjar emprego para eles, e isso não compensa para mim, sai muito caro." (MR)

Contrato em troca do tratamento

O argentino Messi foi para a Europa por razões médicas. O Barça pagou os remédios

Um retardo no desenvolvimento ósseo causado pela quantidade insuficiente de hormônios do crescimento era o grande obstáculo para que o menino argentino Lionel levasse adiante o sonho de jogar futebol. A única opção era pagar um tratamento de US$ 900 mensais, valor impraticável para os Messi, família de classe média de Rosário (norte da Argentina). Os pais tentaram unir a paixão pelo esporte à solução para a saúde do garoto de 11 anos. O local Newell's Old Boys e o tradicional River Plate recusaram. O Barcelona aceitou. E ganhou uma pérola que, hoje, vale 150 milhões de euros — mesmo valor da multa rescisória de Ronaldinho Gaúcho, o melhor jogador do mundo de 2004, segundo a Fifa.

Aos 17 anos, Lionel Messi é o caçula do atual campeão espanhol. Sua história no Barça começou aos 13 anos, quando a família inteira deixou a Argentina para trabalhar e juntar dinheiro para bancar seu tratamento hormonal. Ele só não contava com a ajuda do Barcelona. Seu teste no clube catalão encantou o diretor do departamento amador, Josep Colomer, que sugeriu sua contratação e que a equipe assumisse as despesas médicas. O investimento começou a dar retorno em outubro do ano passado, quando Messi tornou-se o jogador mais novo a vestir a camisa do clube em um jogo oficial. A coroação veio no último dia 1º de maio, quando ele marcou o segundo gol na vitória por 2 a 0 sobre o Albacete, no Nou Camp.

O caminho entre o sonho do menino Lionel e realidade do camisa 30 Messi foi percorrido graças a uma brecha na legislação da Federação Internacional de Futebol Association (Fifa). A entidade proíbe transferência de jogadores com menos de 18 anos de um continente para outro. Na Europa, os garotos podem mudar de país aos 16. Mas se a família do atleta trocar de país sem que o motivo oficial seja o futebol, o garoto pode defender algum clube da sua nova casa. No caso de Messi, a mudança dos pais para a Espanha serviu de "autorização" para o Barça contratá-lo.

Agora, a prática serve para levar talentos precoces do Brasil para o exterior e mantê-los na lei até que eles atinjam a idade estipulada pela Fifa ou adquiram cidadania européia. "Eles levam o pai do menino, por exemplo, dão emprego a ele e, aí sim, colocam o garoto no clube. Depois que tudo está certo, o pai volta como se estivesse de férias ou de licença", conta Marcílio Krieger, advogado da Comissão de Direitos Esportivos da OAB. No estatuto atual da Fifa, outra exigência para esse tipo de transferência é que o menino seja colocado em uma escola. No novo regulamento, que entrará em vigor em julho, o "rigor" aumenta um pouco: também há necessidade de se garantir moradia e até um tutor no clube para o atleta.

Regras precisam proteger a criança

O Ministério Público do Trabalho pretende elaborar até o fim deste mês um estudo sobre as transferências de crianças para jogar futebol no exterior. O objetivo é criar uma lei que proíba assinatura de contratos de trabalho envolvendo menores de 14 anos. Para aqueles que têm de 14 a 16 anos, haveria a possibilidade do registro como aprendiz, conforme ocorre em outras atividades.

O debate começou no início do mês, depois que um pai denunciou à Procuradoria Geral do Trabalho do Rio de Janeiro que seu filho estava sendo explorado por um empresário. Os procuradores fizeram então um levantamento e descobriram que, atualmente, mais de mil

326 Ronaldinhos do futuro

agentes atuam no país com negociações envolvendo crianças — 100 deles no Paraná. A parcela significativa fez com que a procuradora do trabalho Margareth Mattos de Carvalho, de Curitiba, fosse designada para conduzir o trabalho no estado.

"Até que ponto os pais podem permitir a saída dos filhos do país? Quais as condições que serão impostas a essa criança para jogar no exterior? É diferente jogar futebol como atividade de lazer e como profissional, com horários predeterminados e treinos rígidos que dificultam o desenvolvimento escolar", observa ela, que tem bem definido o alvo principal das conclusões do estudo. "Se a gente conseguir controlar a ação dos agentes, controla a saída dos meninos", garante.

Margareth considera mais fácil formular uma lei que controle as transferências nacionais, mesmo que a opinião pública fique contra em um primeiro momento, por tirar do garoto e da família a suposta chance de realizar um sonho e ganhar um bom dinheiro por isso. "A nossa preocupação é proteger a criança", reforça.

Barcelona na cabeça

Leonardo Mendes Júnior

23/5/2005

Na segunda reportagem da série sobre a "exportação" de jogadores adolescentes, a história de um menino de sangue azul: Diego, 10 anos, sobrinho de Ronaldinho Gaúcho, um talento que o Barça já tentou contratar.

O Barcelona está na cabeça, no coração e no pulso do menino Diego, de 10 anos. Ele exibe com orgulho a pulseira do clube catalão, que se mistura a um adereço da campanha mundial contra o racismo, outro pelo combate ao câncer e um terceiro no mesmo amarelo da camisa da seleção brasileira de futebol no seu braço esquerdo. Ao ser questionado sobre qual o seu sonho, a resposta vem fácil: "Jogar no Barça." Quando? "Agora."

A paixão pelo clube é alimentada em família. Diego é sobrinho de Ronaldinho Gaúcho, camisa 10 do time e semideus na Catalunha. Desde que o tio deixou o Paris Saint-Germain, da França, o garoto passa as férias escolares na Espanha. No intervalo entre as partidas de futebol no viodegame regadas a refrigerante e bala de goma na mansão do melhor jogador do mundo, o menino participa dos treinamentos das categorias de base do Barça, com estilo europeu de treinar crianças:

328 Ronaldinhos do futuro

campo reduzido, sete para cada lado, muita bola, pouca parte física. "Gosto mais do treinamento no Brasil, mais puxado na parte física", comenta Diego, que aproveitou a última temporada espanhola para gravar um comercial da Nike com o tio. Ele é um dos garotos que correm atrás de Ronaldinho Gaúcho no gramado do Nou Camp.

Sua performance — especialmente nas cobranças de falta e lançamentos — impressionou os dirigentes, que fizeram um convite para que ele se mudasse para a Europa e passasse a jogar na equipe. Os pais recusaram. "Não dá para mudar a vida da família por achar que seu filho pode ser um fenômeno. Fico furiosa quando vejo uma criança de 12 anos ser tratada como profissional", afirma a mãe Karla Duran de Assis Moreira.

Enquanto a chance de jogar na Europa não vem, Diego trilha os mesmos caminhos do tio nas categorias de base do Grêmio. Às terças, quintas e sextas-feiras, das 14 horas às 16 horas, ele se junta a um grupo de 25 garotos para os treinamentos da categoria sub-11, na sede do clube que fica à margem do rio Guaíba, cartão-postal de Porto Alegre. No tricolor gaúcho, carrega outro peso. Seu pai, Assis, foi ídolo no Estádio Olímpico no fim dos anos 80.

As credenciais fazem de Diego uma atração dentro e fora do clube. Cumprimenta e mexe com todos que passam por ele. "Não vai assustar o cachorro com esta sua cara feia", grita para um amigo, que brinca com um vira-lata, antes de cair na gargalhada.

Nas viagens da equipe, a curiosidade se transforma em assédio. Pessoas de todas as idades vão ao estádio ver o sobrinho do Ronaldinho Gaúcho, cada um com seu objetivo. "Enche de guriazinha querendo conhecê-lo", entrega um membro da comissão técnica, que ressalta: "Diego é um bom jogador, mas não acima da média como o tio ou o pai."

As tentadoras comparações rendem conversas longas de Karla e Assis com Diego. Eles dizem para o filho fazer a parte dele, sem se preocupar com analogias com o tio e o pai famosos. O conselho funciona na maioria das vezes. Em outras, o garoto fica chateado e responde com silêncio.

"Não pode achar que porque ele é filho do Assis e sobrinho do Ronaldo vai ser fenômeno. Eu me chateio porque as pessoas são maldosas e cobram o que ele não tem", reclama Karla. "O Diego tem técnica e vai jogar se quiser. Não pode existir pressão sobre ele. Precisa ser tratado como criança e ter o tempo dele. Se vai jogar futebol, é porque tem amor pelo que faz. Se for com a pressão de dar certo e sem o respaldo familiar, a chance de ele voltar rápido e frustrado é enorme", completa Assis.

A pressão que os pais evitam quanto ao futebol do filho é revertida em cobrança por um bom desempenho escolar. Ao receber o boletim do primeiro bimestre letivo com algumas notas baixas, Karla avisou: "Se vacilar, sai do Grêmio." Diego entendeu o recado e recuperou-se. Ainda encontra dificuldades em matemática, o que fez a família contratar uma professora particular. "A baixinha xarope já está lá", disse ele à mãe , após ligar para casa e constatar que a professora já estava à sua espera para mais uma aula de reforço.

O rigor do casal com os estudos para dar a Diego opções fora do futebol é reflexo da experiência que o próprio Assis viveu no exterior. Logo que despontou no Grêmio, aos 16 anos, o meia-esquerda habilidoso foi procurado por clubes italianos. Atraído pela proposta, ensaiou a mudança, mas uma casa com piscina oferecida pelo clube gaúcho o manteve no país.

A transferência só ocorreu em 92, quando ele deixou Porto Alegre para jogar pelo Sion da Suíça. Assis ainda passou por Portugal, voltou para a Suíça, foi ao Japão, México e França, com duas passagens rápidas pelo Brasil. Enfrentou todo o tipo de dificuldade. Desde o rigoroso inverno europeu aos calotes dos cartolas brasileiros, passando pela convivência com o indecifrável idioma japonês.

A experiência já foi utilizada para evitar que Ronaldinho Gaúcho entrasse em furadas e servirá de proteção a Diego. O garoto nasceu na Suíça e foi batizado em homenagem ao craque argentino Diego Maradona, gordinho e canhoto como ele. A naturalidade dá ao menino mais dois argumentos para ser aceito sem restrições no Velho Mundo: a cidadania europeia e a familiaridade com a vida no continente. "O Diego tem espírito europeu. Não teria nenhum problema de adaptação", afirma Karla, ao volante do seu carro de luxo, sem saber que, no banco de trás, Diego a arremeda, para depois, claro, cair na gargalhada.

Medo pode apressar mudança

Temendo sequestros, família protege Diego com seguranças dia e noite

A cena chegaria a ser engraçada, se não fosse preocupante. Enquanto pais e mães de jogadores das categorias de base do Grêmio conversam animadamente e tomam chimarrão nos três lances de arquibancada do centro de treinamento amador do clube, em Porto Alegre, Karla Duran de Assis Moreira observa de longe a movimentação do filho Diego. De óculos escuros, braços cruzados e expressão séria, ela tem um segurança de cada lado, prontos para entrar em ação ao primeiro sinal de perigo.

A proteção, que se estende a Diego e dura 24 horas por dia, é a resposta da família de Ronaldinho Gaúcho à recente onda de sequestros de parentes de jogadores brasileiros. A libertação da mãe do atacante Luís Fabiano, do Porto, após 61 dias em cativeiro, deixou até mesmo o menino de dez anos aliviado. "Graças a Deus que soltaram ela", disse o garoto à mãe, ao ver a notícia nos telejornais. Para evitar qualquer imprevisto, o próprio Diego faz aulas de defesa pessoal duas vezes por semana.

A preocupação pode até antecipar a ida de Diego para a Espanha. Em nome da segurança, a família Assis Moreira cogita a mudança para a Europa caso perceba que possa ser alvo da ação de criminosos. "Esse período complicado que estamos vivendo pode interferir. Vou segurar minha família", afirma Assis.

Um presente para Rincon

Zagueiro do São Paulo pode embarcar para o Manchester na semana que vem, quando completa 18 anos

"É trote." Essa foi a única ideia que passou pela cabeça do zagueiro Rincon quando um telefonema interrompeu suas férias de verão, em 2003. Na linha, um dirigente do São Paulo pedia o seu retorno imediato à capital paulista. O Manchester United, da Inglaterra, queria contratá-lo. Desconfiado, deixou a praia no mesmo dia. Tinha certeza de que o cartola, a comissão técnica e os companheiros de time estariam à sua espera, no Morumbi, para rir da peça que haviam lhe pregado. Errou.

No próximo dia 31, Carlos Eduardo Castro Lourenço — o apelido Rincon é uma alusão ao volante colombiano de mesmo nome que jogou no Palmeiras, Corinthians e Santos — completa 18 anos e atinge a maioridade futebolística. É provável que já no dia seguinte embarque para a Europa. Ainda não sabe se para Manchester ou Lisboa, em Portugal, para defender o Sporting, clube parceiro da equipe inglesa.

O flerte dos Diabos Vermelhos começou em 2001, quando Rincon tinha 14 anos. O advogado John Calvert-Toulmin, representante do clube na América do Sul, ficou impressionado com sua força física e velocidade e passou a observá-lo. O acompanhamento durou mais de um ano — mesmo período de negociação com a diretoria são-paulina. Toulmin conseguiu o pré-contrato que desejava com o zagueiro e levou de brinde uma parceria com o São Paulo.

332 Ronaldinhos do futuro

As sociedades fazem parte da política de descoberta de jogadores do Manchester. Os britânicos possuem parceiros por toda a Europa e na África. Quem se destaca é convidado a fazer períodos de estágio na Inglaterra. Quando completa 18 anos, o garoto transfere-se para a Europa, atendendo a idade mínima imposta pela Fifa para transferências internacionais entre continentes diferentes.

Os dirigentes europeus pagam, no máximo, US$ 40 mil à equipe formadora pela assinatura de um pré-contrato, válido até o menino atingir a maioridade. "Quando o jogador completa 18 anos, ele desaparece e reaparece na Europa", afirma um cartola paranaense, que pediu para não ser identificado.

Experiente no contato com clubes estrangeiros, o dirigente conta que a assinatura de pré-contrato e a "contratação" da família inteira foram as maneiras encontradas pelos europeus para eliminar problemas enfrentados nos últimos anos, quando eles chegaram a investir na construção de centros de treinamento no Brasil. "Não deu certo porque os clubes brasileiros começaram a desviar o dinheiro para o investimento", explica.

Entre a assinatura do acordo e a mudança definitiva, Rincon já foi cinco vezes para Manchester — sempre em períodos de, no máximo, três semanas. A viagem inesquecível aconteceu no ano passado, quando teve a oportunidade de treinar contra a equipe principal. Ficou amigo do atacante uruguaio Forlán (atualmente no Villarreal, da Espanha), conversou com o meia paranaense Kléberson e marcou o holandês Van Nistelrooy e o francês Saha. "Marquei firme. Não pode dar moleza, senão falam que você não serve para o clube", disse.

Fora de campo, o zagueiro conheceu a cidade, a estrutura do clube e aprendeu a se comportar como jogador dos Diabos Vermelhos. Ele demonstrou ter assimilado o conteúdo logo no início da conversa, quando pediu para não falar quanto recebe do clube inglês. "É para não criar problemas", explica, com uma articulação de ideias incomum para um jogador de futebol.

O salário — dividido igualmente pelo Manchester e o São Paulo —, diz ele, ainda não possibilitou grandes investimentos. A pretensão do zagueiro é comprar uma casa para que, em breve, o pai e o irmão possam se mudar do Butantã, bairro de classe média da zona oeste de São Paulo.

Rincon deu outra demonstração de sua maturidade precoce no início do ano, quando perdeu a mãe, Heloísa, vítima de complicações após uma cirurgia de joelho. Ela era a principal incentivadora da carreira do filho e, apesar de inicialmente relutante, apoiava a transferência para o futebol europeu. "Ela sempre dizia para não deixar a oportunidade de jogar no exterior subir à cabeça. Se eu tiver a cabeça no lugar, conseguirei ir longe", conta.

Empresários ou flanelinhas?

Trapalhadas de agentes levaram clubes a buscar jogadores mirins

Marcio Reinecken

Nos gramados, as crianças estão pagando pelas mancadas dos adultos. Desde a Lei Bosman, que extinguiu o passe na Europa, em 1995, os principais clubes do planeta investiram milhões para ter jogadores brasileiros. Na hora de fechar o balanço, perceberam o saldo negativo. "Eles gastaram fortunas para terem atletas que não foram lá essas coisas", afirma o inglês John Calvert-Toulmin, representante do Manchester United na América do Sul.

A preferência pelos meninos combina o desejo de reduzir os investimentos com a possibilidade de trabalhar a longo prazo. Garotos de até 14 anos custam menos de US$ 50 mil. Como chegam novos ao clube, têm tempo para se adaptar ao clima, à cultura e ao estilo de jogo sem a

334 Ronaldinhos do futuro

pressão por títulos. Quando atingem a maioridade, são europeus tanto na forma de agir e jogar como na documentação. Alguns obtêm cidadania do país, outros adquirem visto de residente. Nos dois casos, contam como atletas da Comunidade Europeia e abrem espaço a outros estrangeiros, permitindo que a roda continue a girar.

Mesmo que não se adapte, o garoto dará menos prejuízo que um jogador profissional. O atacante Luís Fabiano, por exemplo, foi vendido no meio do ano passado pelo São Paulo ao Porto, de Portugal, por US$ 10 milhões — 200 vezes mais do que os clubes investem para ter uma criança em seus campos. Sem conseguir se adaptar à vida na Europa, foi parar rapidamente no banco de reservas e, mais adiante, na tribuna de honra do Estádio do Dragão. Nos últimos dois meses ainda enfrentou o drama de ter sua mãe sequestrada no Brasil. Esteve próximo de acertar um retorno para o Brasil, mas terá a chance de diminuir o prejuízo dos portugueses defendendo o Sevilla, da Espanha, na próxima temporada.

Grande parte do trabalho de Toulmin no Brasil é descobrir jogadores que possam dar certo no truculento futebol inglês. Por enquanto, encontrou apenas o zagueiro Rincon, do São Paulo. Rápido e forte, o garoto foi contratado aos 14 anos e deverá se transferir para o Velho Mundo em junho, quando já terá 18 anos. "Na Inglaterra se joga quase o ano inteiro no frio, levando pancada. Se não tiver porte físico e velocidade, não dá certo. Veja o Kerlon (meia do Cruzeiro e da seleção sub-17)."

Outra maneira de descobrir os craques em gestação é manter acordos com empresários. O agente Fifa Antônio Galante negocia, anualmente, de 10 a 15 jogadores, todos na faixa de idade entre os 14 e 16 anos. "Hoje em dia eles querem atletas com cada vez menos idade. Com 10, 11, 12 anos. Mas não dá, uma criança dessas precisa da estrutura familiar. Eu me nego a fazer esse tipo de coisa, mas sei que tem muita gente que faz. Esses caras não são agentes Fifa, são como flanelinhas do futebol", afirma.

A genética na formação do craque

Há dois fatores determinantes para o surgimento de um craque. Um é genético, o outro ligado à formação do sistema nervoso. Contudo, somente se atuarem juntos surgirá o gênio. "O Pelé é o melhor exemplo disso. Pela característica do seu código genético ele poderia ter sido o Pelé em qualquer esporte, mas na formação do sistema nervoso ele treinou as habilidades do futebol", explica Salmo Raskin, médico geneticista, membro do projeto Genoma Humano.

No campo genético, há características no código que podem fazer uma pessoa nascer com um maior número de fibras musculares, e mais elásticas, do que a grande maioria. Nesse caso, a pessoa tem, principalmente, mais explosão muscular e velocidade, o que ajuda não só no futebol, mas na grande maiores dos esportes.

A genética também influencia na coordenação motora (diretamente ligada à habilidade do jogador), mas, nesse campo, o fator decisivo é a formação do sistema nervoso da pessoa, que ocorre quase toda até os 4 anos de idade. Dessa forma, uma criança normal que é treinada nessa fase, no futuro será melhor jogador de futebol do que outra criança que teve contato com o esporte mais tarde, com o sistema nervoso formado. "Se ela foi treinada nessa faixa etária, é muito mais provável que goste ou desenvolva a habilidade do que uma criança que vive dentro de um apartamento e só seja exposta ao esporte com 7 anos na educação física da escola", afirma Raskin.

Caso raro

A descoberta é recente e foi feita após contatos com crianças com problemas de coordenação motora. "Quando o problema é detectado antes da formação do sistema nervoso, estimula-se a criança com fisioterapia e terapia ocupacional. Os resultados são surpreendentes: quando ela chega à idade adulta, acaba empatando com uma pessoa normal", revela Raskin, que completa: "No caso do esporte, se a pessoa não tem a predisposição genética, pode aprender tudo isso e ainda assim vai ser difícil despontar. O resultado é a maioria de jogadores que treinam, treinam, mas não passam de atletas medianos."

O caso é tido como raro, embora ninguém nunca tenha feito um cálculo estatístico dessa predisposição genética. "Não se sabe se é uma para mil, uma para 1 milhão, mas é difícil de ocorrer", observa Raskin. Normalmente, a pessoa que nasce com a predisposição genética tem 30% mais de fibras e elasticidade que uma pessoa normal.

Teoria da evolução
A formação dos craques tipo exportação começa antes do nascimento, durante a constituição do código genético. A composição do DNA é apenas a primeira etapa de um processo longo, que mistura talento, sorte e preparo psicológico. Poucos chegam ao estágio final. Ora porque não se encaixaram nas exigências da cadeia de craques ou porque caíram nas mãos de empresários desonestos.

Herança da genética
Alguns características do DNA fazem com que o indivíduo nasça com 30% a mais de fibras musculares e elasticidade que os demais. Essa diferenciação cria uma predisposição para a prática esportiva.

Coordenação
A formação do sistema nervoso, entre dois e quatro anos de idade, é decisiva para o surgimento do futuro craque. Se for acostumado a exercer atividades que simulem situações de jogo (como a simples brincadeira de chutar uma bola), o garoto tende a ter mais habilidade do que os demais. Este treinamento, aliado à carga genética favorável, ajuda a formar supercraques.

A descoberta

Os garotos geralmente começam jogando futsal ou futebol de campo em colégios ou clubes pequenos de suas cidades. Os treinadores dessas equipes indicam os melhores jogadores para times com mais estrutura, dos quais geralmente são parceiros. Para quem não possui parcerias, o caminho é produzir um vídeo com as melhores jogadas do candidato a craque e distribuí-lo pelo país.

Vitrine

Em clubes com mais estrutura, os garotos ganham visibilidade com a participação em competições oficiais. É comum haver olheiros de grandes clubes brasileiros ou representantes de equipes europeias assistindo aos jogos, à caça de talentos.

Conexão Europa

Quando percebe que um menino tem potencial para se transformar em um bom jogador, o observador estrangeiro entra em contato com o departamento amador do clube, na Europa. Em alguns casos, um dirigente vem da Europa para assistir a partidas do garoto. Em outros, o próprio observador acompanha mais jogos do atleta antes de fazer uma proposta oficial para o clube ou a família.

Parceria

Os clubes europeus que negociam com os dirigentes brasileiros geralmente procuram firmar uma espécie de parceria na formação do garoto. Por uma quantia que dificilmente supera US$ 50 mil, os dois times e a família do menino assinam um pré-contrato, que prevê a assinatura de um contrato com a equipe europeia quando o jogador completar 18 anos, idade mínima em que a Fifa permite transferências internacionais. Até lá, o garoto passa por períodos de treinamento na Europa, para se adaptar ao clima, à cultura e ao estilo de jogo do país.

Pacote família

Quando pretende contar com o aspirante a craque antes dele completar 18 anos, o clube europeu utiliza uma estratégia para driblar as limitações impostas pela Fifa e esquentar a transferência. Os pais ou responsáveis pelo garoto recebem uma oferta de emprego na cidade do clube, o que obriga a família inteira a se mudar para a Europa. Chegando ao país, o menino faz um "teste" no time e é aprovado. Foi assim que o argentino Lionel Messi transferiu-se para o Barcelona, aos 12 anos, e é dessa maneira que os brasileiros Nikão, 13 anos, e Dunguinha, 12, vão trocar o Mirassol (SP) pelo PSV (Holanda) no início de 2007.

Jogador pronto

Aos 18 anos, idade em que a Fifa permite a transferência internacional entre continentes, o jovem já possui uma situação invejável. Vive na Europa há quatro ou cinco anos, possui um bom contrato em euro, completamente adaptado à cultura, ao clima, ao idioma e à forma de jogar futebol. O tempo vivido no país lhe dá a condição de residente. Com isso, deixa de entrar na cota de estrangeiros (jogadores que não nasceram ou não possuem cidadania europeia), abrindo espaço para a chegada de novos meninos da América do Sul ou da África.

Crescendo ao lado dos ídolos

Leonardo Mendes Júnior

24/5/2005

Jean, o garoto de dez anos que assombrou o mundo, pode estar de passagem marcada para a Espanha

Caixas com mudança e móveis disputam de igual para igual cada centímetro do apartamento de três quartos da família Chera, em José Menino, bairro de classe média de Santos, litoral paulista. Na sala, dois sofás, uma cômoda com televisão e computador e uma mesa de canto deixam espaço de sobra para as estripulias do primogênito Jean Carlos, dez anos completados no último dia 12, com a bola nos pés. Quando ele era menor em Sinop, interior do Mato Grosso, a mãe, Laureci, empenhava-se para evitar que o brinquedo predileto da casa destruísse as plantas cultivadas no jardim. Agora, o zelo é para salvar espelhos, monitores e vidros e alimentar o sonho do filho. "Ele sempre diz que pretende jogar no Barcelona. De preferência, ao lado do Ronaldinho Gaúcho e do Robinho", conta a mãe.

O sonho de Jean, comum a qualquer criança da sua idade, transformou-se em foco central da vida da família, que vivia do comércio de madeira no Mato Grosso. A reviravolta começou em dezembro, quando o pai, Celso, e o técnico, Biro, enviaram para a Adap (Associação

340 Ronaldinhos do futuro

Desportiva Atlética do Paraná), de Campo Mourão, interior do estado, uma fita com lances de Jean. A compilação de gols de placa, dribles desconcertantes e chapéus imprevisíveis conquistou o presidente do clube, Adilson Batista. Ele mandou buscar o garoto e espalhou a gravação pela internet. Era o que faltava para o mundo conhecer e cobiçar o meia-atacante.

O garoto não demorou a frequentar as listas de especulações. Porto e Manchester United surgiram como possíveis interessados na Europa. O iraniano Kia Joorabchian, presidente da MSI, convidou Celso e Batista para uma reunião, querendo levá-lo para o Corinthians. O Atlético enviou um contrato, que estava nas mãos do pai de Jean, pronto para ser assinado, quando o Santos entrou na disputa, e Jean escolheu a Vila Belmiro. "Foi por causa do Robinho. E o Santos é melhor que o Atlético", explica o prodígio, que recebeu uma camisa personalizada do clube, com seu nome, para usar nos treinamentos — uma regalia que não se estende a nenhum outro companheiro.

A possibilidade de conhecer o camisa 7 foi a melhor proposta que o Peixe poderia ter feito a Jean. Para conquistar os pais, ofereceu um contrato de seis anos — que vence quando o garoto atingir a idade mínima para assinar seu primeiro compromisso como profissional —, bolsa integral em uma das melhores escolas da cidade e um "salário" de R$ 4 mil por mês. "Dá para sobreviver", diz Celso.

A afirmação é, na verdade, uma maneira de não chamar a atenção para o valor do contrato, inédito para um jogador brasileiro tão jovem. Celso deixou a administração da madeireira para o irmão, em Sinop, e passou a viver o sonho de Jean em família. "Hoje a gente vive em função do Jean e do sonho de ele ser jogador de futebol", admite.

Celso acorda cedo todos os dias e leva o filho para a escola. Enquanto o garoto estuda, ele trata da finalização da mudança e acompanha atentamente a movimentação nas categorias de base do Peixe. À tarde, acompanha o prodígio ao treino. Observa tudo do lado de fora. No dia em que recebeu a reportagem da *Gazeta do Povo*, estava ciceroneando o amigo Biro e mais um grupo de garotos que foi do Mato Grosso para Santos realizar um teste, agendado por ele. Na retaguarda, Laureci cuida da casa e do caçula Juan, de dois anos.

Celso garante tomar cuidado para que a estrutura, capaz de fazer inveja a muitos profissionais, não se reverta em pressão para o filho. "Estou com os pés no chão. Se não der em nada, não será decepção para nós. Se ele se machucar, falar que não quer mais, tentar, tentar e não conseguir, tudo bem. Volto para o Mato Grosso e toco a minha vida. Por isso, ele está estudando. Não dependemos do futebol dele", afirma.

Jean parece estar assimilando bem as mudanças repentinas. Mais extrovertido do que nas primeiras entrevistas, conserva a mesma expressão tranquila e as brincadeiras de criança. Mantém o sonho de dividir o meio de campo do Barça com Ronaldinho Gaúcho, mas, no momento, prefere curtir o conselho do outro ídolo que o fez preferir o litoral paulista. "O Robinho falou para eu bagunçar com os zagueiros", conta ele, que garante estar seguindo a recomendação à risca.

Na Espanha

Jean pode estar perto do melhor jogador do mundo, segundo a Fifa, antes do que pensa. O Valencia, da Espanha, já entrou em contato com Celso para levá-lo em uma espécie de intercâmbio. O clube se encarregaria de empregar a família na cidade, e o menino mudaria de país para estudar e jogar futebol. Milan, Napoli e Roma, todos da Itália, fizeram convites para estágios de cinco dias. O pai diz estar totalmente satisfeito com a estrutura oferecida pelo Santos, mas não descarta a possibilidade de cruzar o Oceano Atlântico. "Se for bom para ele e para nós, não mediremos esforços. Dificilmente ele terminará o ano no Brasil", afirma.

Ronaldinhos do futuro

Laureci pensa diferente. Ela ainda tem dúvidas sobre o acerto do casal na troca repentina de Campo Mourão por Santos. Acha que seria melhor para os meninos passar mais tempo na cidade. Uma mudança para a Europa, então, nem passa pela sua cabeça. "Nem penso nisso. Quanto mais ele puder ficar no Brasil, melhor. Ele é muito novo para sair", afirma ela, que ainda não desistiu do sonho de ver o filho virar médico. "A gente sempre tem que se preocupar em manter nele essa alegria de criança, sem cobranças. Ser jogador de futebol é o sonho dele, e a gente embarcou nessa", completa.

Crianças não ajudam no marketing

Marcio Reinecken

A contratação de um menino de 12 anos por um clube de futebol não dá retorno antes que a promessa vire realidade. A ideia de que um craque precoce possa render ao menos para o marketing do clube também é rechaçada por grande parte dos especialistas da área. "Quando se fala em marketing, se fala em retorno financeiro. E a contratação de um menino desses não vai fazer com que se comprem mais ingressos para os jogos, se vendam mais camisas ou melhore o valor das cotas de TV", afirma o consultor de gestão do futebol, Antônio Afif, que já prestou serviço ao Corinthians.

Um outro aspecto é levantado por José Carlos Brunoro, ex-técnico da seleção brasileira de vôlei masculino e um dos nomes fortes do marketing esportivo. "A curto prazo, as crianças podem servir de âncoras, e serem benéficas para a imagem do clube, que seria visto como grande revelador de talentos e acabaria alvo de outros garotos. Mas a longo prazo isso pode ser ruim, pois grande parte desses meninos não chega a virar Ronaldinhos e Maradonas", afirma Brunoro, que é totalmente contra esse tipo de transferências. "Com 12 anos ninguém decide nada. Tem que deixar as crianças serem crianças. O problema é que as famílias querem viver disso. É um problema social!"

Todos querem o garoto de Sinop

Briga judicial envolvendo menino de 10 anos opõe o Santos e a Adap

O talento precoce de Jean Carlos Chera já foi capaz de transformá-lo no pivô de uma pendência judicial envolvendo a Adap, seu clube no Paraná, o Santos e seu pai. A equipe de Campo Mourão alega que possui um contrato em vigor com a família do garoto e acusa o Peixe de roubá-lo. Já os dirigentes paulistas respondem que o compromisso é inválido, por causa da idade do menino, e que a transferência foi consentida pela família.

Celso confirma a tese defendida pelo Santos. Ele diz ter ficado insatisfeito com a maneira como o presidente da Adap, Adilson Batista, estava conduzindo a carreira de Jean, expondo o garoto na mídia de maneira excessiva.

A gota d'água teria sido uma participação no programa *Domingo Legal*, do SBT, marcada sem a consulta ao pai, que estava no Mato Grosso. "Tive que vir correndo para São Paulo, com a minha mulher me ligando desesperada e o Jean chorando porque não queria viajar sem mim", conta.

Os termos do contrato também desagradaram o madeireiro. Ele diz que o acordo previa uma participação da Adap de 80% nos direitos federativos de Jean. Detalhe: como o garoto não possui idade para assinar um compromisso profissional, não existem direitos sobre ele a serem repartidos. "O pessoal do Santos falou para esquecer o contrato, pois não tinha validade", afirma Celso.

"Ato de pirataria"

Como o processo ainda está em andamento, a diretoria do Santos evita falar sobre Jean. Na verdade, o clube veta qualquer pedido de entrevista com o garoto, alegando ser este um desejo da família Chera. "Se ele der mais entrevista, volta para Sinop", respondeu um assessor do campeão brasileiro a um repórter que estava produzindo uma reportagem para uma revista de São Paulo.

Em Campo Mourão, o silêncio sobre o caso é similar. Batista diz apenas que "Jean é uma revelação da Adap roubada pelo Santos". O dirigente é mais prolixo no site oficial do clube — o mesmo que quebrou recordes de acesso em busca do vídeo do craque mirim. Um comunicado qualifica a transferência do menino para o Peixe como "o maior ato de pirataria de atleta no futebol brasileiro". A diretoria da equipe paranaense ainda lamenta "o comportamento antiético e imoral de um clube rico e campeão brasileiro" e promete brigar na justiça pelos direitos sobre o garoto. (LMJ)

O problema dos pequenos prodígios

Poucas promessas precoces do esporte acabam vingando quando chega o momento de explodir profissionalmente, segundo os psicólogos esportivos. A explicação é simples: meninos com essa idade não têm estrutura psicológica para aguentar cobranças, pressão e expectativas como os adultos. "Se a pessoa tem um talento prodigioso em nível de motricidade, isso tem de ser muito bem trabalhado. Criança não suporta tanta pressão", afirma o especialista Gilberto Gaertner, do Atlético.

O primeiro problema é o comprometimento da formação emocional, por a criança mudar radicalmente o estilo de vida e queimar etapas básicas de formação, como a infância e a adolescência. "Eles não têm vida normal, não brincam com gente da mesma idade, muitas vezes não vão ao colégio e são exigidos como atletas", diz Gaertner. "É quase como uma fruta que amadurece antes do tempo, que fica sem sabor."

Na opinião da psicóloga Suzy Fleury, a formação educacional fica ainda mais prejudicada no caso de transferência para o exterior. "Pode ser uma grande oportunidade, mas o que preocupa é que eles vão pelo futebol, por um clube que só tem interesse comercial", afirma Suzy. "São crianças. Nesse ponto, muitas vezes a família também tem culpa, pois deposita no menino todas as esperanças de suas próprias vidas, criando uma cobrança muito grande", ressalta. (MR)

Jogo Sujo: a máfia do apito

ANDRÉ RIZEK nasceu em 1975, em São Paulo. Formou-se em jornalismo pela PUC-SP no ano de 1996. Foi repórter de esportes do *Jornal da Tarde*, repórter do *Lance!*, editor de esportes do Último Segundo (portal iG), editor especial das revistas *Placar* e *Veja* e atualmente é editor-chefe do canal Sportv em São Paulo. Conquistou por duas vezes o Prêmio Abril na categoria Esporte, uma delas com a reportagem "Jogo sujo".

Caçada ao juiz ladrão

André Rizek

Sexta-feira à noite, março de 2005. A edição da revista Veja *já estava fechada e havia pouca gente na redação. Minha chefe, a editora Thaís Oyama, falava baixinho ao telefone, anotando tudo. Devia ser mais uma daquelas denúncias que chegavam todos os dias aos nossos ramais, dos mais variados tipos. "Quero denunciar um esquema de corrupção no Congresso Nacional", "Na minha rua não tem iluminação", "Tenho provas de que um vereador de Carapicuíba tem uma amante". A denúncia que chegava para Thaís parecia ser mais uma dessas coisas malucas que a gente ouvia todo dia. Mas seria a missão deste repórter na semana seguinte.*

— Rizek, tem juiz de futebol roubando jogo do Corinthians, do Santos, um escândalo — disse ela para mim, assim que desligou o telefone.

Thays entende muito do jornalismo. Mas não sabia nada de futebol. "Será que ela não sabe que essas coisas não existem, que não passam de folclore?", pensei na hora. No alto de minha experiência como ex-repórter de esportes do Jornal da Tarde, *do* Lance!, *editor de esportes do* Último Segundo *e editor especial da revista* Placar, *tratei de abaixar a expectativa da chefe:*

— Vamos checar, é claro. Mas isso não existe em nível de futebol profissional, Thaís, é bom a gente não criar muito expectativa.

350 Jogo sujo: a máfia do apito

Entrei em contato com o autor da denúncia e fui, desconfiado e descrente, encontrá-lo na semana seguinte. Como se sabe, minha primeira impressão sobre esse assunto seria demolida rapidamente. Mais precisamente, logo no primeiro encontro que tive com o autor da denúncia, a quem chamo de "Camisa 10" — o anonimato da fonte foi preservado até hoje e espero que siga assim para sempre.

Não posso entrar em detalhes, mas logo no primeiro encontro pude perceber que Camisa 10 falava a verdade — algo que conseguimos comprovar rapidamente. Ele nos deu o nome de um dos juízes envolvidos (Paulo José Danelon), passou as dicas para descobrirmos o outro criminoso (Edilson Pereira de Carvalho, então um árbitro do quadro FIFA, a elite da arbitragem mundial). Sabia onde os cabeças do esquema se encontravam em São Paulo: um bingo familiar em Perdizes e um minicassino no Itaim, bairro nobre da cidade. Após 14 dias seguindo as pistas de Camisa 10, tínhamos quase todas as informações para publicar a reportagem. Descobrimos quem era o líder do bando, o "empresário" e piloto de kart Nagib Fayad, conhecido como Gibão. Conhecíamos seus sócios. Sabíamos como a quadrilha operava.

Faltava a outra necessidade básica antes de publicar uma reportagem: provas. Para sustentar a nossa denúncia. E também para que o bando não saísse livre de um acerto de contas com a Justiça. Ainda estava em andamento o Campeonato Paulista de 2005.

Camisa 10 sabia dos resultados arranjados pelo grupo. Ele nos avisava antes dos jogos. Nossa primeira ideia foi registrar as informações em um cartório. Ou seja: se a Ponte Preta iria jogar com o São Paulo no sábado, e o resultado prometido pelo árbitro era o empate, a gente registraria aquela informação na sexta-feira, como "prova" da armação. Mas nem sempre o juiz entregava o que prometia... E uma rápida consulta ao departamento jurídico da editora Abril demoliu nossos planos: os tais registros em cartórios não serviriam como prova de nada.

No dia 8 de abril, procurei os promotores José Reinaldo Guimarães Carneiro e Roberto Porto, do Grupo de Apoio e Combate ao Crime Orga-

11 Gols de Placa   351

nizado (Gaeco) do Ministério Público de São Paulo. A dupla já havia conduzido as investigações sobre lavagem de dinheiro do grupo MSI no Corinthians. Começava o processo criminal contra o bando de fraudadores.

Na maioria das vezes, são as autoridades que passam informações sobre suas investigações para que grandes publicações ou emissoras de TV possam divulgá-las. Desta vez, fazíamos o caminho inverso. De posse das informações que havíamos levantado, o MP conseguiu na Justiça a quebra do sigilo telefônico dos envolvidos. Descobrir os números que o bando usava para se comunicar foi tarefa nossa, porque tínhamos o caso todo já apurado. Alguns dos números fixos estavam na lista telefônica. E os celulares...

Eu e Thaís nos passamos por funcionários de telemarketing de uma empresa de telefone celular e conseguimos as informações:

— Boa tarde, é o senhor Edilson? Meu nome é Fulano de Tal e gostaria de estar oferecendo um plano especial para o senhor. Quais são os números de telefone celular que o senhor e sua família usam hoje em dia?

Claramente, estávamos lidando com um bando de ladrões de galinhas, que sequer desconfiavam que estavam sendo vigiados. Apertando as teclas PLAY e REC de um gravador, sabíamos que as provas viriam rapidamente. Mas o tempo passava e começou o Campeonato Brasileiro daquele ano.

Eu gravava os jogos, assistia a alguns deles no estádio. Em dia de rodada, Camisa 10 me ligava: "Tem jogo do Botafogo hoje, né? Tá vendido. Jogaram na vitória do Botafogo." Era um domingo, 8 de maio. O clube enfrentava o Vasco em São Januário, na primeira partida que Edilson apitou no Brasileiro. O Botafogo venceu, 1 x 0, graças a um pênalti bastante duvidoso. Mas é claro que aquilo passava batido na imprensa esportiva. Eram os chamados "lances duvidosos", desses que a gente vê todo dia por aí.

Estávamos um poço de ansiedade. Mas foi uma enorme frustração quando conhecemos a "estrutura tecnológica" do MP de São Paulo, o estado mais rico na nação: meia dúzia de gravadores de fitas cassete para fazer as escutas telefônicas de todos os suspeitos paulistas! Fitas cassete mesmo, dessas que te obrigam a mudar o lado durante um diálogo crucial para as

352   Jogo sujo: a máfia do apito

investigações ou enrolam no cabeçote. A máfia do apito *ainda teria de entrar numa fila: as gravações só começariam em 2006.*

Foi por causa disso que Veja *tomou a iniciativa de levar a denúncia também à Polícia Federal, em Brasília. Por sorte, o homem que ocupava o posto de diretor-geral, Paulo Lacerda, era ninguém menos que o delegado carioca que, no começo da carreira, havia presidido o inquérito da máfia da loteria, o escândalo revelado em uma série de reportagens da* Placar *em 1982. Era um esquema criminoso que envolvia a escolha dos jogos que compunham o cartão da Loteca e o aliciamento não só de juízes, mas de jogadores, dirigentes e até jornalistas. Na época, 20 pessoas foram indiciadas. Ninguém foi punido, sob alegação de "falta de provas". Lacerda não gostava dessa lembrança. E colocou a estrutura da polícia à disposição dos promotores: sete agentes trabalhando 24 horas por dia em um quarto de hotel, em São Paulo. Municiados de computadores registrando digitalmente todas as conversas dos criminosos. O delegado destacado para o caso, Protógenes Queiroz, era o mesmo que investigava e viria a prender o ex-prefeito Paulo Maluf e seu filho Flávio. Era uma verdadeira "estrela" da PF, que hoje, enquanto escrevo estas linhas, está na berlinda, sendo investigado por conta de sua atuação na operação Satiagraha, que investiga o banqueiro Daniel Dantas. Mas isso é uma outra história. As escutas da* máfia do apito *começaram no dia 2 de agosto.*

Veja *continuava a sua apuração. Acessando o site de apostas que era usado pelo bando para ganhar dinheiro nos jogos apitados por Edilson e Danelon, descobri que, de uma hora para outra, o endereço eletrônico parou de cotar as partidas que Edilson apitava. O site percebera, antes de todo mundo, que havia um esquema! Do qual era vítima, se é que podemos dizer isso — sites de apostas eram e continuam sendo ilegais no Brasil.*

Comuniquei o fato ao MP. A reportagem interagia com as investigações. Criamos até códigos para conversarmos ao telefone, sem nenhuma necessidade:

— *André, é José Reinaldo. O professor número 1 dá aula neste final de semana?*

— *Vai, sim, vai dar aula lá na Vila Belmiro. Digo, vai dar aula em Santos.*

— *E a aula está cotada, tem aposta?*

Um dia com Edilson

Eu também estava em contato com Edilson e Danelon. Eles acreditavam que eu estava fazendo uma reportagem sobre "vida de árbitro", a rotina de nossos apitadores que por lei devem ter um emprego fora do futebol. Para que os dois não desconfiassem, fiz todos os contatos dessa pauta via assessoria de imprensa do Sindicato dos Árbitros de São Paulo. Tive de mentir para o jornalista responsável, o competente Márcio Trevisan, para que ele marcasse as entrevistas para mim — lamento o fato até hoje. Também procurava outros dois profissionais da arbitragem, para não levantar suspeitas: a bandeira Ana Paula Oliveira e o árbitro Sálvio Espínola.

Quando vi que Edilson apitaria São Paulo x Corinthians, no dia 7 de setembro, telefonei para ele. Sem saber das investigações, ele me recebeu em sua cidade, Jacareí, às 11h do dia 6 de setembro. Dezesseis minutos antes de nos encontrarmos, o ex-juiz havia mandado um torpedo de seu celular para Gibão, oferecendo-se: "Corinthians x São Paulo. Um abraço."

Passei um dia inteiro com o ex-árbitro. Ele soltava frases como esta: "Amo a arbitragem. Apitaria até de graça." Ou: "Recebo 2.500 reais por jogo. Nem médico ganha isso por duas horas de trabalho."

Edilson me dissera em abril que era técnico de telefonia da prefeitura. Mas, depois do almoço em uma churrascaria, sentiu-se íntimo para confessar. "Esse negócio de técnico de telefonia é só para constar lá na Federação. A gente tem que apresentar comprovante de que tem uma profissão.

354 Jogo sujo: a máfia do apito

Tem um cara aqui em Jacareí que vende notas fiscais, é só escolher a profissão que você quer ser. Entrego essas notas desde 1995."

Fomos, então, àquele que Edilson dizia ser o seu verdadeiro emprego: dono de uma pequena fábrica de bichos de pelúcia. Ele me apresentou seu sócio e melhor amigo, que o acompanhava em todos os jogos e — soube depois — até mesmo nos pagamentos que recebia de Gibão. "Este aqui é dono de todas as máquinas de videopôquer de Jacareí. Por enquanto, não posso entrar nesse ramo, tenho uma reputação. Mas, depois..." Digamos que Edilson já não tem mais esse impedimento. Conheci sua casa, enfeitada com tapetes e ornamentos da Fifa que ele mandara fazer.

Se era uma presa fácil para um repórter da Veja, imaginem para a polícia, que monitorava todos os seus passos. As escutas telefônicas foram um sucesso. Logo no primeiro dia dos trabalhos, 2 de agosto, a PF já tinha um prato cheio. Edilson prometia mundos e fundos para garantir a vitória do Vasco contra o Figueirense, em São Januário, pela bagatela de R$ 17 mil — sua atuação nessa partida foi um escândalo. Dizia que Gibão podia apostar "até os carros".

A PF alegava que precisava monitorar o grupo por mais tempo. É a "ação controlada": deixar os criminosos atuarem por um período, para obter o máximo de informações.

Fui avisado por uma fonte, de dentro das investigações, que o delegado Protógenes Queiroz tinha um plano: descer de helicóptero no gramado, durante o intervalo de um jogo apitado por Edilson, para prendê-lo em rede nacional: um show de pirotecnia.

Traídos, Thaís e eu decidimos publicar a reportagem imediatamente. Na sexta-feira, 23 de setembro, o MP obteve o mandado de prisão para Edilson e Gibão. A matéria da Veja estava pronta e seria publicada no dia seguinte. Edilson não apitava naquele final de semana. O delegado não gostou nada de termos estragado seu "plano voador", que esperava pôr em prática só na semana seguinte.

No sábado, a revista chegou às bancas com a capa da Máfia do Apito. Edilson e Gibão foram presos e se tornaram réus confessos. Doze dias depois, às 17h34, pego um recado na minha caixa postal:

— André, aqui é o Edilson, o árbitro que você denunciou. Escuta... tenho coisas aqui que ninguém falou ainda e que podem interessar a você. Me ligue, querido. Sem ressentimentos.

Foi inacreditável ouvir o recado de Edilson, poucos dias depois de ele ter deixado a cadeia. Retornei a ligação para ouvi-lo:

— Sabe como é... Só me ferrei nessa história. Minha carreira acabou. Tô todo endividado. O que interessa agora é me recuperar financeiramente. Tenho 16... Não, tenho 20 páginas sobre a minha vida na Federação. Algumas emissoras de TV e uma revista já fizeram propostas.

No domingo, em troca de 15 mil reais, lá estava Edilson em um programa de TV, fazendo suas "graves denúncias". O principal personagem da máfia do apito se vendeu mais algumas vezes.

Jogo sujo

André Rizek e Thaís Oyama

Veja, 28/9/2005

Veja revela o maior escândalo já visto no futebol brasileiro: em conluio com empresários, dois juízes — um deles árbitro da Fifa — fraudavam resultados de partidas para lucrar com apostas

O Gaeco (Grupo de Atuação Especial e Repressão ao Crime Organizado do Ministério Público de São Paulo) e a Polícia Federal estão a ponto de desmantelar uma quadrilha montada com o objetivo de manipular resultados de partidas de futebol do Campeonato Brasileiro e do Paulista. Ela envolve um grupo de empresários, donos de bingos em São Paulo e Piracicaba (no interior paulista) e o árbitro Edilson Pereira de Carvalho, um dos dez juízes brasileiros pertencentes aos quadros da Federação Internacional de Futebol (Fifa), que reúne a elite da arbitragem mundial. Com os resultados acertados com o juiz, a quadrilha lucrava em apostas milionárias em sites de jogatina na internet. É o maior golpe na paixão dos brasileiros pelo futebol e um escândalo de repercussão internacional.

Gravações telefônicas mostram que Edilson, em conluio com os empresários, "vendeu" e, em outras oportunidades, tentou "vender" os resultados de muitas das 25 partidas que apitou desde janeiro deste ano

358 Jogo sujo: a máfia do apito

nos que são alguns dos mais importantes torneios do futebol mundial, entre eles as copas Libertadores e Sul-Americana. Com base nos resultados combinados com o juiz, os empresários faziam apostas milionárias em dois sites de futebol na internet que oferecem loterias eletrônicas. A existência e o funcionamento desses sites no Brasil são proibidos, e as apostas ocorrem de forma clandestina. O Gaeco já sabe que pelo menos mais um árbitro — Paulo José Danelon, ligado à Federação Paulista de Futebol e que apitou no Campeonato Paulista — fazia parte da quadrilha. Dois bandeiras, da mesma federação, também estão sendo investigados sob suspeita de participação no esquema. A quadrilha, segundo o Gaeco, teria lucrado com as fraudes mais de 1 milhão de reais nos últimos seis meses.

As investigações sobre a máfia do apito tiveram origem em uma apuração jornalística iniciada por *Veja* em abril deste ano. Informado sobre o trabalho, o Gaeco obteve autorização judicial para monitorar as ligações telefônicas da quadrilha, com ajuda da Polícia Federal. Os diálogos, gravados desde agosto deste ano, revelaram a existência de uma trama destinada a encher os bolsos de um grupo de apostadores à custa da boa-fé de milhares de torcedores que, ao adquirir ingressos para um espetáculo esportivo, se tornaram figurantes involuntários de uma fraude. Nela, a principal autoridade no campo, em vez de garantir a justeza do resultado e fazer com que o melhor time vença, dedicava-se a ajeitar o resultado da partida de acordo com seus interesses financeiros e os da quadrilha. Um juiz pode interferir decisivamente no resultado de um jogo. Ele pode forjar pênaltis, expulsar jogadores injustamente, validar gols ilegais e anular gols legítimos. Edilson Pereira de Carvalho e seus asseclas faziam essas tramoias, maculando a alegria de milhões de brasileiros, em troca de propinas que variavam entre 10 mil e 15 mil reais por partida.

Os juízes do esquema agiam da seguinte maneira: assim que eram escalados para um jogo (a escolha se dá por sorteio), comunicavam o

11 Gols de Placa   359

fato ao empresário Nagib Fayad, de Piracicaba. Conhecido piloto de kart na cidade, ele é apontado pela investigação como um dos cabeças da máfia do apito. Avisado sobre a escalação do juiz comprado, Fayad ligava para os seus sócios — três donos de casas de bingo de São Paulo cujos nomes permanecem sob sigilo —, a fim de combinar o placar e o valor da aposta. Em seguida, Fayad registrava o palpite em dois sites de apostas: o Aebet e o Futbet. Ambos são clandestinos. Como se sabe, a lei brasileira proíbe jogos de azar.

Segundo as investigações, o Aebet, embora registre sede em Montreal, no Canadá, funciona, na realidade, no Rio de Janeiro. É aberto a qualquer internauta e recebe apostas para jogos de futebol ao redor do mundo, com versões em português, inglês e espanhol. Para apostar nele, basta preencher um cadastro e escolher a forma de pagamento das apostas: depósito bancário ou cartão de crédito. Quando o apostador ganha, seu dinheiro é depositado na conta bancária que ele usou para se registrar. O site aceita palpites também para corridas de Fórmula 1, lutas de boxe e jogos de basquete no Brasil e em outros países. O Futbet é um site fechado. Seu domínio está registrado em nome da empresa BR Ltda. de São Paulo, mas o Gaeco já sabe que seu verdadeiro proprietário mora em Piracicaba — a mesma cidade de Fayad. Os sites, pelo que se apurou até agora, não teriam participação no esquema.

O lucro da máfia do apito variava de acordo com o jogo em questão. Tanto o site Aebet quanto o Futbet estabelecem o valor do prêmio a ser pago aos apostadores (via depósito bancário) de acordo com a lógica das bolsas de apostas convencionais: se um time é considerado favorito em uma determinada partida, mais pessoas apostarão nele. E o prêmio, portanto, será menor — no caso dos sites usados pelo esquema, em torno de uma vez e meia o valor bancado pelo apostador. Já por um palpite numa equipe com menos chances de vitória, o Aebet e o Futbet pagavam até mais de seis vezes o valor apostado. A tática da quadrilha era apostar quantias vultosas — entre 150 mil e 200 mil reais —, na maio-

360 Jogo sujo: a máfia do apito

ria das vezes em times tidos como favoritos. "Dessa forma, caberia aos árbitros do esquema apenas garantir que não haveria as chamadas 'zebras'", explica o promotor José Reinaldo Guimarães Carneiro, do Gaeco. A desfaçatez da quadrilha era tamanha que, em um dos diálogos gravados pela polícia, Edilson garante a Fayad que ele pode "jogar até os carros" que tem na vitória do Vasco, que enfrentou o Figueirense na 18ª rodada do Campeonato Brasileiro. "Vê o limite que você pode jogar e mete ferro, que eu meto ferro dentro de campo", diz Edilson. O árbitro promete que irá fazer o resultado combinado "nem que tenha de sair do estádio sob escolta".

As escutas telefônicas mostram que, em algumas partidas, como aquela em que o Figueirense venceu o Juventude por 4 a 1, no último mês de julho, o juiz Edilson não conseguiu produzir o resultado combinado com seus cúmplices. Em uma das conversas captadas pela PF, o árbitro Edilson lembra ao empresário Fayad que tentou favorecer o Juventude com um pênalti, mas "eles erraram". Na partida, o árbitro marcou um pênalti a favor do Juventude. A bola chutada pelo atacante Zé Carlos foi defendida pelo goleiro do Figueirense.

As gravações da polícia indicam ainda que a ação da quadrilha despertou a atenção de pessoas fora do âmbito da investigação. Pelo menos um dos dois sites usados pela quadrilha, o Aebet, vinha recusando apostas em jogos apitados pelo juiz Edilson. Duas das partidas que ele arbitrou na 21ª e na 24ª rodadas do Campeonato Brasileiro (Internacional x Coritiba e São Paulo x Corinthians) permaneceram fechadas para apostas no site. Foram os únicos jogos não liberados para palpite entre as 22 partidas das duas rodadas.

A interdição não passou despercebida pela quadrilha. Em um dos diálogos captados pela investigação, Fayad diz a Edilson que eles terão de "dar um jeito", já que, como o grupo apostou "pesado nos últimos três jogos" apitados pelo juiz, "eles (os proprietários do site) estão desconfiados". O Gaeco e a PF já sabem que Edilson foi apresentado à máfia do apito por outro árbitro, Paulo José Danelon, que já atuava no esquema antes dele. Esse segundo árbitro apita atualmente na segunda divisão do Campeonato Brasileiro. Mora em Piracicaba e era secretário da Faculdade de Odontologia da Unicamp, até ser demitido no início deste mês por justa causa. Como Edilson e Fayad, ele poderá ter a prisão decretada ainda nesta semana.

O artigo 275 do Código Brasileiro de Justiça Desportiva determina que as partidas cujos resultados sofram alteração em consequência de má-fé do árbitro deverão ser anuladas. Nesse caso, o Campeonato Brasileiro — que vinha registrando aumento de público e uma das maiores médias de gols de toda a sua história — sofreria uma mudança na sua tabela de classificação. Se as partidas apitadas por Edilson forem anuladas, conforme determina o Código, o Internacional perderia a liderança isolada e Vasco e Cruzeiro ficariam mais perto da zona de rebaixamento para a segunda divisão. O resultado do Campeonato Paulista, encerrado no último mês de abril, também teria de ser alterado no que diz respeito à relação dos times rebaixados à segunda divisão: União Barbarense, União São João, Atlético Sorocaba e Inter de Limeira. As revelações sobre as fraudes cometidas pelos árbitros Edilson e Danelon neste torneio, no entanto, não tirariam o título do São Paulo. O time venceu o campeonato com uma vantagem de oito pontos sobre o segundo colocado, o Corinthians. Mesmo a anulação das partidas apitadas pelos árbitros flagrados vendendo sua honra e seus apitos não reverteria essa situação.

Edilson sempre gozou de boa reputação como árbitro. Ultimamente, porém, vinha chamando atenção mais por suas atitudes controversas. No início do mês, durante uma partida entre Corinthians e São Paulo, ele foi acusado de ter xingado o zagueiro Sebá e o atacante Tevez, ambos argentinos, de "gringos de m...". O Corinthians entrou com uma ação contra ele no Superior Tribunal de Justiça Desportiva. O julgamento será realizado na semana que vem. Em 2003, o árbitro havia sido

362 Jogo sujo: a máfia do apito

acusado de apresentar à Federação Paulista um falso diploma de conclusão do 2º grau — a instrução mínima exigida para os juízes brasileiros. O caso morreu. Não chegou sequer a ser investigado pela Federação.

Quarenta e três anos, casado, pai de uma filha e morador de um condomínio fechado de padrão classe média em Jacareí (interior de São Paulo), Edilson é um lateral-esquerdo frustrado. Na juventude, tentou ser jogador de futebol. Fez testes no São José, mas nunca conseguiu ser contratado. Tornou-se árbitro em 1991. Em 1994, apitou seu primeiro jogo profissional, no Campeonato Paulista. Em 1999, indicado pela Confederação Brasileira de Futebol (CBF), entrou para os quadros da Fifa, conquistando a graduação máxima para um juiz. Os árbitros da Fifa — que, no Brasil, ganham 2.500 reais por jogo apitado — são os únicos aptos a trabalhar em competições internacionais, como a Copa do Mundo. Edilson nunca participou de nenhuma, mas arbitrou partidas importantes da Copa Libertadores (o mais relevante torneio sul-americano de clubes). Ele foi o juiz dos dois jogos da semifinal de 2000, entre Palmeiras e Corinthians, considerados embates históricos na história dos dois tradicionais clubes. Fora do campo, Edilson (também) é comerciante — tem uma frota de carros de aluguel e uma pequena fábrica de brinquedos.

Religioso, Edilson costuma cumprir um ritual antes do início de cada jogo que apita: levanta seus cartões amarelos e vermelhos — personalizados com a inscrição "Deus é Fiel" — e reza no centro do gramado. Agora, não adianta rezar: ele deverá ser indiciado pelos crimes contra a economia popular, de estelionato e formação de quadrilha. Afirma Roberto Porto, promotor do Gaeco: "As vítimas dele e do seu bando são, além dos próprios sites de aposta, os torcedores que pagaram ingresso no estádio para assistir a uma enganação."

Em janeiro deste ano, um escândalo semelhante ao da máfia do apito brasileira explodiu na Alemanha. O árbitro Robert Hoyzer foi preso sob acusação de manipular cinco resultados de jogos da segunda e terceira divisões e da Copa da Alemanha, todos em 2004. Investigações do Ministério Público daquele país concluíram que o juiz foi aliciado por uma gangue de apostadores — supostamente originária da Croácia e, a exemplo da máfia brasileira, ligada a loterias eletrônicas clandestinas da Europa. Hoyzer admitiu o crime, foi afastado definitivamente do futebol e agora responde a um processo que pode lhe render até dez anos de cadeia. Por determinação da Justiça, o Hamburgo, um dos times eliminados da Copa da Alemanha por causa da arbitragem fraudulenta de Hoyzer, foi indenizado pela federação alemã. Outros países, como Finlândia, Cingapura e Vietnã, também tiveram seu futebol recentemente conturbado por denúncias de compra de resultados. O aumento da manipulação das partidas por apostadores de loterias eletrônicas — assim como o da lavagem de dinheiro de clubes por parte de investidores do Leste Europeu — está hoje entre as principais preocupações da Fifa. Em um Congresso realizado no início do mês, em Zurique, na Suíça, a entidade criou um grupo de trabalho para estudar meios de combater os dois problemas. O grupo é presidido pelo brasileiro Ricardo Teixeira, presidente da CBF.

As loterias esportivas eletrônicas existem há pelo menos dez anos na internet — substituíram bolsas de aposta clandestinas como a italiana Totonero, que, nos anos 80, foi pivô do maior escândalo de corrupção do futebol mundial. Por meio desse novo sistema, internautas vietnamitas hoje podem apostar em jogos do Campeonato Brasileiro, italianos podem dar palpites em partidas de torneios israelenses, e assim por diante. Atualmente, o principal domicílio das loterias eletrônicas é a Inglaterra. Lá, a prática é permitida por lei e virou mania entre a população. *Veja* apurou que a quadrilha do apito se preparava para lucrar em euros apostando no LiveScore, um dos mais famosos sites ingleses.

Pode-se dizer a favor da profissão de árbitro de futebol que o fato de apenas Edilson Pereira de Carvalho e Paulo José Danelon terem sido pegos diretamente pela investigação é uma prova de que os demais são

364 Jogo sujo: a máfia do apito

corretos. Sim. Mas a descoberta da ação da máfia do apito é um duro golpe contra a credibilidade de toda a arbitragem brasileira. Ela lança uma sombra de desconfiança sobre os gramados dos estádios nacionais. Em quase todas as rodadas dos campeonatos, erros graves cometidos por juízes costumam virar tema de intermináveis discussões nas mesas-redondas de domingo. Até o momento, no entanto, acreditava-se que isso ocorria apenas por deficiência técnica dos árbitros. Mas, a partir das revelações contidas nesta reportagem, os torcedores têm o direito de achar que os erros podem estar a serviço de uma quadrilha de esper-talhões. Um gol legítimo anulado ou um pênalti escandaloso não mar-cado podem decidir uma partida ou um campeonato. Como saber se o espetáculo não foi manipulado pelo árbitro em troca de dinheiro? Como saber se a alegria de uns torcedores e as frustrações de outros foram decididas pela qualidade e pelo empenho dos jogadores em uma dispu-ta leal dentro do campo — ou foram apenas fruto da ganância de meia dúzia de apostadores? Como saber?

Os sites Aebet e Futbet, usados pela máfia do apito, existem desde 2002. Há quase uma década é também possível fazer apostas de jogos dos campeonatos brasileiros em sites internacionais, como o LiveScore. O fato de o Aebet já ter recusado apostas em jogos apitados por Edilson não indica apenas que seus proprietários já vinham desconfiando da atuação do juiz: sugere também que eles têm alguma experiência com esse tipo de fraude. Nada garante, portanto, que não haja outros Fayads e Edilsons operando há anos no futebol nacional — e fazendo de bobos os torcedores brasileiros.

O único escândalo já registrado no futebol do país que pode se asse-melhar ao agora revelado por *Veja* foi o que ficou conhecido como o da "máfia da loteria esportiva". Em 1982, a revista *Placar* denunciou a exis-tência de um esquema — envolvendo, além de juízes, jogadores, diri-gentes e jornalistas — destinado a manipular os resultados da loteria esportiva. Vinte pessoas foram indiciadas em inquérito policial — comandado, na ocasião, pelo atual diretor da Polícia Federal, delegado Paulo Lacerda. No processo que se seguiu ao inquérito, porém, ninguém foi condenado. No caso da máfia do apito, dada a veemência das provas colhidas até agora, é provável que o resultado seja diferente. A revelação de mais um escândalo de corrupção é salutar no seu efeito depurador. Mas a decepção que ela representa para os milhões de brasileiros apaixonados pelo esporte — bem como o prejuízo que deverá causar à imagem do futebol brasileiro no exterior — é imensurável. O Brasil — do mensalão, do valerioduto e dos dólares na cueca — não merecia mais essa.

A compra de um jogo em cinco diálogos

As conversas adiante foram gravadas pela Polícia Federal entre os dias 6 e 8 de agosto. Nelas, o empresário Nagib Fayad, um de seus sócios em São Paulo e o juiz Edilson Pereira de Carvalho combinam a "compra" da partida entre o Vasco e o Figueirense, realizada no Rio no dia 7. O grupo aposta no site Aebet 150 mil reais na vitória do Vasco e combina pagar 15 mil reais a Edilson para que ele garanta o resultado. O juiz cumpre o combinado. Depois do jogo, Fayad diz que o site não aceitou a aposta do grupo, mas que irá pagar ao juiz mesmo assim.

"SE O CARA RECLAMAR,
METO PRA FORA"
Na véspera do jogo, Fayad liga para Edilson e reclama que o árbitro falhou nos últimos jogos (entre eles, Juventude 1 x 4 Figueirense e Santos 4 x 2 Corínthians). Edilson se defende, culpando a boa performance

366   Jogo sujo: a máfia do apito

do atacante Edmundo, do Figueirense, na partida contra o Juventude. O árbitro tenta animar o empresário a dar seguimento ao esquema:

Edilson: Amanhã eu faço Vasco e Figueirense.
Fayad: Qualquer coisa eu ligo pra ocê. Tô desanimado.
Edilson: O Figueirense joga sem cinco titulares. E o Vasco tem de ganhar de qualquer jeito (...). Vou marcar falta no meio de campo. Se o cara reclamar, meto pra fora (...). Não joga Edmundo, Cléber, Bilu e Axel (do Figueirense) (...).
Fayad: É brincadeira. Faz o seguinte: deixa eu ligar pra ocê até meia-noite, deixa que eu vou ver o que fazer.
Edilson: Tá joia, o que você quiser. Pode jogar até os carros que você tem, que amanhã eu saio de escolta (do jogo) do Figueirense.
Fayad: Não, beleza.
Edilson: Pode jogar até os seus carros pra gente tirar um pouco a diferença, pra mim e pra você, alguma coisa. Porque num jogo que você jogar forte, você recupera alguma coisa, né?
Fayad: Não tá fácil. Agora complicou um pouco, mas tem de buscar devagar agora.
Edilson: Sim, devagar. Mas se você quiser jogar o que você quiser amanhã pra você recuperar uma boa parte... Vê o limite que você pode jogar e mete ferro, que eu meto ferro dentro de campo. Que eu tô invocado e você também, né?

O jogo ainda não aconteceu. Fayad acerta com seus sócios uma aposta de 150 mil reais na vitória do Vasco. O sócio reclama com Fayad por estar dando dinheiro a "esse juiz f.d.p., depois de tudo o que aconteceu" (o não cumprimento dos resultados em partidas acertadas anteriormente). Fayad, no entanto, convence o sócio a dar "outra chance" ao árbitro. Em seguida, liga novamente para Edilson:

Fayad: Edilson? Giba. Olha só: vamos fazer, então. Tem 15 mil.

Edilson: Tá certo, tá certo. Tem uma outra coisa. Conversei com o bandeira,* chamei ele, pra garantir, e tem uns trocados pro bandeira também... Pediu 5 mil.

Fayad: Cinco mil? Dá 2 mil.

Edilson: Eu disse que dava por 3 mil... Mas vou falar 2 mil, então.

Fayad: Então tá fechado.

Edilson: Dá 17 mil, então.

Fayad: Isso.

Edilson: Você quer que eu te ligue? Quando for 10, 10 e pouco, eu posso te ligar.

Fayad: Não precisa, não, tudo certo. Hoje é minha vida que está em jogo, cê tá entendendo? Vai dar tudo certo?

Edilson: Pode ter certeza... Se Deus quiser, Giba.

(Em seguida, as escutas policiais flagram conversa entre Fayad e um de seus sócios em que o empresário "superfatura" o suborno pago a Edilson. Diz que o juiz pede "30 mil reais" para vender a partida)

"JÁ EXPULSA DOIS, JÁ DÁ O PÊNALTI"

No dia do jogo, pela manhã, o empresário Fayad e o juiz Edilson voltam a conversar:

Fayad: Mas, fio, qual a certeza que ocê dá pra mim hoje?

Edilson: Máxima, né?

Fayad: Qual a certeza? Você dá essa certeza?

---

*Os dois bandeiras que auxiliaram o juiz Edilson na partida foram Márcio Luís Augusto e Francisco Rubens Feitosa, ambos de São Paulo

Edilson: Hoje vou falar uma coisa pra você, pra nós dois: pelo amor de Deus, viu, meu amigo que precisa e ainda perdeu.

Fayad: Pelo amor de Deus, minha vida que tá em jogo!

Edilson: A nossa.

Fayad: Então, tá bom, beijoca.

Edilson: Pode crer, meu amigo.

Fayad: Pelo amor de Deus. Olha, lembra bem disso: já expulsa dois, já dá o pênalti, pelo amor de Deus. Pelo amor de Deus mesmo!

Edilson: Já vai tomando o seu uísque, já.

Fayad: Um abraço, beijoca.

Edilson: Fica com Deus.

PÊNALTY "ESCANDALOSO"

Durante o jogo. Fayad liga para um de seus sócios em São Paulo e comemora, eufórico:

Fayad: Oi, você está vendo?

Sócio: Não.

Fayad: Já tá 1 a 0. Diz que o pênalti foi escandaloso.

"ELES ESTÃO DESCONFIADOS"

No dia seguinte à vitória do Vasco, Fayad liga para Edilson para dizer que o site não aceitou a aposta do grupo, mas garante que pagará ao juiz pelo "trabalho". Fayad diz que os proprietários do site já estão desconfiados de Edilson. O juiz tenta sugerir alternativas para prosseguir no esquema:

Edilson: Mas e se for outra pessoa apostar, então?

Fayad: Não dá. Não abrem a aposta, entendeu? Achei que era porque o Figueirense estava com muitos reservas, e nesse caso eles não aceitam mesmo. Mas é isso: nos três últimos jogos que ocê apitou, apostamos pesado. Tão desconfiados mesmo... Vamos ter de dar um jeito. Eu tentei te ligar.

Edilson: Tinha uma ligação lá, eu vi. Bom, a gente se fala para ver como é que fica.

Fayad: Mas ocê fica tranquilo que comigo ocê não vai perder, fica tranquilo.

Edilson: Então, tá bom. A gente se fala.

O Caso Totonero

O maior escândalo de corrupção no futebol explodiu em 1980, na Itália. Conhecido como Caso Totonero, ele chocou o mundo e, claro, os italianos — tão ou mais aficionados do esporte do que os brasileiros. As investigações concluíram que uma máfia de apostadores havia aliciado atletas, juízes e dirigentes para fabricar resultados dos jogos que compunham os cartões da Totonero. Loteria esportiva clandestina, ela movimentava centenas de milhares de dólares por semana e tinha mais de 3 mil agentes espalhados pelo país encarregados de recolher os palpites. O atacante Paolo Rossi, então com 23 anos e tido como o melhor jogador italiano, foi apontado como um dos participantes do esquema, ao lado de mais 37 denunciados. Ele foi absolvido pela Justiça comum e suspenso por 23 meses pela Justiça Desportiva italiana.

O escândalo se tornou público graças à revelação de um bookmaker, chamado Alvaro Trinca, que se sentiu traído por atletas (alguns acertos de jogos, segundo ele, não estavam sendo respeitados) e contou tudo à polícia. Num mesmo dia, 13 jogadores foram presos em estádios italianos. Além de Rossi, foram detidos atletas da seleção como Enrico Albertosi, Bruno Giordano e Giuseppe Savoldi. O envolvimento de dirigentes e jogadores do Milan e da Lazio fez com que os dois times acabassem rebaixados para a segunda divisão. Assim como Rossi, a maioria dos jogadores denunciados passou por um curto período de detenção e sofreu punições no âmbito da Justiça Desportiva — que, em alguns casos, significou o afastamento definitivo do futebol. O atacante Rossi, depois de cumprir a suspensão, voltou a jogar às vésperas da Copa do Mundo de 1982. Desacreditado no torneio, foi o autor dos três gols da Itália que eliminaram o Brasil de Sócrates e Zico na famosa derrota por 3 a 2, no Estádio Sarriá.

Apito Sob Suspeita

Como foram os jogos apitados pelo juiz Edilson Pereira de Carvalho no Campeonato Brasileiro

8 de maio

VASCO 0 x 1 BOTAFOGO

O gol do Botafogo aconteceu graças a um pênalti que o próprio juiz Edilson Pereira de Carvalho, em conversa com a reportagem de *Veja*, admitiu não ter existido. O pênalti foi marcado aos 19 minutos do segundo tempo. O Gaeco tem informações de que a partida foi "vendida".

2 de julho

PONTE PRETA 1x0 SÃO PAULO

Edilson acertou em um lance polêmico: um pênalti para o São Paulo, dado no final do jogo e defendido pelo goleiro da Ponte Preta. Observadores afirmam que o pênalti foi legítimo.

16 de julho

PAYSSANDU 1x2 CRUZEIRO

Não houve lances polêmicos

24 de julho

JUVENTUDE 1 x 4 FIGUEIRENSE

As escutas feitas pela polícia mostram Edilson explicando aos chefes por que não conseguira produzir o resultado acertado entre eles. Diz que o jogador Edmundo, do Figueirense, "acabou com o jogo". Edmundo fez três gols. O juiz culpou ainda o Juventude por ter perdido um pênalti marcado por ele e destinado a favorecer o time.

31 de julho

SANTOS 4 x 2 CORINTHIANS

Conversas captadas pela polícia depois do jogo mostram o empresário Fayad cobrando Edilson pela derrota do Corinthians, time no qual havia apostado. O juiz tentou se explicar dizendo que o Santos jogou muito melhor e que ele não pôde fazer nada. Prometeu se "recuperar" no jogo seguinte, nem que saísse "de escolta" do estádio.

7 de agosto

VASCO 2 x 1 FIGUEIRENSE

Edilson cumpriu a promessa de garantir a vitória do Vasco. Prejudicou o Figueirense ao deixar de marcar dois pênaltis a favor do time. Gravações telefônicas flagram o juiz dizendo ao empresário Fayad que ele teve de colocar "um auxiliar" no esquema. Os dois bandeiras que participaram do jogo serão ouvidos pelo Gaeco.

10 de agosto

CRUZEIRO 4 x 1 BOTAFOGO

A arbitragem foi duramente criticada nessa partida. Edilson inverteu a marcação de várias faltas que deveriam ser apitadas em favor do Botafogo e anulou um gol do time, considerado legítimo, feito aos 53 minutos do primeiro tempo.

14 de agosto

JUVENTUDE 2 x 0 FLUMINENSE

Observadores afirmaram que o juiz prejudicou o Fluminense ao marcar um pênalti que não teria existido. Durante a partida, Edilson também expulsou um jogador do time.

21 de agosto

INTERNACIONAL 3 x 2 CORITIBA

Escutas mostram Fayad dizendo aos sócios que não conseguiu fazer aposta no site Aebet. O empresário comenta que os proprietários do site estariam desconfiados da existência do esquema e, por isso, vetaram apostas para a partida. O jogo não teve polêmica de arbitragem.

7 de setembro

SÃO PAULO 3 x 2 CORINTHIANS

Às 10h44 da véspera da partida, Edilson disparou um torpedo de seu celular para o aparelho de Fayad avisando que apitaria o jogo. A partida foi decidida com um pênalti duvidoso para o São Paulo. O Corinthians acusou o árbitro de ter ofendido seus jogadores. Novamente, o site Aebet não permitiu apostas para a partida.

10 de setembro

FLUMINENSE 3 x 0 BRASILIENSE

De novo, na véspera da partida, às 17h25, Edilson disparou um torpedo para Fayad, comunicando ao empresário que estaria no jogo: "Fluminense x Brasiliense. Um abraço." Desta vez, o site Aebet abriu apostas. A vitória do Fluminense pagou 1,37 real para cada real apostado. A polícia ainda investiga se houve negociação da partida.

Mudança na classificação

Saiba como está hoje a tabela do Campeonato Brasileiro e como ela ficaria no caso de anulação das partidas apitadas pelo juiz Edilson Pereira de Carvalho

COMO ESTÁ (27ª rodada)

	PONTOS	JOGOS
1º Internacional	50	27
2º Goiás	47	27
3º Corinthians	47	27
4º Fluminense	47	27
5º Santos	47	27
6º Palmeiras	42	27
7º Ponte Preta	41	27
8º Paraná	41	27
9º Botafogo-RJ	40	27
10º Fortaleza	39	27
11º São Paulo	37	27

11 Gols de Placa   375

	PONTOS	JOGOS
12º Cruzeiro	37	27
13º Juventude	37	27
14º Coritiba	35	27
15º Atlético-PR	33	27
16º Vasco	33	27
17º São Caetano	32	27
18º Flamengo	31	27
19º Atlético-MG	29	27
20º Brasiliense-DF	28	27
21º Figueirense	26	27
22º Paysandu-PA	23	27

COMO FICARIA

	PONTOS	JOGOS
1º Internacional	47	26*
2º Corinthians	47	25*
3º Goiás	47	27
4º Fluminense	44	25*
5º Santos	44	26*
6º Palmeiras	42	27
7º Paraná	41	27
8º Fortaleza	39	27
9º Ponte Preta	38	26*
10º Botafogo-RJ	37	25*
11º Coritiba	35	26*
12º São Paulo	34	25*
13º Juventude	34	25*
14º Atlético-PR	33	27
15º São Caetano	32	27
16º Cruzeiro	31	25*

376   Jogo sujo: a máfia do apito

17º Flamengo	31	27
18º Vasco	30	25*
19º Atlético-MG	29	27
20º Brasiliense-DF	28	26*
21º Figueirense	23	25*
22º Paysandu-PA	23	26*

---

*Equipes que, com a anulação dos jogos apitados por Edilson, ficariam com um número de partidas menor do que o dos concorrentes e seriam obrigadas a disputar novamente os jogos cancelados.

Agradecimentos

Jornal do Brasil, O Estado de S. Paulo, Agência O Globo, Folha de S. Paulo, revista Época, Editora Abril, Zero Hora, O Dia, A Gazeta do Povo.

Este livro foi composto na tipologia Minion, em
corpo 11,5/16, e impresso em papel off-white 80g/m²
no Sistema Cameron da Divisão Gráfica
da Distribuidora Record.